会计学原理

彭嵋逸　主编

中国财富出版社

图书在版编目（CIP）数据

会计学原理 / 彭嵋逸主编．—北京：中国财富出版社，2019.12

（高等职业学校金融专业规划教材）

ISBN 978-7-5047-7114-8

Ⅰ.①会… Ⅱ.①彭… Ⅲ.①会计学-高等职业教育-教材 Ⅳ.①F230

中国版本图书馆 CIP 数据核字（2019）第 297624 号

策划编辑 郭 莹　　**责任编辑** 张红燕 王蓓佳

责任印制 尚立业　　**责任校对** 卓闪闪　　**责任发行** 董 倩

出版发行	中国财富出版社		
社　　址	北京市丰台区南四环西路 188 号 5 区 20 楼	**邮政编码**	100070
电　　话	010-52227588 转 2098（发行部）		010-52227588 转 321（总编室）
	010-52227566（24 小时读者服务）		010-52227588 转 305（质检部）
网　　址	http://www.cfpress.com.cn	**排　　版**	宝蕾元
经　　销	新华书店	**印　　刷**	北京九州迅驰传媒文化有限公司
书　　号	ISBN 978-7-5047-7114-8/F·3323		
开　　本	787mm×1092mm 1/16	**版　　次**	2021 年 8 月第 1 版
印　　张	18.5	**印　　次**	2021 年 8 月第 1 次印刷
字　　数	394 千字	**定　　价**	48.00 元

前　言

会计学原理既是会计、财务管理、审计等专业的必修课程，也是其他经济管理类专业的基础课程。会计确认、计量、记录和报告的基本理论与方法是会计学原理的主要内容。通过学习本课程，一方面为后续学习财务会计的专业课程奠定基础，另一方面为其他人员正确理解、应用会计信息提供理论支持。本教材坚持理论与实际相结合，采用“教、学、做”一体化的教学模式，以最新的《企业会计准则》及其他会计法规为依据，确保教材的与时俱进和准确性。本书文字精练、通俗易懂，在帮助学生认知会计的相关概念、学习会计方法、掌握会计技能的基础上，以制造业企业发生的主要交易或者事项为背景资料，对企业资金筹集业务、生产准备业务、生产过程业务、销售业务、财务成果的计算及利润分配的会计核算进行系统、全面的阐述，确保理论与实际的紧密结合，使学生的感知更形象、更具体，更好地发挥案例教学的优势。

本教材由国家林业和草原局管理干部学院（中南林业科技大学北京教学点）副教授彭嵋逸编写。全书共十章，每一章的起始部分附有“学习导航”，引导学生带着问题去学习；每一章的末尾附有“本章小结”和“同步练习”。“本章小结”是对该章节内容的一个概括，使学生通过学习，“由厚到薄”，真正地理解、掌握相关的知识点，从而为后续专业课程的学习打下坚实、良好的基础；“同步练习”一方面满足学生消化知识点的需要，另一方面满足基本技能实操的需要，既培养学生独立完成习题的能力，又方便任课教师检查。另外，本教材增加了“会计小贴士”“友情提示”等专栏，使教材的可读性大大提高。

本教材不仅可以作为会计、财务管理及其他经济管理类专业学生学习会计学的基础教材，也可以作为会计爱好者自学会计学的参考教材。

由于编者水平有限，书中难免存在错误与疏漏，敬请广大读者朋友批评指正，以便不断修改完善。

编　者

2021 年 1 月

目　录

第一章　总论 …… 1

学习导航 …… 1

第一节　会计概述 …… 1

第二节　会计基本前提与会计记账基础 …… 8

第三节　会计信息质量要求与会计核算基本原理 …… 12

本章小结 …… 20

同步练习 …… 22

第二章　会计要素与会计等式 …… 25

学习导航 …… 25

第一节　会计要素 …… 25

第二节　会计等式 …… 30

本章小结 …… 35

同步练习 …… 36

第三章　账户与复式记账 …… 40

学习导航 …… 40

第一节　会计科目与账户 …… 40

第二节　复式记账法 …… 53

第三节　总分类账户与明细分类账户 …… 59

本章小结 …… 60

同步练习 …… 62

第四章　制造业企业基本业务的会计核算 …… 69

学习导航 …… 69

第一节　企业的主要交易或者事项 …… 69

第二节　资金筹集业务的核算 …… 70
第三节　生产准备业务的核算 …… 76
第四节　生产过程业务的核算 …… 88
第五节　销售过程的业务核算 …… 98
第六节　利润形成及其分配的核算 …… 107
本章小结 …… 119
同步练习 …… 121

第五章　会计凭证 …… 135
学习导航 …… 135
第一节　会计凭证概述 …… 135
第二节　原始凭证 …… 137
第三节　记账凭证 …… 145
第四节　会计凭证的传递与保管 …… 151
本章小结 …… 153
同步练习 …… 154

第六章　会计账簿 …… 160
学习导航 …… 160
第一节　会计账簿的概念和分类 …… 160
第二节　会计账簿的设置与登记 …… 165
第三节　错账查找与更正的方法 …… 175
第四节　会计账簿的更换与保管 …… 180
本章小结 …… 181
同步练习 …… 183

第七章　账务处理程序 …… 186
学习导航 …… 186
第一节　账务处理程序概述 …… 186
第二节　账务处理程序的具体内容 …… 187
本章小结 …… 190
同步练习 …… 191

第八章 财产清查 …… 194
学习导航 …… 194
第一节 财产清查的概述 …… 194
第二节 财产清查的基本方法 …… 198
第三节 财产清查结果的处理 …… 205
本章小结 …… 211
同步练习 …… 212

第九章 财务会计报告 …… 217
学习导航 …… 217
第一节 财务会计报告概述 …… 217
第二节 资产负债表 …… 220
第三节 利润表 …… 226
第四节 现金流量表 …… 230
第五节 所有者权益变动表 …… 232
第六节 会计报表附注 …… 232
本章小结 …… 233
同步练习 …… 235

第十章 会计工作组织 …… 238
学习导航 …… 238
第一节 会计工作组织概述 …… 238
第二节 会计机构与会计人员 …… 239
第三节 会计档案 …… 244
第四节 会计信息系统 …… 247
本章小结 …… 250
同步练习 …… 252

参考文献 …… 254
附录 结转分录大全 …… 255
同步练习答案及解析 …… 257

第一章　总论

学习导航

本章属于会计学的基础内容，学生应着重掌握以下知识点：会计的概念与特征、会计职能、会计对象、会计目标、会计基本前提、会计记账基础、会计信息质量要求、会计的处理方法、会计核算方法。

第一节　会计概述

一、会计的产生与发展

会计不是亘古以来就存在的，它是为了满足社会生产活动的客观需要而产生和发展起来的。会计是社会生产发展到一定历史阶段的产物，社会生产活动与经济管理的客观需要是会计产生和发展的前提条件。会计对任何社会生产活动来说都是必要的，正如马克思提出的“过程越是按社会的规模进行，越是失去纯粹个人的性质，作为对过程的控制和观念总结的簿记就越是必要；因此，簿记对资本主义生产，比对手工业和农民的分散生产更为必要，对公有生产，比对资本主义生产更为必要”。会计的发展必然以生产的发展为转移，生产越发展，社会规模越大，会计越重要。

在人类社会发展的初期，由于生产过程十分简单，生产力水平很低，又没有文字，人们只能靠头脑记忆或者诸如“结绳记事”“契刻记事”等简单的方法记录生产过程中的劳动耗费和取得的劳动成果。这个时期的会计只是生产职能的附带部分，由生产者在“生产时间之外附带地把收支、支付日等等记载下来”①。原始社会末期，随着生产力的发展，人们生产的物资资料，除维持生存外，逐渐有了剩余；同时，社会分工引起了商品交换。随着生产、分配、交换活动日趋复杂，仅单凭头脑记忆或用简单的方法记录生产过程中的消耗和成果，已不能满足社会的需要。为了对生产过程中生产资料和劳动时间的消耗以及劳动成果的数量进行记录和计算，会计逐渐从生产职能中

① 《资本论》第二卷，第151页。

分离出来，成为独立的职能，于是产生了最早的会计。

据文献考证，我国“会计”一词起源于西周时期。“会”和“计”两个字连用，形成了一个专门的名词，即特指对财物收支所进行的日常记录、计算和定期汇总工作。同时，西周王朝还建立了较为严格的会计机构，设立了专管钱粮赋税的官职，并使用了“以参互考日成，以月要考月成，以岁会考岁成”中的“日成”“月要”和“岁会”作为报告文书，即日报、月报、年报这些会计报表的雏形，发挥了会计对经济活动进行记录、核算、考核、监督的作用。

会计核算的方法也是在逐步发展的。我国账簿，从单一的流水账，即按经济业务发生的先后顺序进行登记的一种单一的序时账簿，发展成为“草流”（亦称底账）、“细流”和“总清”三账，这种会计核算方法一直延续到明清时期。会计的结算方式，也从原始社会末期开始的“盘点结算法”发展成为“三柱结算法”，即根据本期收入、支出和结余三者之间的关系，通过“入－去＝余”的公式，结算本期财产物资的增减变化及其结果。到了唐末宋初，我国出现了“四柱结算法”，通过“旧管（期初结存）＋新收（本期收入）－开除（本期支出）＝实在（期末结存）”的会计方程式进行结算，为我国通行多年的收付记账法奠定了理论基础。“四柱结算法”是系统反映王朝经济活动或私家经济活动全过程的较为科学的核算方法，是中式会计理论和技术的精髓。明末清初，随着我国手工业、商业的发展和资本主义经济萌芽的产生，我国出现了更加完备的“龙门账”，即把会计科目划分为“进”“缴”“存”“该”（收入、支出、资产、负债）四大类，“进”和“缴”为一线，“存”和“该”为另一线；设总账进行“分录记录”，并编制“进缴表”和“存该表”（利润表和资产负债表），双轨计算盈亏。在“龙门账”的基础上，又出现了“四脚账”，它对每一笔经济业务，既登记“来账”，又登记“去账”，即反映同一账项的来龙去脉。“龙门账”和“四脚账”是我国复式记账方法的雏形，记录比较全面，为以后发展严密的复式记账法奠定了基础。

人类会计核算方法的演进，经历了由单式记账向复式记账转化的过程，这是社会经济发展的客观要求。我国古代长期使用的单式记账，在历史上发挥了积极的作用。一直到清朝末期我国才从西方引进了借贷复式记账法。

借贷记账法的产生和发展，与西方资本主义的产生和发展有着密切的联系。这一方法演变于商品货币经济比较发达的意大利佛罗伦萨、热那亚和威尼斯三地的“三式簿记”。1494 年，意大利数学家、会计学家卢卡·帕乔利的《算术、几何、比及比例概要》（亦称《数学大全》）一书在威尼斯出版发行，书中对“复式簿记”（“复式记账法”）做了系统的介绍，并从理论上给予了论证。书中介绍的以“日记账”“分录账”“总账”三种账簿为基础的会计制度被陆续传到世界各国。借贷复式记账法的诞生是近代会计形成的标志，同时为现代会计的发展奠定了基础。

现代科学技术的发展和经济体制改革的深化，使现代会计管理科学进一步得到推广，特别是计算机技术在会计上的应用，对会计发展有着深刻的影响。会计在经济管理中的作用日益显著，会计在原有核算和监督职能的基础上，还有预测经济前景、参与企业决策、控制和分析经济活动等职能，这对于加强经济管理、提高经济效益有着重要的意义。

二、会计的概念与特征

（一）概念

会计是以货币为主要计量单位，以提高经济效益为主要目标，运用专门方法对企业、机关、事业单位和其他经济组织的经济活动进行全面、综合、连续、系统的核算和监督，提供会计信息，并随着社会经济的日益发展，逐步开展预测、决策、控制和分析的一种经济管理活动。

（二）基本特征

1. 会计以货币为主要计量单位

原始的会计计量只是简单地用实物量度和劳动量度对经济活动和财务收支进行计算和记录。随着社会生产的日益发展，会计便从简单的计量和记录，逐步地发展成以货币为主要计量单位的综合核算与监督经济活动的过程。这是因为所有财产物资和劳动消耗的总括指标，必须通过价值形式间接地进行计算，从而取得必要的、连续的、系统的、全面的、综合的会计信息，使经济核算成为可能。

2. 会计是一个经济信息系统

会计是一个经济信息系统，是指会计所反映的数据资料具有连续性、系统性、综合性和完整性。会计要反映已发生或已完成的各项经济活动、了解和考核经济活动的过程和结果，必须按顺序对经济活动进行不间断的计算和记录，通过分类、汇总和加工整理，取得综合性的指标。随着社会生产的发展、经营规模的扩大和经济活动的日趋复杂，在经营管理上，会计除了要提供反映现状的核算指标，还要提供能预测未来的会计信息，以便为实现预期效果及时采取相应的措施。

3. 会计是一种经济管理活动，为提高经济效益服务

提高经济效益是会计的主要目标，充分利用会计信息参与经营决策，也是现代会计的特点，从而给企业和社会带来经济利益。

4. 会计的核算职能与监督职能相结合

会计的事前、事中和事后监督是对会计信息的正确性、真实性和合法性进行的检查和监督。会计监督是会计核算的继续和补充，对经济活动具有促进、控制、考核和指导作用，会计监督和会计核算两者不能分离。会计监督是在反映各项经济活动的同时进行监督，并且利用各种指标来考核经济活动的效果。随着经济的发展，参与企业决策、预测经济前景、控制经济活动、分析经济活动将成为会计职能的主要方面。

三、会计职能

会计职能是指会计在经济管理中所具有的功能，即企业会计应当如实提供有关企业财务状况、经营业绩和现金流量等方面的有用信息，以满足有关各方的信息需要，有助于使用者做出经济决策，并反映管理层受托责任的履行情况。

根据会计的特点和宏观经济的要求，会计的职能可以概括为：核算与监督经济活动过程，参与企业决策，预测经济前景，并对经济活动进行控制和分析。由此可知，核算和监督是会计的两项基本职能，决策职能、预测职能、控制职能、分析职能是会计的其他职能。

（一）核算职能

1. 概念

会计核算职能亦称会计反映职能，是会计以货币为主要计量单位，通过四个环节，对特定主体经济活动进行三项工作，从而提供会计信息的职能。

其中：四个环节指确认、计量、记录、报告；

三项工作是记账、算账、报账。

2. 特点

（1）会计以货币作为主要的计量单位，能够综合记录、核算各企业、部门的经济活动，从而为外部利益相关者和管理者提供必要的财务信息。

（2）会计的核算职能具有连续性、系统性和完整性。其中，连续性表现在对各项经济活动按其发生的时间顺序不间断地进行核算；系统性表现在对各项经济活动既要相互联系地核算，又要采用科学的方法进行分类，以便明晰地反映经济活动的来龙去脉；完整性是指必须反映会计主体所发生的经济活动的全部内容。

（3）会计的核算职能是不断发展的，由原来的强调事后核算，在信息化的支持下，已经发展到以事前和事中核算为重心。

可见，会计的核算职能将随着经济的发展、管理要求的提高和科学技术的进步而不断发展。

（二）监督职能

1. 概念

会计监督职能是会计对特定会计主体的经济活动的合法性和合理性进行监督，通过预测、决策、分析、考评等具体方法，促使经济活动按照规定进行，以达到预期的目的。

2. 特点

（1）会计监督具有强制性和严肃性。会计监督是依据国家的财经法规来进行的。会计人员管理企业、部门的钱、财、物，事关要害，责任重大。对不合法的交易或者事项，会计人员有权提出意见、不予办理或事后提出报告；同时法律法规也规定了监督者必须严格遵守财经法律。

（2）会计监督在会计核算的同时进行，包括事前、事中和事后监督。

（3）会计的监督职能也在不断发展。随着社会经济的不断发展、管理要求的提高和信息技术的进步，管理者需要借助会计信息对经济活动进行事前预测、事中控制和事后检查分析，会计的监督职能在被不断赋予新的内容。

（三）两大基本职能的关系

应当明确的是，会计的两大基本职能是相辅相成、辩证统一的关系。会计核算是会计监督的基础，没有核算所提供的各种信息，监督就失去了依据；而会计监督又是会计核算的质量保障，只有核算，没有监督，就难以保证核算所提供信息的真实性。只有将两者结合起来，才能充分发挥会计在经济管理中的作用。

四、会计对象

（一）概念

会计对象是会计核算和监督的内容，具体是指社会再生产过程中能够引起资金发生数量的增减变化或表现形式变化的事项，通常人们又称其为会计主体的价值运动或资金运动。

（二）会计的一般对象

企业的资金运动表现为资金投入、资金运用和资金退出三个阶段。

1. 资金投入

资金投入是资金运动的起点。资金投入包括企业所有者投资和债权人投资两部分：所有者投入的资金，属于企业所有者权益；债权人投入的资金，属于企业债权人权益（企业的负债）。资金投入企业后，一部分构成企业的流动资产（如货币资金、原材料等）；另一部分构成非流动资产（如厂房、机器设备等）。

2. 资金运用

资金运用是指资金的循环与周转过程。以工业企业为例，企业的生产活动经过供应、生产、销售三个过程。资金也依次由货币资金转化为固定资金、储备资金，再转化为生产资金、成品资金，最后又转化为货币资金，这个过程被称为资金的循环；随着生产经营过程的不断进行，资金周而复始的不断循环被称为资金的周转。

3. 资金退出

资金退出包括偿还各项债务、上缴各项税费、向所有者分配利润等，使得部分资金离开企业，退出企业的资金循环和周转。

上述资金运动的三个阶段，构成了开放式的运动形式，是相互支撑、相互制约的统一体。没有资金的投入，就不会有资金的循环与周转；没有资金的循环与周转，就不会有债务的偿还、税金的上缴和利润的分配等；没有这类资金的退出，就不会有新一轮的资金投入，就不会有企业进一步的发展。

（三）具体表现

1. 企业资金运动的静态表现

（1）含义。

企业资金运动的静态表现是企业在一定时间点上的资金分布和存在形态、企业资金取得和形成来源两方面。

（2）构成（见图 1 –1）。

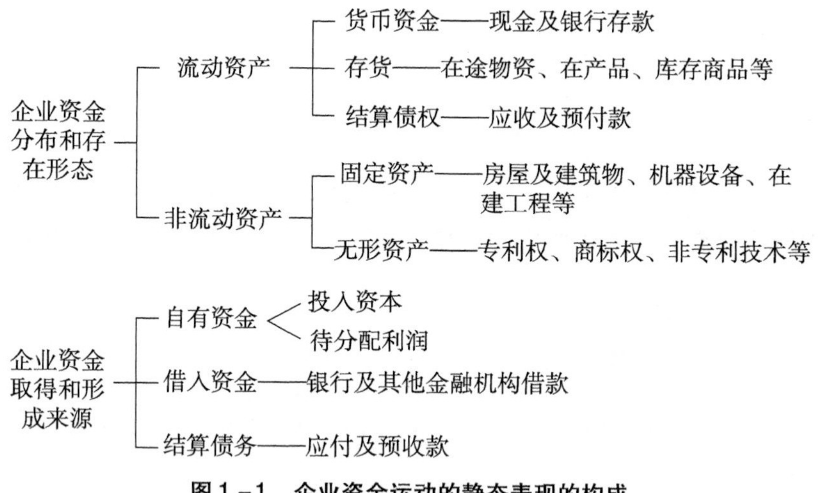

图 1 –1　企业资金运动的静态表现的构成

2. 企业资金运动的动态表现

（1）含义。

企业资金运动的动态表现是企业在一定时期内资金在生产经营各个阶段中不断运动并转换形态，周而复始地循环周转。

（2）构成。

①制造业企业会计对象（见图 1 –2）。

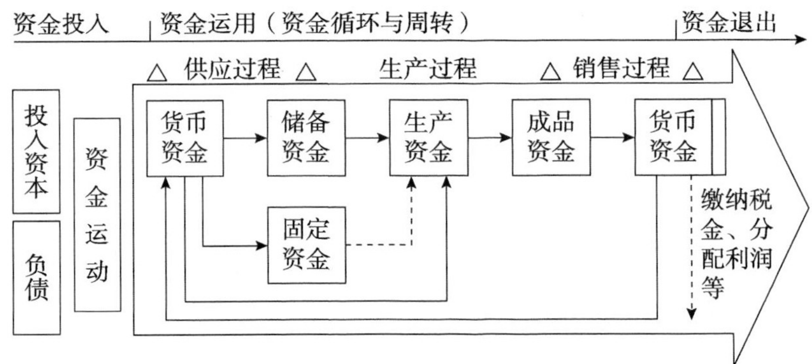

图 1－2　制造业企业会计对象

②商业企业会计对象（见图 1－3）。

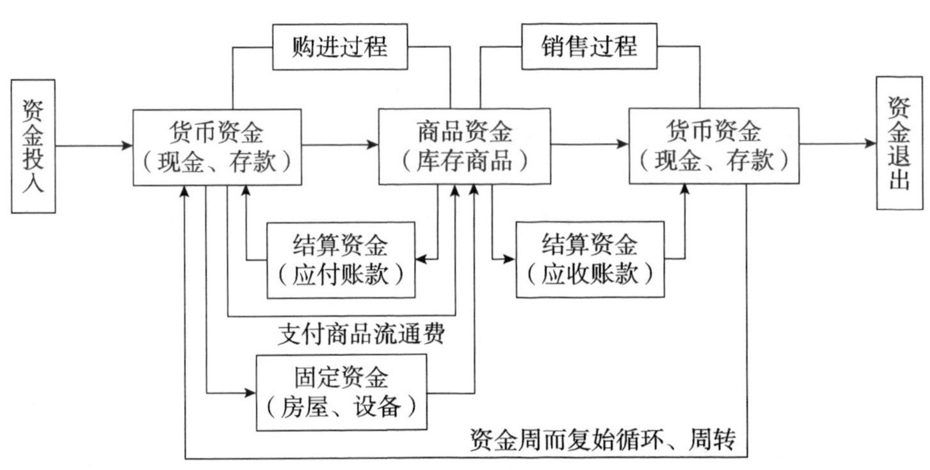

图 1－3　商业企业会计对象

（四）会计对象的具体对象

会计对象的具体对象是指会计六大要素，即资产、负债、所有者权益、收入、费用和利润（将在第二章中详细讲述）。

五、会计目标

会计目标亦称会计目的，是要求会计工作完成的任务或达到的标准。会计目标是会计系统所应达到境地的抽象范畴，是沟通会计系统与会计环境的桥梁，是连接会计理论与会计实践的纽带。会计目标包括以下三个方面。

（一）会计信息的使用者有哪些？

（1）国家宏观管理部门。如统计、财政相关管理部门等，他们需要会计信息进行宏观调控。

（2）处于企业外部、不直接参与企业经营管理的所有者和债权人（包括现有的与潜在的）。他们需要会计信息评估管理者的受托责任履行情况以进行有关的决策。

（3）企业的管理者。他们需要了解企业的经营管理情况，以便进行恰当的预测、决策、计划与控制，最终达到改善企业经营管理的目的。

（4）与企业利益相关的各个集团。他们需要会计信息来了解企业的日后发展前景、企业的信用状况及企业履行社会责任的情况。

（二）会计信息使用者需要什么样的会计信息？

使用者不同，目的不同，需要的会计信息就不同，但共同关注的信息是：财务状况、经营成果、现金流量。

（三）会计如何提供这些信息？

会计通过一系列程序与专门的方法提供会计信息，如确认、计量、记录和报告四个基本程序，设置会计科目或账户、复式记账、填制和审核会计凭证、登记账簿、成本计算、财产清查和编制会计报告七种基本的会计核算方法。

第二节　会计基本前提与会计记账基础

一、会计基本前提

会计工作所处的经济环境十分复杂，受很多不确定因素的影响。而会计基本前提即会计基本假设，是企业会计确认、计量、记录和报告的前提，是对会计核算所处时间、空间、环境等所做的合理假定。会计基本假设虽然有人为假定的一面，但是并不因此影响会计信息的客观性。事实上，作为进行会计活动的必要前提条件，会计基本假设是会计人员在长期的会计实践中逐步认识、总结形成的，绝不是毫无根据的猜想或简单武断的规定。离开了会计基本假设，会计活动就失去了确认、计量、记录、报告的基础，会计工作就会陷入混乱甚至难以进行。

会计基本前提包括以下四个方面的内容。

（一）会计主体

会计主体亦称会计实体，是指企业会计确认、计量和报告的空间范围，即会计核算和监督的特定单位或组织。

《企业会计准则——基本准则》第五条指出：“企业应当对其本身发生的交易或者

事项进行会计确认、计量和报告。”这是对会计主体假设的描述。一般而言，凡是拥有独立的资金、自主经营、独立核算收支盈亏并独立编制会计报表的单位或组织就构成了一个会计主体。

会计主体这一基本前提要求会计人员只能核算和监督所在主体的经济活动，从而界定了从事会计工作和提供会计信息的空间范围，明确了会计核算的空间范围，解决了核算谁的交易或者事项的问题。

应当注意的是，会计主体与法律主体（法人）并非对等的概念，法人可作为会计主体，但会计主体不一定是法人。例如，企业集团由若干具有法人资格的企业组成，各个企业既是独立的会计主体也是法律主体，但为了反映整个集团的财务状况、经营成果及现金流量情况，还应编制该集团的合并会计报表，企业集团是会计主体，但不是一个独立的法人。

【例1－1】有三个人投宿，三人房一晚30元，三人每人掏了10元，凑够30元交给老板。后来老板说今天优惠只要25元就行，拿出5元让服务生退还给他们。服务生偷藏了2元，然后把剩下3元退给了那三个人，每人分到1元。这样一开始每人掏了10元，现在又退回1元，每人只花了9元，3×9+2（服务生藏的）=29（元），还有1元跑哪儿去了呢?

解析：为什么会出现29元和30元的差异呢？答案是，应当把三人当作会计主体，而此处服务生偷藏的现金2元计入了三人这方，三人支出应为3×9=27（元）；而服务生偷藏的2元应计入店老板这个会计主体，即两人收入应为25+2=27（元）。此案例是混淆了会计主体造成的错误。

（二）持续经营

持续经营是指会计主体在可以预见的未来，将根据正常的经营方针和既定的经营目标持续经营下去，即在可以预见的未来，该会计主体不会破产清算，所持有的资产将正常营运，所负有的债务将正常偿还。

《企业会计准则——基本准则》第六条指出“企业会计确认、计量和报告应当以持续经营为前提”。这是对持续经营假设的描述。会计主体在可以预见的未来，将不会面临破产清算；它所持有的资产，将按照预定的目标在正常的经营过程中被耗用、出售或转让；它所承担的债务，也将按期偿还。正是在持续经营的假设下，才可以建立会计确认和计量的原则，解决很多有关财产计价和收益确定的问题。例如，固定资产的价值通常在其使用年限内分期转作费用，固定资产的价值逐渐减少，这一方法就是以持续经营为前提的。另外，对破产企业而言，所有以持续经营为前提的会计程序与方法就不再适用，而应当采用破产清算的会计程序和方法。

（三）会计分期

会计分期是指将企业持续不断的生产经营过程，人为地划分为一个个间距相等、首尾相接的会计期间，以便确定每一个会计期间的收入、费用和利润，确定该会计期间期初、期末的资产、负债和所有者权益的数额，并据之结算账目和编制财务报表。

《企业会计准则——基本准则》第七条指出："企业应当划分会计期间，分期结算账目和编制财务会计报告。会计期间分为年度和中期。中期是指短于一个完整的会计年度的报告期间。"这是对会计分期假设的描述。会计分期规定了会计核算的时间范围。

会计期间分为年度和中期（半年度、季度和月度）。以年度为单位进行会计核算的时间区间通常被称为会计年度。在我国，以公历年度作为企业的会计年度，即公历1月1日起至12月31日止；在年度内，再划分为半年度、季度和月份等较短的期间，这些短于一个完整的会计年度的报告期间统称为中期。

（四）货币计量

货币计量是指会计主体在会计确认、计量和报告时以货币作为计量尺度，反映会计主体的经济活动。

《企业会计准则——基本准则》第八条指出："企业会计应当以货币计量。"这是对货币计量假设的描述。我国会计核算以人民币为记账本位币。业务收支以人民币以外的货币为主的企业，可以选定其中一种货币作为记账本位币，但是编报的会计报告应当折算为人民币。

上述会计核算的四项基本假设具有相互依存、相互补充的关系。会计主体确定了会计核算的空间范围，持续经营和会计分期确立了会计核算的时间长度，而货币计量则为会计核算提供了必要手段。没有会计主体，就不会有持续经营；没有持续经营，就不会有会计分期；没有货币计量，就不会有现代会计。

二、会计记账基础

会计记账基础亦称会计确认基础，是指合理确定一定会计期间的收入和费用，从而确定企业一定时期生产经营活动的结果是盈利还是亏损的标准。

目前，从会计的理论和实务来看，可选择的会计记账基础一般有两个，即收付实现制和权责发生制。

（一）收付实现制

收付实现制亦称实收实付制，是以收到或支付现金作为确认收入和费用的依据

（即以款项实际收到或付出为标准来确定本期收入和费用）。采用收付实现制对会计业务进行的处理，程序简单，但不符合配比原则，据此确认计算的当期损益缺乏准确性。目前，我国的行政单位和非企业性质的事业单位采用收付实现制。

（二）权责发生制

权责发生制亦称应收应付制，是以权利或责任的发生为标准，来确认收入和费用。不论是否有现金收付，均按其是否体现各个会计期间的经营成果，确定归属期。也就是说，凡应归属于本期的收入，无论款项是否收到，都应作为本期的收入；凡应归属于本期的费用，无论款项是否付出，都应作为本期的费用。反之，凡不应归属于本期的收入，即使款项在本期收到，也不作为本期的收入；凡不应归属于本期的费用，即使款项在本期已经付出，也不作为本期的费用。权责发生制因为能够恰当反映具体会计期间的经营成果，所以被大多数企业采用。

【例1-2】宏达公司2019年6月发生以下交易或者事项：

（1）支付上月电费5000元；

（2）收回上月的应收账款10000元；

（3）收到本月的营业收入8000元；

（4）支付本月应负担的办公费900元；

（5）支付下季度保险费1800元；

（6）应收营业收入25000元，款项尚未收到；

（7）预收客户货款5000元；

（8）摊销上季度已经预付的保险费600元。

要求：分别按照权责发生制与收付实现制计算以上交易或者事项对2019年6月收入、费用和利润的影响。

解析：

（1）权责发生制下，上月电费已计入上月的费用，这个月不计；收付实现制下，这个月支付的款项，5000元计入这个月的费用。

（2）权责发生制下，收入已计入上月的收入，这个月不计；收付实现制下，这个月收到了账款，10000元计入这个月的收入。

（3）权责发生制和收付实现制下，8000元均在本月计入收入。

（4）权责发生制和收付实现制下，900元均在本月计入费用。

（5）权责发生制下，保险费应属于下季度的费用，所以不计入本月费用；收付实现制下，因是本月支付的款项，故1800元计入本月的费用。

（6）权责发生制下，营业收入属于本月的收入，虽然款项尚未收到，25000元也属于本月的收入；收付实现制下，款项尚未收到，不计入本月的收入。

（7）权责发生制下，预收的款项不能计入本月的收入；收付实现制下，收到了款项，5000 元计入本月收入。

（8）权责发生制下，600 元属于本月的保险费，应计入本月的费用；收付实现制下，本月未发生支付，故不计入本月费用。

综上所述，权责发生制和收付实现制对收入、费用、利润的影响如表 1－1 所示。

表 1－1　　权责发生制和收付实现制对收入、费用、利润的影响　　单位：元

会计记账基础	收入		费用		本期利润
权责发生制	收到本月营业收入	8000	本月应负担的办公费	900	31500
	应收营业收入	25000	负担保险费	600	
	收入小计	33000	费用小计	1500	
收付实现制	收到上月应收账款	10000	支付上月电费	5000	15300
	收到本月营业收入	8000	支付本月办公费	900	
	预收客户贷款	5000	支付下季度保险费	1800	
	收入小计	23000	费用小计	7700	

第三节　会计信息质量要求与会计核算基本原理

一、会计核算方法

会计方法指从事会计工作所使用的各种技术方法，一般包括会计核算方法、会计分析方法和会计检查方法，其中会计核算方法是会计方法中最基本的方法，包括：设置会计科目或账户、复式记账、填制和审核会计凭证、登记账簿、成本计算、财产清查和编制会计报告。

（一）会计核算的一般原则

会计核算的一般原则是指进行会计核算的指导思想和衡量会计工作成败的标准。

1. 会计信息质量要求

任何一种商品都必须符合一定的质量标准。例如，一支钢笔，能流利地书写，并有好看的外观，且能方便地握持，所述的钢笔已涉及三项质量标准。若将会计信息视为一种特殊形式的“商品”，它也要符合一定的质量要求，否则，对使用者来说就没有起到什么作用。这种使会计信息有用的最基本的质量要求，即会计信息的质量特征。

会计信息的质量特征也称会计信息质量要求，是对企业财务报告中所提供会计信息质量的基本要求。会计信息的质量特征包括八项，即可靠性、相关性、可理解性、可比性、实质重于形式、重要性、谨慎性和及时性。会计人员在处理会计业务、提供会计信息时，要遵循这些会计信息质量要求，以便更好地为企业的利益相关者服务。

（1）首要质量要求（基本质量特征）。

①可靠性。

《企业会计准则——基本准则》第十二条规定："企业应当以实际发生的交易或者事项为依据进行会计确认、计量和报告，如实反映符合确认和计量要求的各项会计要素及其他相关信息，保证会计信息真实可靠、内容完整。"

可靠性，亦称客观性、真实性，是会计信息质量的一项基本要求。企业的会计核算全过程，从编制凭证、登记账簿，到编制会计报表，任何一个环节都不允许弄虚作假、隐瞒谎报。只有真实的会计资料才是有用的，才能满足各有关方面了解企业财务状况和经营成果以进行决策的需要。

可靠性是会计信息的生命，是会计信息质量最重要的质量要求。

承上，可靠性要求企业做到以下三点。

ⅰ. 以实际发生的交易或事项为依据进行会计核算，不得根据虚构的或者尚未发生的交易或事项进行确认、计量和报告。

ⅱ. 在符合重要性和成本效益原则的前提下，保证会计信息的完整性，不能随意遗漏或者减少应予披露的信息。

ⅲ. 要求企业提供的会计信息能够客观中立、不偏不倚地反映企业的财务状况、经营成果和现金流量，不存在重大差错和主观偏见。

②相关性。

《企业会计准则——基本准则》第十三条规定："企业提供的会计信息应当与财务会计报告使用者的经济决策需要相关，有助于财务会计报告使用者对企业过去、现在或者未来的情况作出评价或者预测。"

相关性原则是指会计信息应当满足国家宏观经济管理的要求，满足有关各方了解企业财务状况、经营成果和现金流量的需要，满足企业加强内部经营管理的需要。

会计核算的相关性原则是由会计工作和会计信息的本质特性决定的。因为会计的主要目标是向社会各有关方面提供决策有用的信息，如果这些信息不利于人们做出各种决策，或与经济决策无关，会计工作也就失去意义。因此，会计核算方法的选择和会计工作的组织，都要满足各有关方面决策的需要，这一点充分体现了会计信息的基本质量特征——相关性。

③可理解性。

《企业会计准则——基本准则》第十四条规定："企业提供的会计信息应当清晰明

了，便于财务报告使用者理解和使用。”

可理解性亦称明晰性、可辨认性，是会计信息质量的一项重要要求。在会计业务处理和编制会计报表的各个环节中，会计数据在有关会计凭证、账簿或报表上记录和传递的错误、遗漏或含混不清，都将影响会计信息的质量，并降低会计信息的价值。因此，会计记录和会计报表应当清晰明了，便于理解和利用。

④可比性。

《企业会计准则——基本准则》第十五条规定：“企业提供的会计信息应当具有可比性。”

可比性要求企业提供的会计信息应当相互可比，保证同一企业不同时期可比、不同企业相同会计期间可比，即纵向可比和横向可比。

纵向可比是指同一企业不同时期发生的相同或者相似的交易或者事项，应当采用一致的会计政策，不得随意变更。例如，某企业在 2018 年按销售额的 2‰预估退货金额，在 2019 年及以后年度也应按 2‰的比率预估退货率。

横向可比是指不同企业发生的相同或者相似的交易或者事项，应当采用国家规定的会计处理方法，确保会计信息口径一致、相互可比。

（2）次要质量要求（补充和完善）。

①实质重于形式。

《企业会计准则——基本准则》第十六条规定：“企业应当按照交易或者事项的经济实质进行会计确认、计量和报告，不应仅以交易或者事项的法律形式为依据。”

在实际工作中，可能会碰到一些经济实质与法律形式不吻合的交易或事项。例如，融资租入的固定资产，在租期未满以前，从法律形式来说，所有权并没有转移给承租人，但承租人实际上也能对该项固定资产进行控制，因此，承租人应该将其视同自有的固定资产，一并计提折旧。遵循实质重于形式原则，体现了对经济实质的尊重，能够保证会计核算信息与客观经济事实相符。

②重要性。

《企业会计准则——基本准则》第十七条规定：“企业提供的会计信息应当反映与企业财务状况、经营成果和现金流量等有关的所有重要交易或者事项。”

假设某企业于 2018 年 6 月 1 日，用现金购入打印纸 5 包，价值 150 元。一方面企业的现金减少了 150 元，另一方面企业的资产（打印纸）增加了 150 元，每当企业员工用去一张纸时，资产就会减少一些，相应的费用会增加一些，企业收益也会下降一些。从理论角度来说，会计人员应随时记录打印纸的减少和费用的增加，然后，到了月末，会计人员应清点打印纸用去了多少，还剩多少。但是，没有一个企业或单位的会计会愿意去付出这样的努力，因为他们根本就不打算记录那些不重要的交易或事项，因为提供这些琐碎的信息用处并不大，而且耗费了大量的人力资源，适得其反。

重要性信息与成本效益直接相关。坚持重要性原则，能够使提供会计信息的收益大于成本；反之，就会使提供会计信息的成本大于收益。评价某些项目的重要性，很大程度上取决于会计人员的职业判断。一般而言，应当从质和量两个方面进行分析。从性质方面来说，当某一事项有可能对决策产生一定影响时，该事项就属于重要项目；从数量方面来说，当某一事项达到一定金额时，就可能对决策产生影响，该事项就属于重要项目。

重要性往往与充分披露有关。会计报表应对所有会计信息予以全面反映，但对重要的交易或者事项应单独反映，尤其是那些影响决策的重要会计信息应分项反映、重点说明，而那些次要的会计信息可适当简化核算程序和方法。

③谨慎性。

《企业会计准则——基本准则》第十八条规定："企业对交易或者事项进行会计确认、计量和报告应当保持应有的谨慎，不应高估资产或收益、低估负债或费用。"

谨慎性原则突出表现在计量各项财产减值准备、或有负债，计提固定资产的加速折旧上。谨慎性原则的目的在于避免虚夸资产和收益，降低由此给企业生产经营带来的风险。但是，谨慎性原则不能与蓄意隐瞒利润、逃避纳税等画等号，因而《企业会计制度》规定不得计提秘密准备。

④及时性。

《企业会计准则——基本准则》第十九条规定："企业对于已经发生的交易或者事项，应当及时进行会计确认、计量和报告，不得提前或者延后。"

如果企业的会计核算不能及时进行，会计信息不能及时提供，就无助于经济决策，就不符合及时性的要求。

在会计实务中，对一个或多个具体的交易或者事项的会计处理，常常需要在各质量特征之间权衡或取舍。其目的是达到质量特征之间的适当平衡，以便实现财务报告的目标。质量特征在不同情况下的相对重要性判断、取舍、应用，属于会计人员的职业判断和职业能力问题。

二、会计的处理方法

会计的处理方法即会计的基本程序，是指会计信息系统在加工数据并形成最终会计信息的过程中所特有的步骤，包括会计确认、会计计量、会计记录和财务报告四个环节。

（一）会计确认

1. 概念

会计确认是指按照规定的标准和方法，辨认和确定经济信息是否应该进入会计系统并确定如何进行记录的过程，即将某一经济业务作为资产、负债、所有者权益、收入、费用及利润六大会计要素之一并加以记录和列入报表的过程。

主要解决以下两个问题。

（1）交易发生时，项目作为何种要素来记录、报告（确认标准问题）。

（2）何时记录、报告（确认时间问题）。

2. 内容

（1）初始确认。

初始确认是指对输入会计核算系统的原始经济信息进行的确认，即针对某一项目或某项经济交易，确定其是否被记录为资产等要素，以及在什么账户中进行记录。

（2）再确认。

再确认是指在初始确认的基础上按会计信息使用者的要求对各项数据进行筛选、浓缩，并确定是否最终作为财务报表相关项目的内容。

3. 意义

初始确认与再确认的作用是不同的：初始确认决定了已发生的经济信息能否转化为会计信息；再确认是对已进入会计核算系统的会计信息的再提纯、再加工，以及确定如何列入会计报表。初始确认和再确认，可以保证会计信息的真实性和有用性。

（二）会计计量

1. 概念

会计计量是指以货币为单位对已确定可以进行会计处理的经济活动确定其应记录的金额。

2. 内容

（1）计量尺度。

会计基本前提已明确了会计核算要以货币计量，实物量度和劳动量度等指标只是作为辅助参考。

（2）计量属性。

①概念。

会计的计量属性是指计量对象可供计量的某种特性或标准。

②内容。

ⅰ. 历史成本。

历史成本是取得或制造某项财产物资时所实际支付的现金或现金等价物的金额。在实务中，资产按照其购置时支付的现金或者现金等价物的金额，或者按照购置资产时所付出的对价的公允价值计量；负债按照其因承担现时义务而实际收到的款项或者资产的金额，或者承担现金义务的合同金额，或者按照日常活动中为偿还负债预期需要支付的现金或者现金等价物的金额计量。根据历史成本的要求，即使物价变动，资产和负债的账面价值也不调整，除非国家另有规定。历史成本计量的优点是：有据可查，信息可靠，容易验证；可防止企业或有关人员基于某种需要有意改动账面记录；会计处理简单，不必经常调整账目。正是基于此，目前世界绝大多数国家和地区的会计模式都建立在历史成本计量的基础上，尽管对于许多资产的计量引入了公允价值，但历史成本模式的总体框架没有动摇。

ⅱ. 重置成本。

重置成本又称现行成本，是指按照当前市场条件，重新取得同样一项或者相似的资产所需支付的现金或现金等价物的金额。实务中，多用于盘盈固定资产的计量等。

ⅲ. 可变现净值。

可变现净值是指在正常生产经营过程中以预计售价减去进一步加工成本和销售时所必需的预计税金、费用后的净值。实务中，通常应用于资产在减值情况下的后续计量。

ⅳ. 现值。

现值是指对未来现金流量以恰当的折现率进行折现后的价值，是考虑货币时间价值因素的一种计量属性。实务中，在确定固定资产、无形资产等可收回金额时，通常需要计算资产预计未来现金流量的现值。

ⅴ. 公允价值。

公允价值是指在公平交易中，熟悉情况的交易双方自愿形成资产交换或者债务清偿的金额。在公允价值计量下，资产和负债按照市场参与者在计量日发生的有序交易中，出售资产所能收到或者转移负债所需支付的价格计量。所谓“市场参与者”，是指在相关资产或负债的交易市场中，同时具备下列三个特征的买方和卖方：相互独立，不存在关联方关系；熟悉情况，能够根据可取得的信息对相关资产或负债以及交易具备合理认知；有能力并自愿进行相关资产或负债的交易。所谓“有序交易”，是指在计量日前一段时期内相关资产或负债具有惯常市场活动的交易，清算等被迫交易不属于有序交易。实务中，公允价值主要用于交易性金融资产、可供出售金融资产的计量等。

③运用原则。

《企业会计准则——基本准则》第四十三条明确规定，“企业在对会计要素进行计量时，一般应当采用历史成本，采用重置成本、可变现净值、现值、公允价值计量的，应当保证所确定的会计要素金额能够取得并可靠计量”。

（三）会计记录

会计记录是指对经过确认而进入会计信息系统的各项数据，通过预先设置好的各种账户，运用一定的文字与金额，按照复式记账的有关要求在账簿中进行记录的过程。

通过会计记录，可以对价值运动进行详细、具体的描绘与量化，也可以对数据进行初步的加工、分类与汇总。

（四）财务报告

财务报告是把会计信息系统的最终产品——会计信息，传递给各个会计信息使用者的手段。财务报告分为：年报、半年报、季报、月报。财务报告包括财务报表（核心组成部分）和其他应当在财务报告中披露的相关信息和资料。

三、会计核算的具体内容

会计核算的内容，是指应当及时办理会计手续、进行会计核算的经济业务。《中华人民共和国会计法》要求对下列经济业务事项，应当办理会计手续，进行会计核算。

（一）款项和有价证券的收付

款项是作为支付手段的货币资金，主要包括库存现金、银行存款和其他货币资金（外埠存款、银行汇票存款、银行本票存款、信用卡存款、保函押金等）。有价证券是指表示一定财产拥有权或支配权的证券，如股票、国库券、其他企业债券等。

（二）财物的收发、增减和使用

财物是财产、物资的简称，是企业进行生产经营管理活动需要的且具有实物形态的经济资源，一般包括原材料、燃料、包装物、低值易耗品、在产品、自制半成品、产成品、库存商品等流动资产，以及房屋、建筑物、机器、设备、设施、运输工具等固定资产。

（三）债权债务的发生和结算

债权是企业收取款项的权利，一般包括各种应收和预付的款项。债务则是一个单位需要以货币资金等资产或者劳务清偿的现时义务，一般包括各项借款、应付和预收款项以及应交款项等。

（四）资本、基金的增减

资本一般是企业的所有者对企业的净资产的所有权，因此也被称为所有者权益，具体包括实收资本、资本公积、其他综合收益、盈余公积和未分配利润。基金主要是指机关、事业单位的某些特定用途的资金，比如事业发展基金、集体福利基金、后备基金等。

（五）收入、支出、费用、成本的计算

收入是一个单位在经营活动中由于销售商品、提供劳务或让渡资产的使用权等日常活动取得的款项或收取款项的权利。费用指企业和企业化的事业单位因生产、经营和管理活动而发生的各项耗费和支出。支出是指企业在经济活动中发生的一切开支与耗费。成本是指企业为生产产品、提供劳务而发生的各种耗费，是按一定的产品或劳务对象所归集的费用，是对象化的费用。

（六）财务成果的计算和处理

财务成果主要是企业和企业化的事业单位在一定时期内通过从事经营活动而在财务上所取得的结果，具体表现为盈利或亏损。

（七）需要办理会计手续、进行会计核算的其他事项

需要办理会计手续、进行会计核算的其他事项，是指除以上所列举的六类经济业务事项以外的、按照国家统一的会计制度规定应办理会计手续和进行会计核算的其他经济业务事项。

四、会计核算的具体方法

若干年以来，传统会计或手工会计一直以“人工手写”为主要运算方式。随着20世纪60年代初电子计算机在会计领域上的应用，会计电算化成为会计发展的趋势，逐步代替手工会计，但手工会计和电算化会计不能截然分开，它们是同一事物不同的发展阶段，它们遵循相同的会计理论和方法，遵守共同的会计法规和准则，运用相同的借贷原理，处理同样的经济信息，最终目标都是为加强企业经营管理、提供信息、参与决策、提高经济效益服务。

会计核算方法是用来核算（反映）和监督会计对象的，会计对象的多样性和复杂性决定了用来对其进行反映的会计核算方法不能采用单一、简单的形式，而应该采用系统的方法。会计核算方法具体由下列七种方法构成：

（1）设置会计科目或账户；

（2）复式记账；

（3）填制和审核会计凭证；

（4）登记账簿；

（5）成本计算；

（6）财产清查；

（7）编制会计报告。

上述七种会计核算方法之间不是相互独立的，更不是相互排斥的，而是通过密切配合和相互的联系，构成了一个完整的会计核算方法体系，共同完成会计核算的任务，实现会计核算的目标。在实际工作中，各种方法相互之间的联系和使用程序是：当日常交易或者事项发生以后，要根据交易或者事项的实际情况，按照设置的会计科目或账户，应用借贷记账法，填制和审核会计凭证，并在相关的总分类账簿和明细分类账簿中进行登记，对于生产经营过程中发生的各项费用，要按照一定的对象进行成本计算，对账簿登记的结果要通过财产清查加以核实，最后在账实相符的基础上，根据总分类账簿和明细分类账簿的记录定期编制会计报告。

另外，需要说明的是，在会计核算方法体系中，其主要工作程序或工作过程就是三个环节，即填制和审核会计凭证、登记账簿和编制会计报告。在一个会计期间内，所有交易或者事项的发生都要通过这三个环节来进行会计核算工作。前一个会计期间结束，后一个会计期间开始，这三个环节循环，所有的会计指标，都是通过这个会计循环取得的。

本书主要讲授的就是会计工作主线上的七种核算方法，以及会计核算组织程序和会计工作组织（包括会计档案）等内容。

本章小结

➢ 会计是以货币为主要计量单位，采用专门的方法，对企业的经济活动进行核算和监督，旨在向企业内部和外部的会计信息使用者提供反映与企业财务状况、经营成果和现金流量相关的信息的一种经济管理活动。

➢ 会计具有核算和监督两个基本职能。

➢ 会计对象是指会计核算和监督的内容。一般来说，只有能够以货币计量的经济活动才能纳入会计核算和监督的范围。能够以货币计量的经济活动通常被称为价值运动或资金运动，因此，会计对象可以高度概括为特定对象的资金运动。

➢ 会计的处理方法包括会计确认、会计计量、会计记录、财务报告。

➢ 会计核算的基本前提是指会计核算工作赖以进行的前提条件，包括会计主体、持续经营、会计分期和货币计量。

➢ 会计记账基础有权责发生制和收付实现制。

➢ 会计信息质量要求是指企业所提供的会计信息的质量标准，其表现为会计信息对信息使用者决策有用的那些性质，包括可靠性、相关性、可理解性、可比性、实质重于形式、重要性、谨慎性、及时性八个方面。

➢ 会计核算的具体内容包括款项和有价证券的收付，财物的收发、增减和使用，债权债务的发生和结算，资本、基金的增减，收入、支出、费用、成本的计算，财务成果的计算和处理，需要办理会计手续、进行会计核算的其他事项。

➢ 会计核算方法包括设置会计科目或账户、复式记账、填制和审核会计凭证、登记账簿、成本计算、财产清查和编制会计报告，其中填制和审核会计凭证、登记账簿和编制会计报告是三个主要环节。

同步练习

一、单项选择题

1. 在可预见的将来，会计主体不会破产清算，所持有的资产将正常营运，所负有的债务将正常偿还。这属于（　　）。

A. 持续经营假设　　B. 货币计量假设　　C. 会计分期假设　　D. 会计主体假设

2. 下列会计基本假设中，（　　）为编制财务会计报告奠定了理论与实务的基础。

A. 会计主体　　B. 持续经营　　C. 会计分期　　D. 货币计量

3. 某企业 2019 年 2 月发生以下交易或事项：

①本月预付全年水电费 3600 元；②本月购入办公用品 2000 元，款项尚未支付；③计提本月短期借款利息 5000 元。按照权责发生制，该企业本月应确认的费用为（　　）元。

A. 10600　　B. 8600　　C. 7300　　D. 5300

4. 下列交易或事项的处理符合权责发生制原则的有（　　）。

A. 本月根据销售合同发出商品一批，售价为 10000 元，但本月没有收到货款，因此不能将其确认为本月收入

B. 本月收到上月销售商品款 50000 元，因此确认本月收入 50000 元

C. 本月发生广告费用 3000 元但尚未支付，确认本月销售费用 3000 元

D. 根据销售合同预收客户定金 10000 元，确认本月销售收入 10000 元

5. 如果提供的会计信息没有满足会计信息使用者的需要，不能对会计信息使用者的决策提供帮助，那么，会计信息就不具有（　　）。

A. 可靠性　　B. 真实性　　C. 可理解性　　D. 相关性

6. 会计在反映一个单位经济活动时主要使用（　　）。

A. 劳动量度　　B. 实物量度　　C. 货币量度　　D. 技术量度

7. 下列不属于会计核算环节的是（　　）。

A. 确认　　B. 计量　　C. 审核　　D. 报告

8. 下列选项中，不属于会计核算具体内容的是（　　）。

A. 制定企业计划　　B. 收入的计算　　C. 资本的增减　　D. 财务成果的计算

二、多项选择题

1. 会计的新职能主要有（　　）。

A. 控制　　B. 分析　　C. 核算

D. 监督　　E. 预测　　F. 决策

2. 会计方法包括（　　）等方法。

A. 会计核算方法　　B. 会计决策方法　　C. 会计信息方法

D. 会计分析方法　　E. 会计检查方法　　F. 会计预测方法

3. 生产企业的资金循环形态有（　　）。

A. 货币资金　　B. 流通资金　　C. 生产资金

D. 储备资金　　E. 成品资金　　F. 商品资金

4. 下列各种方法中，属于会计核算方法的有（　　）。

A. 登记账簿　　B. 成本计算　　C. 复式记账

D. 监督检查　　E. 预测决策　　F. 财产清查

5. 下列各项中，属于会计信息质量要求的有（　　）。

A. 可靠性　　B. 相关性　　C. 完整性

D. 可比性　　E. 重要性　　F. 连续性

6. 关于会计主体与法律主体之间的关系，下列说法正确的有（　　）。

A. 两者并非对等的概念　　B. 会计主体不一定是法律主体

C. 法律主体可以是会计主体　　D. 会计主体一定是法律主体

7. 权责发生制核算基础是以收付应归属期间为标准，确定本期收入和费用的处理方法，即（　　）。

A. 凡属本期应获得的收入，不管款项是否已收到，都应作为本期收入处理

B. 凡属本期应获得的收入，只有款项已经收到，才能作为本期收入处理

C. 凡属本期应负担的费用，不管款项是否已经付出，都应作为本期费用处理

D. 凡属本期应负担的费用，只有款项已经付出，才能作为本期费用处理

E. 凡属本期应获得的收入或本期应负担的费用，没有收到款项或支付款项就不能作为本期收入或费用处理

三、判断题

1. 企业发生的所有交易或事项都需要进行会计记录和会计核算。（　　）

2. 将以融资租赁方式租入的固定资产视为企业资产，体现的是实质重于形式的会计信息质量要求。（　　）

3. 按照会计信息质量可比性的要求，企业不同时期的会计处理方法一经确定，就不得变更。（　　）

4. 某项经济资源虽能给企业带来未来经济利益，但企业不拥有其所有权，则企业不能将其视为自有资产核算。（　　）

5. 在权责发生制下，凡是不属于本期应承担的费用，即使款项已经支付也不作为本期费用核算。（　）

6. 会计的基本职能包括预测经济前景、参与经济决策和评价经济业绩。（　）

7. 企业会计对象就是企业的资金运动。（　）

8. 没有会计监督，会计核算便失去了存在的意义。（　）

9. 会计主体所核算的生产经营活动也包括其他企业或所有者个人的其他生产经营活动。（　）

10. 会计核算方法主要工作程序包括三个环节：设置会计科目或账户、填制和审核会计凭证、登记账簿。（　）

四、实务操作题

某公司 2019 年 6 月发生下列交易或事项。

（1）以银行存款支付本月水电费 5000 元；

（2）收到上月的销货款 50000 元，存入企业存款账户；

（3）以银行存款预付下半年的房屋租金 3000 元；

（4）销售产品一批，货款为 7000 元，存入企业存款账户；

（5）赊销产品一批，货款为 3000 元，货款下月收取；

（6）预收货款 20000 元，存入企业存款账户，下月交货；

（7）本月应负担的长期借款利息为 1500 元，本月未支付。

要求：以权责发生制和收付实现制为基础的记账结果填入下表（单位为元）。

业务序号	权责发生制		收付实现制	
	收入	费用	收入	费用
(1)				
(2)				
(3)				
(4)				
(5)				
(6)				
(7)				
合计				

第二章　会计要素与会计等式

学习导航

本章是对第一章中基础内容的延伸。学生应理解会计对象具体分类——会计要素的有关知识，理解会计等式的有关知识；学习的重点是会计要素的含义与分类、会计等式的表现形式以及交易或者事项的类型对会计等式的影响等。

第一节　会计要素

一、会计要素

会计要素又叫会计对象要素，是指对会计对象按照交易或事项的经济特征所做的基本分类，也是对会计对象按经济性质所做的基本分类，是会计核算和监督的具体对象和内容，是构成会计对象具体内容的主要因素，分为反映企业财务状况的会计要素和反映企业经营成果的会计要素。会计要素是对会计对象所做的基本分类，是会计对象的具体化，是反映会计主体财务状况和经营成果的基本单位。《企业会计准则——基本准则》规定，会计要素包括资产、负债、所有者权益、收入、费用和利润。会计要素的构成如图 2－1 所示。

（一）资产

1. 含义

资产指由企业过去的交易或者事项形成的、企业拥有或者控制的、预期会给企业带来经济利益的资源。

2. 基本特征

（1）资产是由企业过去的交易或者事项形成的资源。

（2）资产必须被企业拥有或控制。

（3）资产是能够直接或间接给企业带来经济利益的资源。

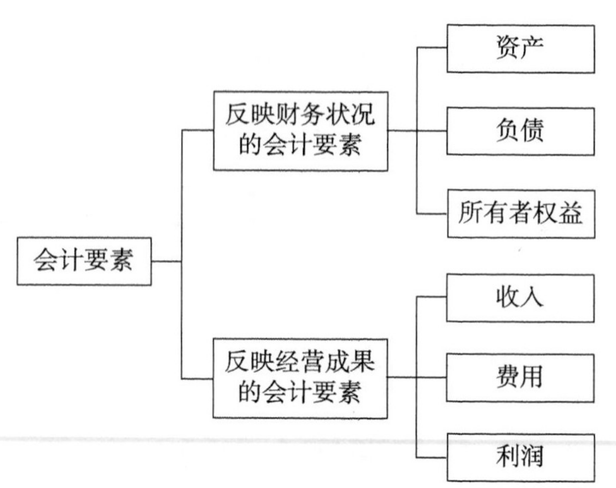

图2－1 会计要素的构成

3. 分类

人们习惯上把资产划分为流动资产和非流动资产两大类，并按资产流动性大小顺序将其列示在会计报表上。

（1）流动资产：在一年或超过一年的一个营业周期内变现或者耗用的资产。按其变现能力的大小，流动资产主要分为货币资金、应收及预付款项、交易性金融资产和存货等。

（2）非流动资产：一年或超过一年的一个营业周期以上变现或者耗用的资产。按其性质，非流动资产可分为长期股权投资、固定资产、无形资产等。

（二）负债

1. 含义

负债是指企业过去的交易或者事项形成的、预期会导致经济利益流出企业的现时义务。

2. 基本特征

（1）负债是由企业过去的交易或者事项形成的。未来发生的承诺、签订的合同或借款意向书，不形成企业的负债。

（2）负债是企业承担的现时义务。负债是企业目前实实在在的偿还义务，要由企业在未来某个时日加以偿还。

（3）负债预期会导致经济利益流出企业。这也是负债的一个本质特征。一般来说，企业履行偿还义务时，企业会有经济利益的流出，如支付现金、提供劳务、转让其他财产等。

3. 负债的分类

会计上将负债按其流动性划分为流动负债和非流动负债。

（1）流动负债：将在一年或超过一年的一个营业周期内偿还的债务。它包括短期借款、应付账款、预收账款、应付职工薪酬、应交税费、其他应付款等。

（2）非流动负债：偿还期在一年或超过一年的一个营业周期以上的债务。按其性质，非流动负债可分为长期借款、应付债券、长期应付款等。

（三）所有者权益

1. 含义

所有者权益指企业资产扣除负债后由所有者享有的剩余权益。公司的所有者权益又称为股东权益。

2. 基本特征

（1）除非发生减值、清算，否则企业不需要偿还所有者权益。

（2）企业清算时，只有在清偿所有的负债后，所有者权益才返还给所有者。

（3）所有者拥有分享企业税后利润的权利，所有者可按出资比例分享企业利润，并承担企业风险。

（4）所有者权益金额的大小取决于资产和负债的计量，即所有者权益 = 资产 - 负债。

3. 来源

（1）所有者投入的资本。所有者投入的资本是指所有者投入企业的资本部分，既可以是现金，也可以是非现金资产。

（2）直接计入所有者权益的利得和损失。利得是指由企业非日常活动所形成的、会导致所有者权益增加的、与所有者投入资本无关的经济利益的流入。损失是指由企业非日常活动所发生的、会导致所有者权益减少的、与向所有者分配利润无关的经济利益的流出。通常利得和损失有两个去向，一个是作为其他综合收益项目直接反映在资产负债表中，另一个是作为非经常损益反映在利润表中的营业外收入项目和营业外支出项目。

（3）留存收益。留存收益是指企业从历年实现的净利润中提取或形成的留存于企业的内部积累，主要包括计提的盈余公积和未分配利润。

4. 分类

（1）实收资本：所有者按照企业章程或合同、协议的约定实际投入企业的资本，也是企业在工商部门注册的资本。在股份公司实收资本被称为“股本”。

（2）资本公积：包括资本溢价（或股本溢价）以及其他资本公积。资本溢价（或股本溢价）是指所有者投入的资本中超过注册资本或股本部分的金额。

（3）盈余公积：企业按照国家有关规定从净利润中提取的公积金，包括法定盈余公积和任意盈余公积。

（4）未分配利润：企业留待以后年度分配的利润或本年度待分配利润。其在数量上等于企业净利润扣除提取的盈余公积和分配给所有者的利润后的余额。

（5）其他综合收益：直接计入所有者权益的利得和损失。

资产、负债、所有者权益三个要素构成企业的资产负债表，通过对资产负债表信息进行分析，可以了解企业的财务状况。

（四）收入

1. 含义

收入是指企业在日常活动中形成的、会导致所有者权益增加的、与所有者投入资本无关的经济利益的总流入。

2. 基本特征

（1）收入是企业在日常活动中产生的，而不是产生于偶发的交易或事项。例如，制造业企业销售商品、提供工业性劳务等产生的经济利益的流入属于收入。但需要注意的是，有些交易或者事项也能为企业带来经济利益，但不属于企业的日常经营活动，其流入的经济利益是利得，而不是收入，例如，企业接受捐赠的利得、债务重组利得等，因为这些利得不属于企业的日常经营活动所发生的，因而在会计上不确认为收入。

（2）收入可能表现为企业资产的增加，也可能表现为负债的减少，或者两者兼而有之。例如，收入可能使企业增加银行存款、应收账款等；也可能使企业减少应付账款、应付票据等；也可能销售商品的货款中部分用于抵偿债务，部分收取现金或其他资产等。

（3）收入最终会增加企业的所有者权益。由上可知，收入能增加资产或者减少负债或者两者兼而有之，因此，企业取得收入一定会增加所有者权益。

（4）收入会导致经济利益的流入，该流入不包括所有者投入的资本和为第三方或客户代收的款项。所有者权益的增加可能是其他原因造成的，如接受投资、应计入所有者权益中的利得等，而这些都不是收入。另外，为第三方或客户代收的款项也不属于收入，例如，代物流公司收取的运输费等。

3. 分类

按照企业所从事日常活动的性质，收入主要包括以下三种：

（1）销售商品收入；

（2）劳务收入；

（3）让渡资产使用权收入。

按照日常活动在企业所处的地位，收入可分为以下三种：

（1）主营业务收入，也称基本业务收入，是指企业在其基本或主营业务活动中所获得的收入，包括因销售产品、商品、提供劳务等获得的收入。

（2）其他业务收入，也称附营业务收入，是指企业在非主营业务活动中所获得的收入，包括销售材料、技术转让、出租固定资产、出租包装物等获得的收入。

（3）投资收益，是指企业对外投资所获得的收益减去发生的投资损失后的净额。

主营业务收入和其他业务收入的划分，可按照企业营业执照上注明的主营业务和兼营业务予以确定。

（五）费用

1. 含义

费用是指企业在日常活动所发生的、会导致所有者权益减少的、与向所有者分配利润无关的经济利益的总流出。

2. 基本特征

（1）费用是企业在日常活动中发生的经济利益的流出，而不是从偶发的交易或事项中发生的经济利益的流出。

（2）费用可能表现为资产的减少，或负债的增加，或二者兼而有之。

（3）费用最终能引起所有者权益的减少，但不包括向所有者分配利润。

3. 分类

费用可以分为以下两种：

（1）营业成本：销售商品或提供劳务的成本。按照销售商品或提供劳务在企业日常活动中所处地位，营业成本可分为主营业务成本和其他业务成本。

（2）期间费用：包括管理费用、销售费用和财务费用。

需要指出的是，以上的分类是基于狭义费用的概念角度进行的分类，有些学者把费用分为生产费用与期间费用，这是基于广义费用的概念角度进行的分类。

（1）生产费用：与企业日常生产经营活动有关的费用，按其经济用途可分为直接材料、直接人工和制造费用。生产费用应按其实际发生情况计入产品的生产成本；对于生产几种产品共同发生的生产费用，应当按照受益原则，采用适当的方法和程序分配计入相关产品的生产成本（这部分内容将在后续的专业课程“成本会计”中具体讲述）。

（2）期间费用：企业本期发生的，不能直接或间接归入产品生产成本，而应直接计入当期损益的各项费用，包括管理费用、销售费用和财务费用。

（六）利润

1. 含义

利润是指企业在一定会计期间的经营成果。利润可以及时反映企业在一定会计期间的经营业绩和获利能力，反映企业的投入产出效率和经济效益，是评价企业管理层业绩的一项重要指标，同时也是所有者、债权人等做出投资决策、信贷决策等的重要参考指标。

2. 来源构成

根据《企业会计制度》的规定，利润包括营业利润、利润总额和净利润。

（1）营业利润 = 营业收入 - 营业成本 - 税金及附加 - 销售费用 - 管理费用 - 财务费用 - 资产减值损失 + 公允价值变动收益（ - 公允价值变动损失）+ 投资收益（ - 投资损失）+ 其他收益 + 资产处置收益（ - 资产处置损失）

（2）利润总额 = 营业利润 + 营业外收入 - 营业外支出

（3）净利润 = 利润总额 - 所得税费用

收入、费用和利润三个会计要素构成企业的利润表，通过对利润表信息的分析，可以了解企业一定期间的经营成果。

二、会计要素的意义

会计要素的划分对会计核算工作具有十分重要的意义。

第一，它是对会计对象的科学分类。会计对象的内容多种多样、错综复杂，为了科学、系统地对其进行核算和监督，就必须对它们按照经济内容、经济用途等进行分类，使它们的内容一致、关系明确、清晰可辨。

第二，它是设置会计科目或账户的基本依据。会计科目是对会计对象具体内容即会计要素进一步分类核算的项目，不将会计对象划分为会计要素，就无法设置会计科目或账户，也就无法进行会计核算。

第三，它构成了会计报表的基本框架。会计报表是提供会计信息的基本手段，会计报表里的一系列指标主要是由会计要素构成的，因此，会计要素是会计报表框架的基本构成内容。

总之，会计要素是对会计对象进行的具体分类，它对核算和监督企业的经济管理活动具有重要作用。

第二节　会计等式

一、会计等式的含义与表现形式

（一）会计等式的含义

会计等式，也称会计平衡公式或会计方程式，它是利用数学公式对各会计要素的内在经济关系所做的概括表达，即反映各会计要素数量关系的等式。它表示各会计要素之间的基本平衡关系和企业产权归属关系。

（二）会计等式的表现形式

1. 反映财务状况的等式

就一个企业而言，为了独立进行生产经营活动，以获取利润，必须拥有一定数额可供支配的资产。企业资产最初的来源渠道不外乎两种：一是债权人的借入资金，二是所有者的投入资本。既然企业的债权人和所有者为企业提供了全部资产，就应该对企业的资产享有要求权，这个对企业资产的要求权，在会计上统称为权益，表示的是企业资金的来源渠道。其中，属于债权人的部分称为债权人权益，又称负债；属于所有者的部分称为所有者权益。

资产与权益之间存在着相互依存的关系，二者是不可分割的。从数量上看，有一定数额的资产，就必定有对该资产的权益；有一定权益，则必然有体现该权益的资产。一个企业的资产总额与权益总额必定彼此相等。这种关系可以用下列等式表示

资产 = 权益

= 债权人权益 + 所有者权益

= 负债 + 所有者权益

“资产 = 负债 + 所有者权益”会计等式体现了企业在资金运动过程中某一时点上会计要素之间的数量关系，是资金运动的静态表现形式，被称为基本会计等式或静态会计等式。它反映企业拥有的经济资源及对该资源的求偿权。资产与权益实际上是企业所拥有的经济资源在同一时点上所表现的不同形式。资产表明了资源在企业存在、分布的形态，而权益表明了资源取得和形成的渠道，两者之间形成了相互依存的关系。没有无资产的权益，也没有无权益的资产。从数量上看，有一定数额的资产，必须有一定数额的权益；反之亦然。总之，资产与权益在数量上必然存在恒等的关系。

2. 反映经营成果的等式

企业经营的目的是盈利。在每一个会计期间，一方面企业要获取收入，另一方面也会发生与获取收入有关的费用。收入冲减费用后如有剩余，则为利润（盈利）；如收入不足以冲减费用，则为亏损。收入、费用和利润三者的关系，用下列公式表示

收入 - 费用 = 利润

这一等式表明了一定期间企业经营成果与相应会计期间的收入和费用的关系，故也被称为动态会计等式。

3. 综合（扩展）会计等式

企业是所有者的企业，因此生产经营活动中实现的利润属于所有者，发生的亏损也应由企业的所有者承担。利润的实现表明所有者在企业中的所有者权益数额的增加，反之，亏损的发生则表明所有者在企业中的所有者权益数额的减少。将“收入 - 费用 =

利润”代入“资产 = 负债 + 所有者权益”，可得如下扩展的会计等式

资产 = 负债 +（所有者权益 + 利润）

资产 = 负债 +（所有者权益 + 收入 − 费用）

资产 + 费用 = 负债 + 所有者权益 + 收入

在会计核算中，企业缴纳所得税后的利润被称为净利润，也称净收益、税后利润。企业的净收益经过利润分配所形成的盈余公积和未分配利润，都是所有者权益的组成内容。所以会计等式又恢复为

资产 = 负债 + 所有者权益

（三）会计等式的意义

综上所述，“资产 = 负债 + 所有者权益”是反映企业生产经营的最基本的会计等式。它不但明确了资产、负债和所有者权益三者之间的关系，而且是各会计主体设置科目或账户、进行复式记账、试算平衡及编制会计报表的理论依据，是贯穿会计始终的一条主线，所以基本会计等式是会计核算的基石，有着极其重要的意义。

二、交易或者事项对会计等式的影响

（一）交易或者事项及其种类

经济业务是指在经济活动中使会计要素发生增减变动的交易或者事项。“交易或者事项”在我国被习惯地统称为“经济业务”，而国际会计惯例通常将会计需要确认的各类“经济业务”具体划分为“会计交易”与“会计事项”两类。其中，会计交易是指发生在两个不同会计主体之间的价值转移，如向所有者筹集资金、向供货方购货、向银行归还借款、向购货方销货、企业将自产产品用作奖品奖励给职工等；会计事项主要指发生在一个会计主体内部各部门之间的资源转移，如企业的生产经营过程中耗用材料、机器设备的折旧、收入与费用的结转、自然灾害导致财产受损等。

由此可知，交易或者事项虽均属于需要会计确认的经济业务，但本质上是有区别的：交易是发生在两个不同会计主体之间的价值转移，作为转移价值货币化表现的价格通常是公允的，一般需以实际交易价格或者公允价值作为计量标准，通常也被称为“对外经济业务”；而事项则是发生在同一主体内部各部门之间的资源转移，内部转移的计价一般以账面价值计量，不要求公允，是以历史成本作为计量标准的，通常也被称为“对内经济业务”。

（二）交易或者事项的类型及其对会计等式的影响

企业在生产经营过程中必然会发生各种各样的交易或者事项，每项交易或者事项

的发生都会对会计要素产生一定的影响，一项会计要素发生增减变动，其他有关要素也必然随之发生等额变动，或者是在同一要素中一项具体项目发生增减变动，其他有关项目也随之发生方向相反的等额变动。资产是指企业拥有多少经济资源和拥有什么经济资源，权益是指谁提供了这些经济资源，谁对这些经济资源拥有要求权。因此，资产与权益之间形成了相互依存的关系。

（1）从静态来看，资产不能脱离权益而独立存在，没有无资产的权益，也没有无权益的资产；资产和权益是资金这同一事物从两个不同侧面观察分析的结果，从其存在、分布与使用的形态来看是资产，而从其形成与取得的来源来看是权益；从数量上看，有一定数额的资产，必定有一定数额的权益，反之，有一定数额的权益，也必定有一定数额的资产；也就是说，资产与权益之间在数量上存在着必然相等的关系。

（2）从动态来看，不管企业发生的交易或者事项如何复杂多变，都不会破坏资产与权益之间的平衡关系，即不会破坏会计等式。

当一笔交易或者事项发生后，引起的各项资产和权益（负债和所有者权益）的增减变动，不外乎是以下四种类型。

（1）等式左边同时一增一减一个等量，即交易或者事项的发生引起资产项目之间此增彼减，增减金额相等。

【例2－1】用银行存款3000元购买材料。

解析：这项业务发生以后，只会引起资产内部两个项目之间以相等的金额、一增一减的变动，那么这一增一减只表明资产占用形态的变化，而不会引起资产总额的变动，更不会涉及负债或所有者权益项目。因此，资产与权益的总额仍然相等，等式保持平衡的关系。

（2）等式右边同时一增一减一个等量，即交易或者事项的发生引起负债和所有者权益项目之间此增彼减，增减金额相等。

【例2－2】向银行借入短期借款5000元，直接偿还应付账款。

解析：短期借款和应付账款都是负债项目，那么这项业务的发生只会引起两个负债项目之间以相等的金额、一增一减的变动。这一增一减只表明资金来源渠道的转化，就是从应付账款转化为短期借款，既不会引起负债和所有者权益总额发生变动，也没有涉及资产项目，因此资产与权益的总额仍然相等，等式保持平衡关系。

（3）等式双方同时增加一个等量，即交易或者事项的发生，引起资产项目和负债、所有者权益项目同时增加，双方增加的金额相等。

【例2－3】接受其他单位以一台新设备作为投资，新设备价值6000元。

解析：这项业务的发生，一方面，使企业固定资产增加了6000元，另一方面，使企业的实收资本，即所有者权益的项目增加6000元，资产项目和权益项目，以相等的金额同时增加，双方的总额虽然发生了变动，但是仍然相等，等式保持平衡关系。

（4）等式双方同时减少一个等量，即交易或者事项的发生，引起资产项目与负债、所有者权益项目同时减少，双方减少的金额相等。

【例2－4】用银行存款10000元偿还长期借款。

解析：这项业务的发生，使一个资产项目即银行存款和一个负债项目即长期借款同时减少10000元，从而使双方总额发生变动，但是仍然相等，等式保持平衡关系。

（三）交易或者事项发生对会计等式影响的结论

上面所列举的四项交易或者事项代表着四种不同的业务类型，可以从中看出，无论哪一种交易或者事项发生，都不会破坏资产总额与负债、所有者权益总额的平衡关系，根据上面举例可以得出以下三条结论。

（1）前两种业务类型不影响等式两边的总金额。

（2）后两种业务类型影响等式两边的总金额。

（3）任何交易或者事项的发生都不会破坏会计等式的平衡关系。

以上四种类型的交易或者事项又可以细划为以下九种分类：

（1）一项资产增加，一项负债增加；

（2）一项资产增加，一项所有者权益增加；

（3）一项资产增加，另一项资产减少；

（4）一项负债减少，一项资产减少；

（5）一项负债减少，另一项负债增加；

（6）一项负债减少，一项所有者权益增加；

（7）一项所有者权益减少，一项资产减少；

（8）一项所有者权益减少，一项负债增加；

（9）一项所有者权益减少，另一项所有者权益增加。

下面，我们来讨论企业交易或者事项的发生对综合（扩展）会计等式的影响：

（1）企业收入的取得，表现为资产要素和收入要素同时、同等金额的增加，或者表现为收入要素的增加和负债要素同等金额的减少，结果，等式仍然保持平衡；

（2）企业费用的发生，表现为负债要素和费用要素同时、同等金额的增加，或者表现为费用要素的增加和资产要素同等金额的减少，结果，等式仍然保持平衡；

（3）在会计期末，将收入与费用相减得出企业的利润。利润在按规定程序进行分配以后，留存企业的部分（包括盈余公积和未分配利润）转化为所有者权益的增加（或减少），同时，要么是资产要素相应增加（或减少），要么是负债要素相应减少（或增加），结果，等式仍然保持平衡。

收入、费用和利润三个要素的变化实质上都可以表现为所有者权益的变化，因此，上述三种情况都可以归纳到前面总结的九种情况中。也正因为如此，综合（扩展）会计等式才会始终保持平衡。

【友情提示】如果将资产和费用看作一类，将负债、所有者权益和收入看作另一类，那么交易或者事项对会计恒等式的影响，可通过下面12字概括，“同类此增彼减，异类同增同减”。

本章小结

➢ 会计要素是对会计对象进行的基本分类，是会计对象的具体化。它是反映企业财务状况和经营成果的基本单位，是会计报表框架的基本构成内容。《企业会计准则——基本准则》规定会计要素包括资产、负债、所有者权益、收入、费用和利润。

➢ 会计等式是反映各会计要素之间数量关系的表达式，其中，“资产 = 负债 + 所有者权益”，是反映企业在资金运动过程中某一特定时点财务状况的基本会计等式；“收入 - 费用 = 利润”，是反映企业在资金运动过程中一定期间经营成果的会计等式；“资产 + 费用 = 负债 + 所有者权益 + 收入”，是反映企业资金运动过程中任一时点全部会计要素之间数量关系的综合会计等式。

➢ 任何交易或者事项的发生，都不会破坏会计等式的平衡关系。

➢ 通过会计等式，可以充分揭示企业会计要素之间的规律性联系，它是设置会计科目或账户、复式记账、试算平衡及编制会计报表的理论依据。

同步练习

一、单项选择题

1. 某企业10月的资产总额为150万元，收回应收账款50万元后，该企业资产总额为(　　)万元。

A. 100　　B. 200　　C. 150　　D. 120

2. 某企业资产总额为120万元，负债为30万元，将15万元负债转作实收资本后，资产总额为(　　)万元。

A. 120　　B. 165　　C. 90　　D. 10

3. 下列关于所有者权益的说法中不正确的是(　　)。

A. 所有者权益是一种剩余权益

B. 所有者权益在数量上等于资产减去负债后的余额

C. 所有者权益就是实收资本（或股本）

D. 收入的增加会导致所有者权益的增加

4. 某企业月初资产总额为100万元，本月发生了以下4笔交易或者事项：(1) 用2万元银行存款购买商品；(2) 向银行贷款10万元并存入银行；(3) 以银行存款偿还前期所欠货款3万元；(4) 收回外单位前期所欠货款4万元。月末该企业的资产总额为(　　) 万元。

A. 109　　B. 110　　C. 105　　D. 107

5. 某企业资产总额为200万元，负债总额为40万元，在将20万元负债转为实收资本后，所有者权益为(　　)万元。

A. 140　　B. 180　　C. 160　　D. 200

6. 某公司8月初资产总额为90000元，负债总额为35000元。8月取得收入25000元，发生费用12000元，假设本月无其他交易或者事项，则8月末该公司所有者权益总额为(　　)元。

A. 125000　　B. 68000　　C. 55000　　D. 13000

7. 下列各项可当月确认为费用的是(　　)。

A. 购买的机器设备　　B. 预付下年的财产保险费

C. 购买的原材料　　D. 支付的电话费

8. 下列各项中，属于收入要素的是(　　)。

A. 材料销售收入　B. 资产盘盈　C. 罚款收入　D. 补贴收入

9. 未分配利润属于会计要素中的(　　)要素。

A. 负债　B. 所有者权益　C. 收入　D. 利润

10. 企业期初所有者权益总额为 100 万元，本期资产增加 25 万元，负债减少 15 万元，则期末所有者权益总额为(　　)万元。

A. 100　B. 140　C. 125　D. 110

11. 下列各项可以确认为企业资产的是(　　)。

A. 企业的人力资源　B. 经营租入的设备

C. 外购的商标权　D. 计划购买的某项设备

12. 下列各项说法正确的是(　　)。

A. 只有企业拥有所有权的资源才称得上资产

B. 待处理财产损失也是企业的资产之一

C. 融资租入的固定资产是企业的资产

D. 企业的资产必须是有形的

13. 下列各项使企业资产和权益总额不变的是(　　)。

A. 从银行提取现金　B. 以银行存款上缴税费

C. 接受所有者投入设备　D. 向银行借入短期借款

14. 收入是指(　　)。

A. 主营业务收入　B. 营业收入和投资收益

C. 营业收入　D. 其他业务收入

15. 下列各项使企业资产和负债同时减少的是(　　)。

A. 从银行提取现金　B. 以银行存款上缴税费

C. 接受所有者投入设备　D. 向银行借入短期借款

二、多项选择题

1. 费用确认的条件之一是经济利益流出企业，下列属于经济利益流出企业的有(　　)。

A. 应收账款增加　B. 应付账款增加　C. 银行存款减少　D. 现金减少

2. 将一项资源确认为资产，需要满足以下条件(　　)。

A. 与该资源有关的经济利益一定能流入企业

B. 与该资源有关的经济利益很可能流入企业

C. 该资源的成本或者价值能够可靠地计量

D. 该资源的成本或者价值能够计量

3. 下面对利润的理解正确的有(　　)。

A. 利润等于收入减去费用后的净额

B. 利润包括直接计入当期利润的利得

C. 利润包括直接计入当期利润的损失

D. 利润是指企业在一定会计期间的经营成果

4. 下列各项会导致本期资产总额增加的有(　　)。

A. 从银行提取现金　　　　　　　　　B. 接受所有者投入资产

C. 收回华光公司前期所欠的货款　　　D. 向银行借入长期借款

5. 交易或者事项的类型包括(　　)。

A. 引起资产与权益同时增加的业务

B. 引起资产内部有增有减、总额不变的业务

C. 引起资产增加、权益减少、总额不变的业务

D. 引起权益内部有增有减、总额不变的业务

E. 引起资产减少、权益增加、总额不变的业务

6. 下列各项会使会计等式两边同时增加的有(　　)。

A. 从银行提取现金　　　　　　　　　B. 赊购一批材料

C. 接受所有者投入设备　　　　　　　D. 向银行借入短期借款

E. 收回应收账款

7. 下列各项会导致本期所有者权益增加的有(　　)。

A. 出售产品取得收入　　　　　　　　B. 接受所有者投入资产

C. 支付本期电话费　　　　　　　　　D. 让售材料取得收入

E. 用税后利润发放现金股利

三、判断题

1. 一项资产增加、一项负债减少的交易或者事项是不可能存在的。(　　)

2. 收入应当会导致经济利益的流入，该流入也包括所有者投入的资本。(　　)

3. 利润是收入与费用配比相抵后的差额，是经营成果的最终要素。(　　)

4. 只要有经济利益流入，就可以确认为企业的收入。(　　)

5. 所有者权益是指企业所有者对企业资产的所有权。(　　)

6. 无论发生什么交易或者事项，会计等式两边会计要素总额相等的平衡关系都不会被破坏。(　　)

7. 企业接受投资，一方面会使企业的资产总额增加，同时会使负债发生等额的增加。(　　)

8. 企业以库存现金购买办公用品，属于企业资产内部变化。(　　)

9. 反映财务状况的三大会计要素，即资产、负债和收入。(　　)

10. 企业实现的收入都是通过日常活动形成的，不包括营业外收入和投资收益。（　）

四、实务操作题

宏远公司 2019 年 12 月发生交易或者事项如下。

（1）用银行存款 50000 元购买原材料，已验收入库。

（2）用银行存款支付前期欠湘江公司的货款 170000 元。

（3）从税后利润中提取职工奖励和福利费 100000 元。

（4）向银行借入长期借款 1000000 元，存入银行。

（5）收到所有者投入的设备，价值 500000 元。

（6）从国外进口设备一台，价值 200000 元，款未付。

（7）用银行存款 300000 元归还长期借款。

（8）企业以价值 350000 元的固定资产向外单位投资。

（9）将前期欠 B 单位的 35100 元货款转为应付票据。

（10）经批准，退还所有者乙资本金 150000 元并代其偿还应付其他单位欠款。

（11）企业所有者甲，代企业归还银行短期借款 200000 元，并将其转为实收资本。

（12）将盈余公积金 250000 元转作资本。

要求：分析上列各项交易或者事项的资金变化类型，填入下表。

类型	交易或者事项序号
1. 一项资产增加，另一项资产减少	
2. 一项负债增加，另一项负债减少	
3. 一项所有者权益增加，另一项所有者权益减少	
4. 一项资产增加，一项负债增加	
5. 一项资产增加，一项所有者权益增加	
6. 一项资产减少，一项负债减少	
7. 一项资产减少，一项所有者权益减少	
8. 一项负债减少，一项所有者权益增加	
9. 一项负债增加，一项所有者权益减少	

第三章　账户与复式记账

学习导航

通过本章的学习，学生应了解会计科目的概念及分类；理解账户的概念、账户的基本结构；熟悉账户按经济内容划分的种类（六大类）；掌握借贷记账法及其实际应用；掌握试算平衡的公式；熟悉总分类账户和明细分类账户的平行登记要点。

第一节　会计科目与账户

一、会计科目

（一）会计科目概念

会计科目是对会计要素的具体内容进行分类核算的项目。

（二）会计科目的分类

1. 按经济内容分类

（1）资产类科目。

（2）负债类科目。

（3）共同类科目。

（4）所有者权益类科目。

（5）成本类科目。

（6）损益类科目。

2. 按提供核算指标的详细程度分类

（1）总分类科目，又称一级科目或总账科目。它是对会计要素具体内容进行总括分类、提供总括信息的会计科目；总分类科目反映各种交易或者事项的概括情况，是进行总分类核算的依据。

（2）明细分类科目，又称明细科目，是对总分类科目做进一步分类、提供更详细和更具体会计信息的科目。

总分类科目和明细分类科目的关系是，总分类科目对其所属的明细分类科目具有统驭和控制的作用，而明细分类科目是对其所归属的总分类科目的补充和说明。

（三）会计科目的设置原则

（1）统一性原则。为了保证会计信息的可比性，目前会计科目由财政部统一制定颁布，企业所设置的会计科目应当符合国家统一会计制度的规定，具体表现在：总分类科目一般由财政部统一制定；明细分类科目除会计制度规定设置的以外，可以根据本单位经济管理的需要和交易或者事项的具体内容自行设置。

（2）相关性原则。所设置的会计科目应当为提供有关各方所需要的会计信息服务，满足对外报告与对内管理的要求。

（3）实用性原则。企业的组织形式、所处行业、经营范围及业务种类等不同，在会计科目的设置上也应该有所区别。因此，会计科目的设置的应在符合统一性原则的基础上，符合单位自身特点，满足单位实际需要。

（4）简明性原则。会计科目的设置，应简明、易懂，保持相对稳定。

（四）企业常用会计科目表

为了便于掌握和运用会计科目，为了在计算机中能够正常进行记账，有必要对会计科目进行分类和编号，并编制成会计科目表。企业（包括制造业企业和金融企业）所设置的会计科目如表 3 －1 所示。

表 3 －1　　企业会计科目

序号	编号	会计科目名称	会计科目适用范围说明
		一、资产类	
1	1001	库存现金	
2	1002	银行存款	
3	1003	存放中央银行款项	银行专用
4	1011	存放同业	银行专用
5	1015	其他货币资金	
6	1021	结算备付金	证券专用
7	1031	存出保证金	金融共用
8	1051	拆出资金	金融共用
9	1101	交易性金融资产	
10	1111	买入返售金融资产	金融共用

续 表

序号	编号	会计科目名称	会计科目适用范围说明
		一、资产类	
11	1121	应收票据	
12	1122	应收账款	
13	1123	预付账款	
14	1131	应收股利	
15	1132	应收利息	
16	1211	应收保户储金	保险专用
17	1221	应收代位追偿款	保险专用
18	1222	应收分保账款	保险专用
19	1223	应收分保未到期责任准备金	保险专用
20	1224	应收分保保险责任准备金	保险专用
21	1231	其他应收款	
22	1241	坏账准备	
23	1251	贴现资产	银行专用
24	1301	贷款	银行和保险共用
25	1302	贷款损失准备	银行和保险共用
26	1311	代理兑付证券	银行和证券共用
27	1321	代理业务资产	
28	1401	材料采购	
29	1402	在途物资	
30	1403	原材料	
31	1404	材料成本差异	
32	1406	库存商品	
33	1407	发出商品	
34	1410	商品进销差价	
35	1411	委托加工物资	
36	1412	包装物及低值易耗品	
37	1421	消耗性生物资产	农业专用
38	1431	周转材料建造	承包商专用
39	1441	贵金属	银行专用
40	1442	抵债资产	金融共用
41	1451	损余物资	保险专用
42	1461	存货跌价准备	

续 表

序号	编号	会计科目名称	会计科目适用范围说明
		一、资产类	
43	1501	待摊费用	已取消
44	1511	独立账户资产	保险专用
45	1521	持有至到期投资	
46	1522	持有至到期投资减值准备	
47	1523	可供出售金融资产	
48	1524	长期股权投资	
49	1525	长期股权投资减值准备	
50	1526	投资性房地产	
51	1531	长期应收款	
52	1541	未实现融资收益	
53	1551	存出资本保证金	保险专用
54	1601	固定资产	
55	1602	累计折旧	
56	1603	固定资产减值准备	
57	1604	在建工程	
58	1605	工程物资	
59	1606	固定资产清理	
60	1611	融资租赁资产	租赁专用
61	1612	未担保余值租赁专用	
62	1621	生产性生物资产	农业专用
63	1622	生产性生物资产累计折旧	农业专用
64	1623	公益性生物资产	农业专用
65	1631	油气资产	石油天然气开采专用
66	1632	累计折耗	石油天然气开采专用
67	1701	无形资产	
68	1702	累计摊销	
69	1703	无形资产减值准备	
70	1711	商誉	
71	1801	长期待摊费用	
72	1811	递延所得税资产	
73	1901	待处理财产损溢	

续 表

序号	编号	会计科目名称	会计科目适用范围说明
		二、负债类	
74	2001	短期借款	
75	2002	存入保证金	金融共用
76	2003	拆入资金金融共用	
77	2004	向中央银行借款	银行专用
78	2011	同业存放	银行专用
79	2012	吸收存款	银行专用
80	2021	贴现负债	银行专用
81	2101	交易性金融负债	
82	2111	卖出回购金融资产款	金融共用
83	2201	应付票据	
84	2202	应付账款	
85	2205	预收账款	
86	2211	应付职工薪酬	
87	2221	应交税费	
88	2231	应付股利	
89	2232	应付利息	
90	2241	其他应付款	
91	2251	应付保户红利	保险专用
92	2261	应付分保账款	
93	2311	代理买卖证券款	证券专用
94	2312	代理承销证券款	证券和银行共用
95	2313	代理兑付证券款	证券和银行共用
96	2314	代理业务负债	
97	2401	预提费用	已取消
98	2411	预计负债	
99	2501	递延收益	
100	2601	长期借款	
101	2602	长期债券	
102	2701	未到期责任准备	保险专用
103	2702	保险责任准备金	保险专用
104	2711	保户储金	保险专用
105	2721	独立账户负债	保险专用

续　表

序号	编号	会计科目名称	会计科目适用范围说明
		二、负债类	
106	2801	长期应付款	
107	2802	未确认融资费用	
108	2811	专项应付款	
109	2901	递延所得税负债	
		三、共同类	
110	3001	清算资金往来	银行专用
111	3002	外汇买卖	金融共用
112	3101	衍生工具	
113	3201	套期工具	
114	3202	被套期项目	
		四、所有者权益类	
115	4001	实收资本	
116	4002	资本公积	
117	4101	盈余公积	
118	4102	一般风险准备	金融共用
119	4103	本年利润	
120	4104	利润分配	
121	4201	库存股	
		五、成本类	
122	5001	生产成本	
123	5101	制造费用	
124	5201	劳务成本	
125	5301	研发支出	
126	5401	工程施工	建造承包商专用
127	5402	工程结算	建造承包商专用
128	5403	机械作业	建造承包商专用
		六、损益类	
129	6001	主营业务收入	
130	6011	利息收入	金融共用
131	6021	手续费收入	金融共用
132	6031	保费收入	保险专用
133	6032	分保费收入	保险专用

续　表

序号	编号	会计科目名称	会计科目适用范围说明
		六、损益类	
134	6041	租赁收入	租赁专用
135	6051	其他业务收入	
136	6061	汇兑损益	金融专用
137	6101	公允价值变动损益	
138	6111	投资收益	
139	6115	资产处置损益	
140	6117	其他收益	
141	6201	摊回保险责任准备金	保险专用
142	6202	摊回赔付支出	保险专用
143	6203	摊回分保费用	保险专用
144	6301	营业外收入	
145	6401	主营业务成本	
146	6402	其他业务支出	
147	6405	税金及附加	
148	6411	利息支出	金融共用
149	6421	手续费支出	金融共用
150	6501	提取未到期责任准备金	保险专用
151	6502	提取保险责任准备金	保险专用
152	6511	赔付支出	保险专用
153	6521	保户红利支出	保险专用
154	6531	退保金	保险专用
155	6541	分出保费	保险专用
156	6542	分保费用	保险专用
157	6601	销售费用	
158	6602	管理费用	
159	6603	财务费用	
160	6604	勘探费用	
161	6701	资产减值损失	
162	6711	营业外支出	
163	6801	所得税	
164	6901	以前年度损益调整	

（1）资产类科目，分为流动资产和非流动资产。其中，流动资产包括库存现金及银行存款、应收账款、预付账款等。非流动资产包括长期股权投资、固定资产、无形资产等。

（2）负债类科目，分为流动负债和非流动负债。其中，流动负债包括短期借款、应付账款、预收账款、应付职工薪酬、应交税费、应付股利等。非流动负债包括长期借款、应付债券等。

（3）共同类科目，分为衍生工具、套期工具、被套期项目等。

（4）所有者权益类科目，包括实收资本、资本公积、盈余公积、本年利润、利润分配和库存股等。

（5）成本类科目，包括生产成本、制造费用、劳务成本、研发支出等。

（6）损益类科目，包括主营业务收入、主营业务成本、销售费用、管理费用、财务费用、其他业务收入、其他业务成本等。

【会计小贴士】 会计科目的编号。为了便于会计核算工作的顺利进行，特别是满足会计信息系统化的要求，一般在会计科目分类的基础上编制会计科目表，将所使用的全部会计科目列于其中，并对总分类科目加以编号。总分类科目通常采用四位数字编号，编号中的千位数表示会计科目按照会计要素区分的类别，一般分为六个数码，其中1表示资产类，2表示负债类，3表示共同类，4表示所有者权益类，5表示成本类，6表示损益类；百位数数码代表每一大类会计科目下较为详细的类别，可根据实际需要取数；十位和个位上的数码一般代表会计科目的顺序号，为了便于会计科目增减，在顺序号中一般留有间隔数字，企业不应随意打乱重编。企业在填制会计凭证、登记账簿时，应当填列会计科目的名称，或者同时填列会计科目的名称和编号，不应只填列科目编号不填列科目名称。

二、账户

（一）账户的概念

账户是根据会计科目设置的，具有一定格式和结构，用于分类反映会计要素增减变动情况及其结果的载体。设置账户是会计核算的重要方法之一。

账户使原始数据转换为初始会计信息，通过账户可以对大量复杂的交易或者事项进行分类核算，从而提供不同性质和内容的会计信息。账户的核算内容具有独立性和排他性，并且在设置上要服从会计报表对会计信息的要求。

（二）账户与会计科目的关系

账户与会计科目，在会计学中是两个既有联系又有区别的概念。

1. 联系

会计科目是设置账户的依据，账户是会计科目的具体应用，二者相互依存；没有会计科目，账户便失去了设置的依据；没有账户，会计科目的作用便无法发挥。

2. 区别

会计科目是对交易或者事项进行分类核算的项目，只说明一定交易或者事项的内容；账户是用于记录交易或者事项内容的工具，具有一定的结构，能记载和反映某项会计要素的增减变化及其结果，可以提供具体的会计数据资料。

实际工作中，人们往往把会计科目与账户等同起来使用，不严格加以区分。

（三）账户的基本结构

1. 基本结构

账户的基本结构是由会计要素的数量变化情况决定的。交易或者事项的发生所引起的各项会计要素的变动，从数量上看不外乎增加和减少两种情况，因此，账户的结构也相应地分为左方、右方两个方向，一方登记增加，另一方登记减少。至于哪一方登记增加、哪一方登记减少，取决于所记录交易或者事项的账户的性质。登记本期增加的金额，被称为本期增加发生额；登记本期减少的金额，被称为本期减少发生额；增减相抵后的差额，被称为余额。余额按照表示的时间不同，分为期初余额和期末余额，其基本关系如下

期末余额 = 期初余额 + 本期增加发生额 − 本期减少发生额

上式中的四个部分被称为账户的四个金额要素。

账户的基本结构具体包括：

（1）账户名称，即会计科目；

（2）日期，用以记录交易或者事项发生的日期；

（3）凭证编号，表明账户记录所依据的凭证编号；

（4）摘要，概况说明交易或者事项；

（5）金额，即本期增加发生额、本期减少发生额和余额。

2. 账户的格式

（1）简化格式，即“T”型账户或者说“丁”型账户。“T”型账户如图3－1所示。

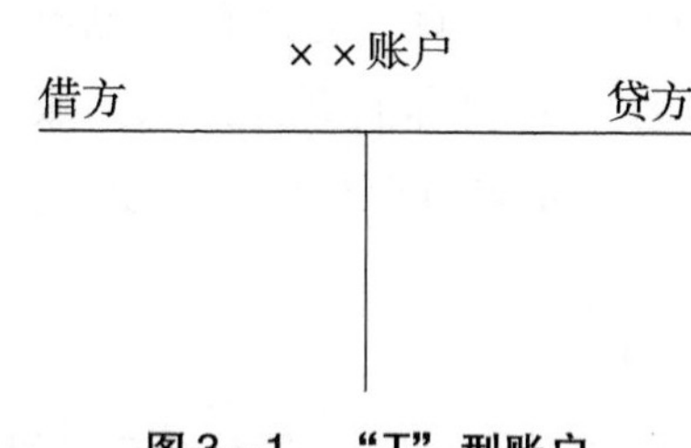

图3－1 “T”型账户

（2）标准格式，即书面格式，它是在实际工作中，各单位按照《中华人民共和国会计法》和国家统一的会计制度的要求，必须使用的正规的会计账户。其格式如表3－2 所示。

表3－2　　××账户

<table>
<tr><th colspan="2">年</th><th rowspan="2">凭证编号</th><th rowspan="2">摘要</th><th rowspan="2">借方</th><th rowspan="2">贷方</th><th rowspan="2">借或贷</th><th rowspan="2">余额</th></tr>
<tr><th>月</th><th>日</th></tr>
<tr><td></td><td></td><td></td><td></td><td></td><td></td><td></td><td></td></tr>
</table>

（四）账户设置的原则

所谓账户设置，是指对会计的内容进行的预先设计和科学分类，以及对这种分类规定的使用程序（包括账户的结构、登记方法的规定）。账户设置是会计核算的一个专门方法，是使复式记账发挥作用的关键。

账户设置一般应遵循以下5项原则：

（1）便于记清账目；

（2）满足会计主体业务的需要；

（3）有利于为企业的债权人、所有者、政府机关等提供经济决策中有用的会计信息；

（4）有利于加强一个单位的内部管理；

（5）既要具有一定的灵活性，又要保持相对的稳定性。

（五）账户的分类

账户的分类，就是按照账户的本质特性，依据一定的原则，将全部账户进行科学的概括和归类。账户可以根据不同的标准进行分类。

1. 账户按经济内容分类

账户按经济内容分类与会计科目按经济内容分类是一致的，账户按照经济内容的不同，也可以分为资产类、负债类、所有者权益类、共同类、成本类和损益类六大类账户。

（1）资产类账户结构（见图3－2）。

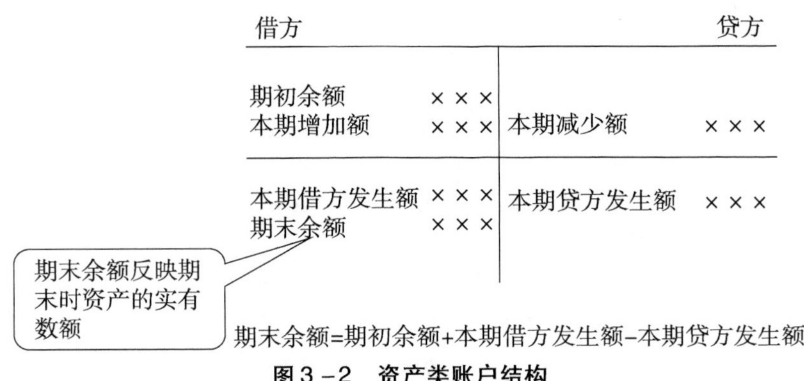

图3－2　资产类账户结构

（2）负债类账户结构（见图3－3）。

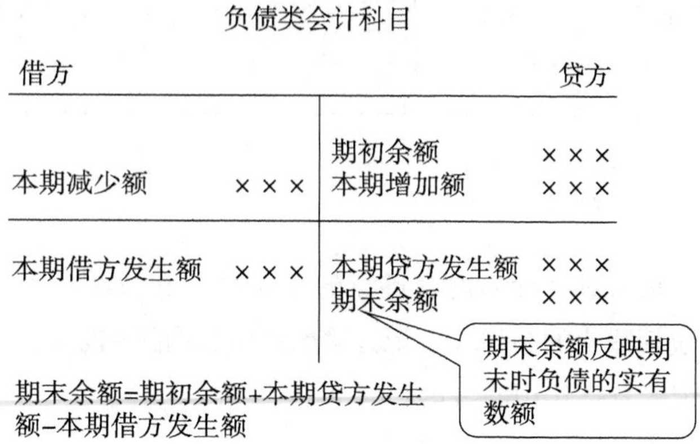

负债类会计科目
借方
贷方
期初余额 ×××
本期减少额 ×××
本期增加额 ×××
本期借方发生额 ×××
本期贷方发生额 ×××
期末余额 ×××
期末余额反映期末时负债的实有数额
期末余额=期初余额+本期贷方发生额－本期借方发生额

图3－3　负债类账户结构

（3）所有者权益类账户结构（见图3－4）。

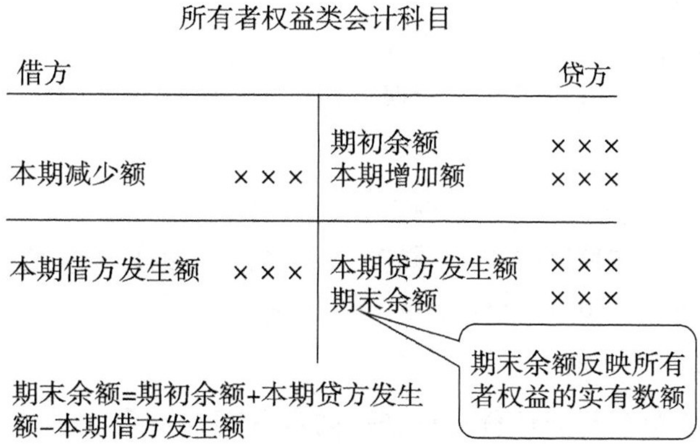

所有者权益类会计科目
借方
贷方
期初余额 ×××
本期减少额 ×××
本期增加额 ×××
本期借方发生额 ×××
本期贷方发生额 ×××
期末余额 ×××
期末余额反映所有者权益的实有数额
期末余额=期初余额+本期贷方发生额－本期借方发生额

图3－4　所有者权益类账户结构

（4）成本类账户结构（见图3－5）。

成本类会计科目
成本类账户贷方主要核算完工产品成本的转出和成本的冲减
借方
贷方
期初余额 ×××
本期增加额 ×××
本期结转或减少额 ×××
本期借方发生额 ×××
期末余额 ×××
本期贷方发生额 ×××
期末余额反映在产品的成本
期末余额=期初余额+本期借方发生额－本期贷方发生额

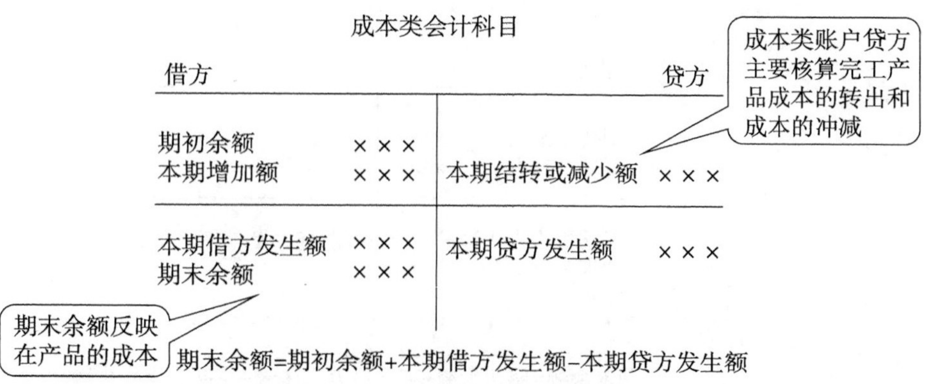

图3－5　成本类账户结构

（5）损益类收入账户结构（见图3－6）。

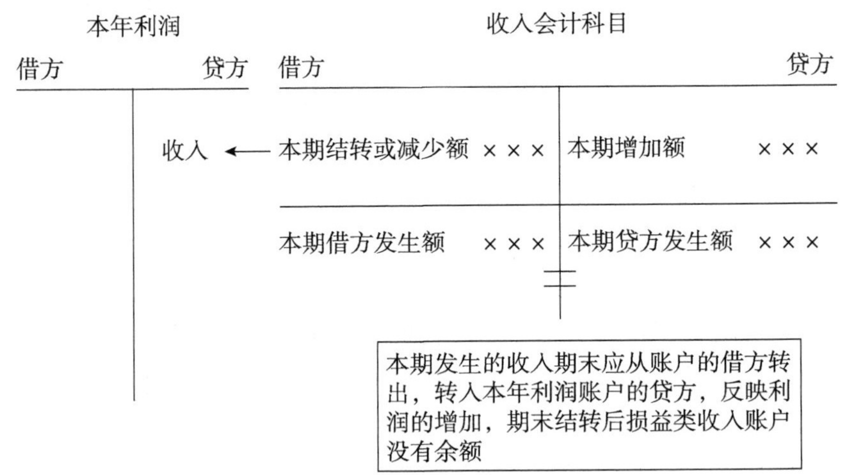

图3－6 损益类收入账户结构

（6）损益类费用账户结构（见图3－7）。

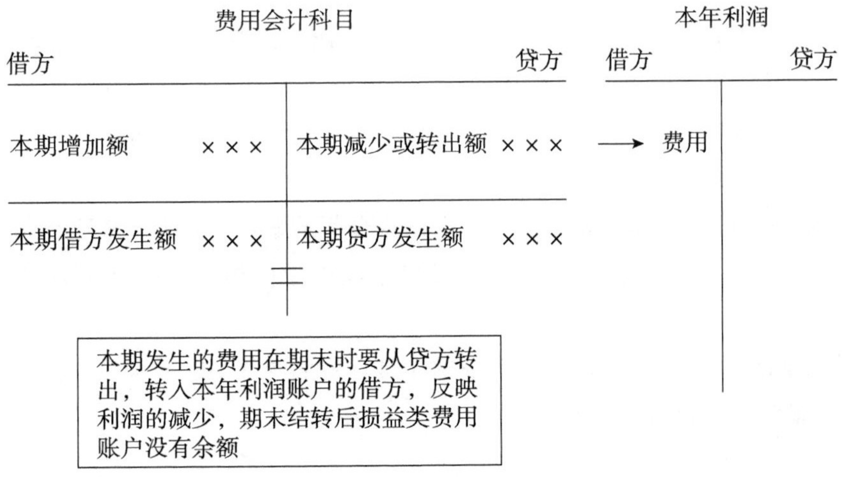

图3－7 损益类费用账户结构

2. 账户按用途和结构分类

账户按照用途和结构可以分为盘存类账户、结算类账户、跨期摊配类账户、资本类账户、调整类账户、集合分配类账户、成本计算类账户、集合配比类账户和财务成果类账户九类。

①盘存类。

盘存类账户是指用来核算和监督企业各种财产物资、货币资金增减变动及结存情况的账户，主要有：现金、银行存款、原材料、库存商品、固定资产等。

②结算类。

结算类账户是指用来核算和监督一个经济组织与其他经济组织或个人以及经济组织内部各单位之间债权债务往来结算关系的账户。按照结算性质的不同，它可以分为债权结算账户、债务结算账户和债权债务结算账户三种。

③跨期摊配类账户。

跨期摊配类账户是指用来核算和监督应由若干个会计期间共同负担而又在某个会计期间一次支付的费用账户，主要有长期待摊费用。

④资本类。

资本类账户是指用来核算和监督经济组织从外部取得的或内部形成的资本金的增减变动情况及其实有数的账户，主要有实收资本（股本）、资本公积、盈余公积、利润分配等。

⑤调整类。

调整类账户是指用来调节和整理相关账户的账面金额以表示被调整账户的实际余额数的账户。调整类账户按照调整方式的不同，可以分为备抵调整账户、附加调整账户和备抵附加调整账户三类。

ⅰ. 备抵调整账户是指用来抵减被调整账户余额，以取得被调整账户余额的账户。备抵调整账户按照被调整账户性质的不同，又可以分为资产类备抵调整账户和权益类备抵调整账户。资产类备抵调整账户与其被调整的资产类账户的运用方向相反，运用方向与负债类账户相同。

ⅱ. 附加调整账户是指用来增加被调整账户余额的账户。附加调整账户与其被调整的账户的运用方向相同。在现实中这类账户已经很少使用，因此有关它的运用不再介绍。

ⅲ. 备抵附加调整账户是指既具有备抵又具有附加调整功能的账户。比较典型的备抵附加调整账户是“材料成本差异”账户。

⑥集合分配类账户。

集合分配类账户是指用来归集和分配经济组织经营过程中某个阶段所发生的相关费用的账户，主要有制造费用等。集合分配类账户的结构和运用方法基本同于盘存类账户，区别在于它所记录的费用属于当期的开支，应当在当期分配完毕，因此这类账户没有期初和期末余额。

⑦成本计算类账户。

成本计算类账户是指用来归集经济组织经营过程中某个阶段所发生的全部费用，并据之计算和确定各个对象成本的账户，主要有生产成本、物资采购、在建工程等。

⑧集合配比类账户。

集合配比类账户是指用来核算和监督经济组织经营过程中发生的损益，并借以在期末计算和确定其财务成果的账户。集合配比类账户按其性质不同，又可分为收入类账户和费用类账户。收入类账户主要有主营业务收入、其他业务收入、营业外收入、投资收益等。收入类账户的结构和运用方法同于所有者权益类账户，但是由于其核算内容属于当期结转的交易或者事项，故期末没有余额。费用类账户主要有主营业务成本、其他业务成本、营业外支出、销售费用、管理费用、财务费用、所得税费用等。费用类账户的结构和运用同于集合分配类账户。

⑨财务成果类账户。

财务成果类账户是指用来核算和监督经济组织在一定时期内财务成果形成，并确定最终成果的账户。典型的财务成果类账户是本年利润。

第二节　复式记账法

一、记账方法概述

（一）概念

记账方法是指根据一定的原理，按照一定的记账规则，采用一定的记账符号和计量单位，借助文字和数字记录所发生的交易或者事项的一种技术方法，即将客观发生的交易或者事项登记入账所采用的方法。

（二）种类

1. 单式记账法

（1）概念。

单式记账法是指对发生的交易或者事项，只在一个账户中进行记录的记账方法。

（2）特点。

单式记账法是一种较简单、不完整的记账方法，只注重记录现金的收付以及人欠、欠人等往来的款项。

（3）优缺点。

优点是手续简单，易学易懂；缺点是由于账户设置不完整，每笔交易或者事项只记一笔账，不能按一定的计算公式试算平衡，显然不能全面系统、相互联系地反映交易或者事项的来龙去脉，也不便于检查账户记录的正确性和完整性。

2. 复式记账法

（1）理论基础。

依据“资产 = 负债 + 所有者权益”的恒等关系进行记账。复式记账是以会计等式所揭示的有关资金运动的内在规律为理论依据的。任何一项交易或者事项的发生，都会引起两个或两个以上会计要素（或同一会计要素的两个项目）发生增减变动，或等式两边同增，或等式两边同减，或等式左（右）边此增彼减，且变动的金额相等。要如实、全面地反映这一客观存在的规律现象，在会计记账时，就要将变动的两个方面以相等的金额同时在两个或两个以上相互联系的账户中进行登记，这就是复式记账。因此，会计等式是复式记账法的理论基础，复式记账是会计等式不断实现新平衡的保证。

（2）概念。

复式记账法是指对发生的每一项交易或者事项，都要以相等的金额在相互联系的两个或两个以上账户中进行记录的记账方法。例如，用银行存款1000元购买原材料，此项交易发生后，一方面使企业的银行存款减少1000元，另一方面使企业的原材料增加1000元。按照复式记账法，这项交易应以相等的金额在“银行存款”和“原材料”这两个相互联系的账户中登记。这样登记的结果，就能清楚地反映一项交易或者事项的来龙去脉，即资金从何处来，又往何处去。

（3）分类。

①借贷记账法。

②增减记账法。

③收付记账法。

在我国，所有企事业单位在进行会计核算时，必须统一采用借贷记账法。

（4）作用。

①全面、系统地反映交易或者事项的情况；

②能够进行有效的控制；

③能及时、迅速地找出错误。

二、借贷记账法

（一）概念

借贷记账法是以“借”“贷”为记账符号，对每一笔交易或者事项，都要在两个或两个以上相互联系的账户中以借贷相等的金额进行登记的一种复式记账方法。

（二）记账符号

借贷记账法以“借”“贷”为记账符号，分别作为账户的左方和右方。至于“借”表示增加还是“贷”表示增加，则取决于账户的性质及结构。

在借贷记账法下，一般“借”表示资产、费用的增加和权益、收入的减少；“贷”

表示资产、费用的减少和权益、收入的增加。

（三）记账规则

1. 会计事项类型与记账规则

记账规则是指各种记账方法的规律。借贷记账法对会计事项的数量变化是用“借”“贷”两个符号反映出来的，而企业发生的交易或者事项不外乎四种类型：第一，一项资产增加，一项负债或者所有者权益增加；第二，一项资产减少，一项负债或者所有者权益减少；第三，一项资产增加，另一项资产减少；第四，一项负债或所有者权益增加，另一项负债或所有者权益减少。

所以，将所发生的交易或者事项记入账户时有两种情况：一是同时记入两类账户；二是只记入同类账户。这些交易或者事项从有关账户的数量变化来看，也有两种情况：其一同增或同减；其二有增有减。在借贷记账法下，一项交易或者事项发生后，都要以相等的金额，同时记入两个或两个以上互相联系的账户中，一个记借方，一个记贷方。因而就有了“有借必有贷，借贷必相等”，这也是借贷记账法的记账规则。

2. 账户的对应关系与对应账户

（1）账户的对应关系。运用借贷记账法的记账规则登记账户时，有关账户之间存在应借应贷的相互关系，这种关系被称为账户的对应关系。

（2）对应账户。存在对应关系的账户被称为对应账户。

在企业所设账户既定的情况下，账户之间的对应关系取决于所发生的经济业务的性质；反之，通过账户的对应关系，又可以了解经济业务的内容。

3. 借贷记账法的应用——会计分录

会计分录简称“分录”，是依据借贷记账法的记账规则，对每项交易或者事项指出其应登记的账户、记账方向和金额的一种书面记录。

编制会计分录时应注意以下三种事项。

①一般来说，任何学科中会计分录都包括借贷两个方位，借方在上面，贷方在下面。

②任何会计分录借方在左，贷方在右（包括文字和金额）。

③编制会计分录基本步骤为以下六步。

第一步，分析涉及要素。

第二步，确定登记账户。

第三步，分析增减变化。

第四步，确定记账方向。

第五步，确定登记金额。

第六步，写出完整分录。

具体需要从以下五个方面分析编制会计分录：

第一，分析交易或者事项涉及的是资产（费用、成本），还是权益（收入）；

第二，确定涉及哪些账户，是增加，还是减少；

第三，确定记入哪个（或哪些）账户的借方，哪个（或哪些）账户的贷方；

第四，确定应借应贷账户是否正确，借贷方金额是否相等；

第五，通过十二字口诀“同类此增彼减，异类同增同减”来检验会计分录是否编制正确。

【友情提示】对于初学者，一定要熟知会计等式的扩展式，明白资产和费用在等式的左边，那么就是借增贷减；知道负债、所有者权益和收入在等式的右边，那么就是贷增借减。

下面以宏远公司发生的交易或者事项为例说明会计分录的编制方法。

【例3－1】收到所有者投入的资本500000元并存入银行。

解析：这笔业务一方面使企业资产项目“银行存款”增加，故记入“银行存款”借方；另一方面使所有者权益项目“实收资本”增加，故记入“实收资本”贷方。金额同为500000元，会计分录编制如下。

借：银行存款　　500000

　贷：实收资本　　500000

【例3－2】从银行存款中提取现金60000元备用。

解析：这笔业务涉及资产项目的“银行存款”和“库存现金”两个账户，因是“提取现金”可判断是银行存款减少，库存现金增加，便知借方应登记“库存现金”，贷方应登记“银行存款”，会计分录编制如下。

借：库存现金　　60000

　贷：银行存款　　60000

【例3－3】用银行存款4000元支付前期欠款。

解析：这笔业务涉及资产项目的“银行存款”减少，故记入“银行存款”贷方；另外由于前期欠款是记入负债项目的“应付账款”，已支付，故记入“应付账款”的借方，会计分录编制如下。

借：应付账款　　4000

　贷：银行存款　　4000

【例3－4】购入新设备一台，价值120000元，价款已通过银行存款支付。

解析：这笔业务涉及资产项目的“固定资产”增加，故记入“固定资产”借方；另外涉及资产项目的“银行存款”减少，故记入“银行存款”贷方，会计分录编制如下。

借：固定资产　　　　　　　　　　　　　120000
　贷：银行存款　　　　　　　　　　　　　　　120000

（四）试算平衡

试算平衡是指根据资产与权益的恒等关系以及借贷记账法的记账规则，检查和验证所有的账户记录是否正确的过程，包括发生额试算平衡法和余额试算平衡法。

1. 发生额试算平衡法

根据本期所有账户借方发生额合计与贷方发生额合计的恒等关系，检验本期发生额记录是否正确的方法。公式为

全部账户本期借方发生额合计＝全部账户本期贷方发生额合计

2. 余额试算平衡法

根据本期所有账户借方余额合计与所有账户的贷方余额合计的恒等关系，来检验本期账户记录是否正确的方法。根据余额时间不同，又分为期初余额平衡与期末余额平衡两类。期初余额平衡是期初所有账户借方余额合计与贷方余额合计相等，期末余额平衡是期末所有账户借方余额合计与贷方余额合计相等，这是由“资产＝负债＋所有者权益”的恒等关系决定的。公式为

全部账户的借方期初余额合计＝全部账户的贷方期初余额合计

全部账户的借方期末余额合计＝全部账户的贷方期末余额合计

注意：上面的平衡关系可以用来检查账户记录是否正确，如果上述平衡公式中有任何一个不平衡就说明记账过程中肯定出现了错误，但试算平衡表的借贷金额相等也不一定能保证账户记录就是正确的，因为有一些错误是不会影响到借贷平衡的，比如重复记录或漏记了某项交易或者事项，记录时借贷的方向颠倒或方向无误却记错了账户，借贷双方同时记错了金额，等等，所以试算平衡的结果只能表明账户记录基本正确。

【例3－5】宏远公司2019年5月31日库存现金、银行存款、原材料、长期借款、实收资本账户期初余额分别为0元、1000000元、0元、200000元、800000元，6月发生下列四笔交易或者事项，其记录情况如下，根据账户记录编制试算平衡表。

（1）从银行提取现金10000元。

（2）用银行存款10000元购买原材料并验收入库。

（3）某银行将其借给公司的长期借款100000元转作对公司的投资。

（4）某投资者向公司追加投资50000元作为注册资本。

解析：（1）以上交易或者事项的会计分录编制如下。

①借：库存现金　　　　　　　　　　　　10000
　贷：银行存款　　　　　　　　　　　　　　10000

②借：原材料　　10000

　贷：银行存款　　10000

③借：长期借款　　100000

　贷：实收资本　　100000

④借：银行存款　　50000

　贷：实收资本　　50000

（2）将会计分录登记总分类账户（见图3－8）。

库存现金

借方	贷方
10000	
期末：10000	

银行存款

借方	贷方
期初：1000000 50000	10000 10000
期末：1030000	

原材料

借方	贷方
10000	
期末：10000	

长期借款

借方	贷方
100000	期初：200000
	期末：100000

实收资本

借方	贷方
	期初：800000 100000 50000
	期末：950000

图3－8　总分类账户

（3）根据图3－8各个总账的本期发生额和期末余额编制“总分类账户本期发生额试算平衡表”和“总分类账户期末余额试算平衡表”，两表合并在一张表，如表3－3所示。

表3－3　　**试算平衡表**

2019年6月30日　　单位：元

账户名称	期初余额		本期发生额		期末余额	
	借方	贷方	借方	贷方	借方	贷方
现金			10000		10000	
银行存款	1000000		50000	20000	1030000	
原材料			10000		10000	
长期借款		200000	100000			100000
实收资本		800000		150000		950000
合计	1000000	1000000	170000	170000	1050000	1050000

第三节　总分类账户与明细分类账户

一、总分类账户

（一）概念

总分类账户是总括反映各类交易或者事项增减变化及其结算的账户，是根据《会计科目和主要账务处理》中所列的会计科目直接设置的一级账户。

（二）特点

（1）提供某类资金的总括资料。
（2）只能运用货币进行计量。

二、明细分类账户

（一）概念

明细分类账户，又称明细账户，是详细、具体地反映各类交易或者事项增减变化及其结算的账户。

（二）特点

（1）提供某一个总分类账户的详细资料。
（2）对于反映实物资料的明细账户，要同时使用货币和实物两种度量。

三、总分类账户和明细分类账户的平行登记

总分类账（总账）是根据总分类科目开设的，用以提供总括指标的账簿；明细分类账（明细账）是根据明细分类科目开设的，是用以提供更加具体及详细的会计信息的账簿。总分类科目是所属的明细分类科目的综合，对所属明细分类科目起统驭、控制作用。明细分类科目是对总分类科目的补充，对总分类科目起详细说明的作用。为了使总分类账与其所属的明细分类账之间能起到统驭与补充的作用，便于账户核对，并确保核算资料的正确、完整，必须采用平行登记的方法，在总分类账及其所属的明细分类账中进行记录。

平行登记，是指对同一笔交易或者事项，都要以会计凭证为依据，一方面记入总分类账户，另一方面也同样记入其所属的明细分类账户。但对无明细账户的，不必在

总账外再设明细账，避免重复登记。平行登记的要求，即“四同”，如下所示。

（1）期间相同。总账与明细账应在同一个会计期间内完成。

（2）依据相同。平行登记的原始依据必须一致。

（3）方向相同。平行登记的记账方向必须相同。

（4）金额相等。平行登记的金额必须相等。

四、总分类账户与明细分类账户的核对

为了保证总分类账户与明细分类账户登记的完整性与正确性，企业应当每隔一定时期就对总分类账户与明细分类账户的记录进行核对。根据平行登记的要点和方法，总分类账户与其所属的明细分类账户在数量上应存在如下的关系

总分类账户期初余额 = 其所属的明细分类账户期初余额的合计

总分类账户本期发生额 = 其所属的明细分类账户本期发生额的合计

总分类账户期末余额 = 其所属的明细分类账户期末余额的合计

依据上述等式的关系，可以定期核对两类账户的数字，来检查账户的记录是否正确。

【友情提示】 此节的内容可结合第六章会计账簿一起学习。

本章小结

➢ 会计科目是对会计要素的具体内容进行分类核算的项目。会计科目按反映的经济内容可分为资产类、负债类、共同类、所有者权益类、成本类和损益类六类科目；按提供指标的详细程度不同，分为总分类科目和明细分类科目两类。

➢ 会计账户是用来记录会计科目所反映交易或者事项内容的工具。设置账户是会计核算的一种专门方法。会计账户与会计科目，是两个既有联系又有区别的概念；账户的分类与会计科目的分类一致。账户的基本结构是指要设置左、右两方，分别记录增加的部分和减少的部分。

➢ 记账方法分为单式记账法和复式记账法。

➢ 复式记账法是对每一项交易或者事项，以相等的金额在相互联系的两个或两个以上账户中进行登记的方法。

➢ 借贷记账法是以“借”“贷”作为记账符号，以“有借必有贷，借贷必相等”作为记账规则，采用发生额试算平衡法和余额试算平衡法进行试算平衡的一种国际通用的复式记账法。

➢ 账户的对应关系是指账户之间相互依存的关系，存在对应关系的账户互为对应账户。

➢ 会计分录（简称“分录”），是对交易或者事项应借、应贷的账户名称以及金额的一种记录，每笔会计分录包括三个要素，即账户的名称、记账方向和记账金额（应借应贷方向、相互对应的科目及其金额）。它是会计语言的表达方式。

➢ 试算平衡是指根据借贷记账法的记账规则和会计恒等式，对全部账户的发生额和余额进行汇总计算和比较，来检查账户记录是否正确的一种方法，包括发生额试算平衡法和余额试算平衡法。通过编制试算平衡表，若借贷不平衡，则账户记录或计算肯定有错误；若借贷平衡了，只能推断账户记录或计算基本正确。为了保证账户记录的完全正确，还应采用其他专门方法对会计记录进行日常或定期的复核。

➢ 总分类账户和明细分类账户之间的平行登记法，要求同期间、同依据、同方向和等金额。

同步练习

一、单项选择题

1. 会计科目的开设依据是(　　)。

A. 会计对象　　B. 会计要素　　C. 会计账户　　D. 会计制度

2. 在下列项目中，与“制造费用”科目属于同一类科目的是(　　)。

A. 固定资产　　B. 其他业务成本　　C. 生产成本　　D. 主营业务成本

3. 下列会计账户中，期末无余额的是(　　)。

A. 实收资本　　B. 应付账款　　C. 固定资产　　D. 管理费用

4. 总分类科目与明细分类科目的主要区别在于(　　)。

A. 提供指标的详细程度不同　　B. 记账的期间不同

C. 记账的依据不同　　D. 记账的方向不同

5. 学科中的账户结构一般分为(　　)。

A. 左、右两方　　B. 上、下两部分

C. 发生额、余额两部分　　D. 前、后两部分

6. 会计账户开设的依据是(　　)。

A. 会计对象　　B. 会计要素　　C. 会计科目　　D. 会计方法

7. 下列属于资产类会计科目的是(　　)。

A. 预收账款　　B. 利润分配　　C. 预付账款　　D. 其他业务成本

8. 会计科目设置原则不包括(　　)。

A. 合法性　　B. 相关性　　C. 实用性　　D. 真实性

9. 会计科目与会计账户之间的关系是(　　)。

A. 两者完全不相关　　B. 两者分类口径一致，性质相同

C. 两者分类口径一致，性质不相同　　D. 两者没有区别，是同义语

10. 下列选项中，不属于流动资产的是(　　)。

A. 预收账款　　B. 预付账款　　C. 应收账款　　D. 应收票据

11. 下列不属于流动负债的是(　　)。

A. 应付账款　　B. 预收账款　　C. 应付票据　　D. 预付账款

12. 下列不属于账户基本结构的是(　　)。

A. 账户类别　　B. 借方　　C. 贷方　　D. 余额

13. 一般来说，一个账户的增加发生额与该账户的期末余额应记在账户的(　　)。

A. 借方　　B. 相同方向　　C. 贷方　　D. 不同方向

14. 一般来说，一个账户的增加发生额与该账户的减少发生额应记在账户的(　　)。

A. 借方　　B. 相同方向　　C. 贷方　　D. 不同方向

15. 某账户期初余额为 5000 元，期末余额为 6000 元，本期减少发生额为 800 元，则该账户本期增加发生额为(　　)元。

A. 1800　　B. 5800　　C. 700　　D. 11000

16. 某账户本期增加发生额为 1000 元，减少发生额为 1200 元，期初余额为 1500 元，则该账户期末余额为(　　)元。

A. 2500　　B. 1300　　C. 1000　　D. 1100

17. 期末余额在贷方的是(　　)。

A. 应收账款　　B. 预付账款　　C. 主营业务收入　　D. 盈余公积

18. 某公司“应付账款”总分类账户期初贷方余额为 9000 元，明细分类账户期初余额分别为：A 工厂贷方 3500 元，B 工厂贷方 2500 元。则 C 工厂期初余额为(　　)元。

A. 借方 3000　　B. 贷方 3000　　C. 借方 6000　　D. 贷方 6000

19. (　　)是根据借贷记账法的记账规则和资产权益的平衡关系，通过对全部账户的发生额和余额的汇总计算和比较，来检查账户记录是否正确的一种方法。

A. 发生额平衡法　　B. 余额平衡法　　C. 试算平衡法　　D. 平行登记法

20. 下列对应关系中错误的是(　　)。

A. 资产增加—权益增加　　B. 资产增加—资产减少

C. 资产减少—权益减少　　D. 权益增加—权益增加

21. 在复合会计分录“借：固定资产 100000，贷：银行存款 80000、应付账款 20000”中“银行存款”账户的对应账户是(　　)。

A. 应付账款　　B. 银行存款

C. 固定资产　　D. 应付账款和固定资产

22. 在下列账户中，与负债账户结构相同的是(　　)账户。

A. 资产　　B. 成本　　C. 费用　　D. 所有者权益

二、多项选择题

1. 下列项目中，属于会计科目的有(　　)。

A. 固定资产　　B. 机器工时　　C. 原材料

D. 未完工产品　　E. 工资

2. 下列属于资产类科目的有(　　)。

A. 库存现金　　B. 无形资产　　C. 应收账款
D. 固定资产　　E. 预收账款

3. 下列属于负债类会计科目的有(　　)。
A. 预付账款　　B. 短期借款　　C. 应付票据
D. 应付职工薪酬　　E. 预收账款

4. 下列属于成本类会计科目的有(　　)。
A. 制造费用　　B. 管理费用　　C. 财务费用
D. 生产成本　　E. 销售费用

5. 账户的特点可归纳为(　　)。
A. 按相反方向记录增加额和减少额
B. 账户的余额一般与记录的增加额在同一方向
C. 期初余额与上期的期末余额在同一方向
D. 上期的期末余额等于本期的期初余额
E. 上期的期末余额不等于本期的期初余额

6. 下列关于会计科目和账户，说法错误的有(　　)。
A. 会计科目是账户的名称
B. 会计科目分为资产类、负债类和所有者权益类
C. 所有账户均有期末余额
D. 账户可分为总分类账户与明细分类账户
E. 会计科目的性质决定账户的性质

7. 制造业企业“原材料”账户属于(　　)。
A. 总分类账户　　B. 明细分类账户　　C. 一级账户
D. 资产类账户　　E. 费用类账户

8. 下列描述正确的有(　　)。
A. 总分类科目对明细科目具有统驭和控制作用
B. 总分类科目提供总括的信息
C. 明细科目提供详细的信息
D. 总分类科目和明细科目都是财政部统一制定的
E. 明细科目对总分类科目起控制作用

9. 平行登记法的要点包括(　　)。
A. 同期间登记　　B. 同金额登记　　C. 同一人登记
D. 同方向登记　　E. 同地点

10. 某企业用银行存款 6 万元偿还前期欠其他单位货款 2 万元和银行短期借款 4 万元。在借贷记账法下该交易或者事项涉及(　　)。

A. 银行存款减少　B. 应付账款减少　C. 短期借款减少

D. 应付账款增加　E. 应收账款减少

11. 某交易或者事项发生后，若只涉及两个账户，一个资产账户记借方，则有可能(　　)。

A. 另一个资产账户记贷方　B. 另一个负债账户记贷方

C. 另一个所有者权益账户记贷方　D. 另一个资产账户记借方

E. 另一个负债账户记借方

12. 下列说法中正确的有(　　)。

A. 本期期末余额即为下期的期初余额

B. 如果账户在左方记录增加额，即在右方记录减少额

C. 会计科目仅仅是对会计要素进行具体分类的项目名称

D. 账户余额一般与记录增加额在同一方向

E. 账户余额一般与记录增加额在相反方向

13. 总分类账户与其所属的明细分类账户平行登记的结果，必然是(　　)。

A. 总分类账期初余额 = 所属明细分类账户期初余额之和

B. 总分类账期末余额 = 所属明细分类账户期末余额之和

C. 总分类账本期借方发生额 = 所属明细分类账户本期借方发生额之和

D. 总分类账本期贷方发生额 = 所属明细分类账户本期贷方发生额之和

E. 总分类账期初余额 = 总分类账期末余额

14. 下列差错中，(　　)通过试算平衡难以发现。

A. 借贷双方中一方多记金额，另一方少记金额

B. 一笔交易或者事项被重记

C. 应借账户和应贷账户的借贷方向被登记颠倒

D. 一笔交易或者事项被漏记

E. 借贷双方中一方已记金额，另一方未记金额

15. 在下列账户中，属于损益类账户的有(　　)。

A. 所得税费用　B. 投资收益　C. 制造费用

D. 生产成本　E. 管理费用　F. 补贴收入

三、判断题

1. 对于明细科目较多的会计科目，可在总分类科目下设置二级或多级明细科目。(　　)

2. 会计科目与账户都是对会计对象具体内容的科学分类，两者口径一致，性质相同，具有相同的格式和结构。(　　)

3. 所有的账户都是依据会计科目开设的。 (　　)

4. 会计科目仅有名称，若要体现会计要素的增减变化及其结果则要借助账户。

(　　)

5. 所有总分类账户都要设置明细分类账户。 (　　)

6. 总分类科目与其所属的明细分类科目的核算内容相同，所不同的是前者提供的信息比后者更加详细。 (　　)

7. 成本类科目包括制造费用、生产成本及主营业务成本等科目。 (　　)

8. 按照提供信息的详细程度，可将账户分为资产类账户、负债类账户、共同类账户、所有者权益类账户、成本类账户、损益类账户六类。 (　　)

9. 会计科目和账户的分类口径和核算内容并不完全一致。 (　　)

10. 在借贷记账法下，会计科目用哪一方登记增加或减少取决于会计科目的性质。

(　　)

11. 某企业的试算平衡表实现了平衡关系，那么这个企业的会计科目记录就是正确无误的。 (　　)

12. 会计分录包括交易或者事项涉及的会计科目名称、记账方向和金额三方面内容。 (　　)

13. “制造费用”会计科目和“管理费用”会计科目的余额都应当在期末转入“本年利润”会计科目。 (　　)

四、实务操作题

1. 某工业企业部分经济内容与会计科目对应如下表所示。

序号	经济内容	应属科目性质	应属会计科目
1	厂部办公大楼		
2	库存各种原材料		
3	机器设备、汽车		
4	偿还期为半年的银行存款		
5	库存完工待售产品		
6	存入开户银行的款项		
7	车间厂房		
8	库存现金		
9	企业职工借支款项		
10	应收购货单位货款		

续　表

序号	经济内容	应属科目性质	应属会计科目
11	应付供应单位货款		
12	向购货单位预收的销货款		
13	向供应单位预付的购料款		
14	收到的国家投入的资本金		
15	尚在车间生产的产品发生的费用		
16	车间组织管理产品生产发生的费用		
17	企业行政管理部门发生的费用		
18	短期借款利息费用		
19	销售商品发生的广告等费用		
20	预收的包装物押金		
21	预付的包装物押金		
22	应收的保险赔款		
23	应付职工工资		
24	应缴纳的各种税金		
25	销售商品实现的收入		
26	销售商品的税金		
27	已售商品原来的生产成本		
28	本年已实现的净利润		
29	已分配的利润		
30	应付给投资者的利润		
31	企业拥有的专利权、商标权		
32	从税后利润中提取的公共积累		

要求：根据资料所示的经济内容，分别判定其应属的会计科目及其性质，填入表中。

2. 以第二章“同步练习”（四、实务操作题 宏远公司2019年12月发生的下列交易或者事项）为例，编制相关的会计分录。

（1）用银行存款50000元购买原材料，已验收入库。

（2）用银行存款支付前欠湘江公司的货款170000元。

（3）从税后利润中提取职工奖励和福利费100000元。

（4）向银行借入长期借款1000000元，存入银行。

（5）收到所有者投入的设备，价值500000元。

（6）从国外进口设备一台，价值 200000 元，款未付。

（7）用银行存款 300000 元归还长期借款。

（8）企业以价值 350000 元的固定资产向外单位投资。

（9）将前期欠 B 单位的 35100 元货款转为应付票据。

（10）经批准，退还所有者乙资本金 150000 元并代其偿还应付其他单位欠款。

（11）企业所有者甲，代企业归还银行短期借款 200000 元，并将其转为实收资本。

（12）将盈余公积金 250000 元转作资本。

第四章　制造业企业基本业务的会计核算

学习导航

企业主要经济活动包括经营活动、筹资活动和投资活动三大活动。在这些经济活动中，经常发生各种各样的交易或者事项，企业的资金也伴随着经济活动的进行而依次变换其存在形态，形成循环和周转。

本章以制造业企业为例，通过对制造业企业主要交易或者事项的学习，学生应该较为熟练地编制企业资金筹集环节，产品的供应、生产、销售环节，财务成果的形成与分配环节中的基本会计分录；通过对一定数量有关交易或者事项的账务处理，在具体账户的应用中了解账户的规律，能熟练地运用账户，为后续“财务会计”的学习奠定基础；同时，了解成本计算的基本内容和程序框架，掌握成本费用的分配的基础公式，为后续“成本会计”的学习奠定基础。

第一节　企业的主要交易或者事项

制造业是指，按照市场要求，通过制造过程，将资源（物料、能源、设备、工具、资金、技术、信息和人力等）转化为可供人们使用和利用的大型工具、工业品与生活消费产品的行业。制造业企业是以营利为目的，进行自主经营、独立核算的经济组织。这个组织的存在目的主要是通过以各种资源的组合和处理向其他单位和个人提供所需要的产品和服务。企业为了进行生产经营活动，生产出适销对路的产品，就必须拥有一定数量的经营资金，而这些经营资金都是从一定渠道筹集而来的。企业的筹资主要包括接受所有者的投资和向债权人借入各种款项，因此，企业筹资业务主要是接受投资和形成负债。筹集的资金进入企业后，就得运用这些资金为生产产品做好准备，即供应过程开始。在供应过程中，企业用筹集到资金的最初形态——货币资金去购买机器设备等劳动资料，形成企业的固定资产，为生产产品做好劳动手段方面的准备；除此之外，还要为生产产品而购买原材料，为生产产品做好劳动对象方面的准备，此时的核算内容包括支付材料价款和税款、发生采购费用、计算采购成本、材料验收入库结转成本等。完成了供应过程的核算内容，就为生产产品做好了各种准备，企业就可以进入生产过程。在生产过程中，劳动者借助劳动资料对劳动对象进行加工，生产出各种各样适销对路的产品，以满足社会的需要。生产过程既是产品的制造过程，又是物化劳动和活劳动的耗费过程，即费用、成本的发生过程。具体而言，为生产产品耗费材料就形成材料费用，耗费活劳动就形成工资及福利等人工费用，使用厂房、机器设备等劳动资料就形成折旧费用等。生产过程中发生的这些生产费用总和构成产品的生产成本（制造成本）。销售过程是产品价值的实现过程。在销售过程中，企业通过销售产品，并按照销售价格与购买单位进行各种款项的结算，收回货款，从而使得成品资金形态转化为货币资金形态，回到了资金运动的起点状态，完成了一次资金的循环。另外，销售过程中还要发生各种诸如包装费、广告费等销售费用，需要计算并及时缴纳各种销售税金，结转销售成本等。对于企业而言，生产并销售产品是其主要的交易或者事项，即主营业务。在主营业务之外，企业还要发生一些诸如销售材料、出租固定资产等兼营业务，以及进行对外投资以获得收益的投资业务。主营业务、其他业务和投资业务构成了企业的全部经营业务。在营业活动之外，企业还会发生非营业业务，从而获得营业外的收入或发生营业外的支出。企业在生产经营过程中所获得的各项收入遵循配比的要求抵偿了各项成本、费用之后的差额，形成企业的所得，即税前利润。企业实现的利润，一部分要以所得税的形式上缴国家，形成国家的财政收入，另一部分即税后利润，要按照规定的程序在各有关方面之中进行合理的分配，如果发生了亏损，还要按照规定的程序进行弥补。通过利润分配，一部分资金要退出企业，一部分资金要以盈余公积等形式继续参加企业的资金周转。不同的制造业企业的交易或者事项各有特点，其生产经营业务流程也不尽相同，本章主要介绍企业的资金筹集、固定资产购建、材料采购、产品生产、商品销售和利润形成及利润分配等交易或者事项。

第二节　资金筹集业务的核算

资金筹集是指企业从各种不同的来源，用各种不同的方式筹集其生产经营过程中所需要的资金。资金筹集是企业财务活动的起点，筹资活动是企业生存、发展的基本前提，没有资金，就好比“巧妇难为无米之炊”，企业将难以生存，也不可能发展。对于任何一个企业而言，形成其资产的资金主要有两条渠道：一是所有者的投资，即所有者权益筹资；二是向债权人借入的资金，即负债筹资。在会计理论上，我们虽然将债权人的要求权和所有者的要求权统称为权益，但由于二者存在本质上的区别，所以这两种权益的会计处理也有着显著的差异。

一、所有者投入资金的核算

投入资金是企业筹集资金的主要渠道之一。投入资金主要是所有者投入的资金。投资按投入资金形式不同，可以分为货币资金投资、实物资产投资和无形资产投资等。企业资本按照投资主体的不同，可分为国家投入资本、法人投入资本和个人投入资本等。

（一）账户设置

1. “实收资本”账户

该账户属于所有者权益类账户，用于核算企业所有者投入资本的增减变动。贷方登记实际收到的资本额，借方登记按法定程序减少的资本额。期末余额在贷方表示投入资本的实有数。该账户按所有者设置明细分类账户，进行明细核算。

2. “资本公积”账户

该账户属于所有者权益类账户，用于核算企业收到所有者出资额超出其在注册资本或股本中所占份额的部分（资本溢价或股本溢价）。贷方登记从不同渠道取得的资本公积，即登记资本公积金的增加数；借方登记资本公积金转增资本的数额，即登记资本公积金的减少数。期末余额在贷方，表示资本公积金的结余数。“资本公积”账户可按其来源不同，分别设置“资本溢价”“其他资本公积”等明细分类账户，进行明细分类核算。

3. “库存现金”账户

该账户属于资产类账户，用于核算企业的库存现金。借方登记库存现金的增加，贷方登记库存现金的减少。期末余额在借方，表示企业持有的库存现金数额。

4. “银行存款”账户

该账户属于资产类账户，用于核算企业存入银行或其他金融机构的各种存款。借方登记银行存款的增加，贷方登记银行存款的减少。期末余额在借方，表示企业存放在银行或其他金融机构的款项数额。

5. “固定资产”账户

该账户属于资产类账户，用于核算企业持有的固定资产的原始价值。借方登记增加的固定资产的原始价值，贷方登记减少的固定资产的原始价值。期末余额在借方，表示企业现有固定资产的原始价值。“固定资产”账户按固定资产类别和项目进行明细核算。

6. “无形资产”账户

该账户属于资产类账户，用于核算企业为生产商品、提供劳务、出租给他人或出于管理目的而持有的、没有实物形态的非货币性长期资产，包括专利权、非专利技术、商标权、著作权、土地使用权等。其借方登记无形资产取得时的实际成本，贷方登记无形资产减少时转销的初始成本。期末余额在借方，表示企业实存的无形资产初始成本。“无形资产”账户按无形资产类别设置明细账户，进行明细核算。

（二）账务处理

下面以天龙有限责任公司 2019 年 6 月发生的交易或者事项为例说明有关筹资业务的会计处理方法。

【例 4－1】 6 月 1 日，收到大华公司投入资本 500000 元，存入企业存款账户。

解析：此笔业务的发生，引起资产项目的“银行存款”和所有者权益项目的“实收资本”同时增加，结合这两个账户的结构，编制会计分录如下。

借：银行存款　　500000

　贷：实收资本　　500000

【例 4－2】 6 月 3 日，收到兴旺公司投入的机器设备一台，双方协商作价 200000 元，作为投入资本入账。

解析：此笔业务的发生，引起资产项目的“固定资产”和所有者权益项目的“实收资本”同时增加，结合这两个账户的结构，编制会计分录如下。

借：固定资产　　200000

　贷：实收资本　　200000

【例 4－3】 6 月 5 日，收到新股东佳宜公司投资款 15000 元，存入企业存款户。双方确认佳宜公司享有的股份额为 10000 元，其余作为资本公积金入账。

解析：此笔业务的发生，引起资产项目的“银行存款”和所有者权益项目的“实收资本”和“资本公积”同时增加，结合这三个账户的结构，编制会计分录如下。

借：银行存款　　15000

　贷：实收资本　　10000

　　　资本公积——资本溢价　　5000

【例 4－4】 6 月 9 日，接受大诚公司以一块土地使用权作为投资，经双方共同确认价值为 1240000 元，已办理完各项手续。

解析：此笔业务的发生，引起资产项目的“无形资产”和所有者权益项目的“实收资本”同时增加，结合这两个账户的结构，编制会计分录如下。

借：无形资产　　1240000

　贷：实收资本　　1240000

【例 4－5】 6 月 15 日，经股东会批准，将公司的资本公积 20000 元转增资本。

解析：此笔业务的发生，引起所有者权益项目的“实收资本”增加和所有者权益项目的“资本公积”减少，结合这两个账户的结构，编制会计分录如下。

借：资本公积　　　　　　　　　　20000

　贷：实收资本　　　　　　　　　　20000

二、借入资金的核算

除了吸收所有者的投资，企业在生产经营过程中，为了扩大生产或者弥补生产周转资金的不足，可从银行、其他金融机构、社会公众等处借入资金。企业向银行或其他非银行金融机构的借款按其归还期的长短分为短期借款和长期借款。所有者投入企业资金和企业借入资金的核算，均是资金筹集业务会计核算的主要内容。

（一）账户设置

1. “短期借款”账户

该账户属于负债类账户，核算企业向银行或其他金融机构取得的、偿还期在一年以内（含一年）的各种借款。贷方登记取得的短期借款的本金数，借方登记归还的短期借款的本金数。期末余额在贷方，表示尚未归还的短期借款额。短期借款一般按放款单位设明细分类账户，利息一般在到期日一次清偿。

2. “长期借款”账户

该账户属于负债类账户，核算企业向银行或其他金融机构等借入的期限在一年以上的各种借款。贷方登记企业借入的各种长期借款本金和应付未付的到期一次还本付息的利息，借方登记已偿还的借款本金和到期一次还本付息的利息。期末贷方余额表示尚未归还的长期借款本金和到期一次还本付息的利息数。长期借款按债权人和贷款种类，分别设“本金”“利息调整”等进行明细分类核算。

3. “应付利息”账户

该账户属于负债类账户，核算企业按照合同约定应支付的利息，包括吸收存款、分期付息到期还本的长期借款、企业债券等应支付的利息。贷方登记企业按合同利率计算确定的应付未付利息，借方登记归还的利息。期末余额在贷方，反映企业应付未付的利息。应付利息可按存款人或债权人进行明细核算。

4. “财务费用”账户

该账户属于损益类费用账户，核算企业为筹集生产经营所需资金等发生的筹资费用，包括利息支出（减利息收入）、汇兑损益以及相关的手续费、企业发生的现金折扣或收到的现金折扣等。为购建或生产满足资本化条件的资产发生的应予资本化的借款费用，通过“在建工程”“制造费用”等账户核算。该账户借方登记手续费、利息费用等的增加额，贷方登记应冲减财务费用的利息收入等。期末结转后，该账户无余额。财务费用应按照费用项目进行明细核算。

（二）账务处理

1. 短期借款的账务处理

企业借入的各种短期借款，借记“银行存款”科目，贷记“短期借款”科目；归还借款时作相反的会计分录。资产负债表日，应计算确定短期借款利息费用，借记“财务费用”科目，贷记“应付利息”等科目。

【会计小贴士】资产负债表日即结账和编制资产负债表的日期，通常指年度资产负债表日。在我国会计年度中，资产负债表日一般是指每年12月31日。不同企业的中期资产负债表日是不同的，可能是月末，可能是季末，也有可能是半年末。

【例4－6】6月1日，公司因生产经营的临时性需要，向银行申请取得期限为6个月的借款2000000元，存入银行。

解析：此笔业务的发生，引起资产项目的“银行存款”和负债项目的“短期借款”同时增加，结合这两个账户的结构，编制会计分录如下。

借：银行存款　　　　2000000

　贷：短期借款　　　　2000000

【例4－7】承例4－6，假设上述取得的借款年利率为6%，利息按季度结算。

解析：利息＝本金×利率×期限，经计算第一个月应负担的利息为10000（2000000×6%×6/12÷6）元，此笔业务的发生，利息是计算提取的并未支付，所以引起损益类费用项目的“财务费用”和负债项目的“应付利息”同时增加，结合这两个账户的结构，编制会计分录如下。

借：财务费用　　　　10000

　贷：应付利息　　　　10000

【例4－8】承例4－7，公司在8月末用银行存款30000元支付本季度的借款利息（7月、8月的利息计算和处理方法同例4－7）。

解析：此笔业务的发生，引起负债项目的“应付利息”和资产项目的“银行存款”同时减少，结合这两个账户的结构，编制会计分录如下。

借：应付利息　　　　30000

　贷：银行存款　　　　30000

【例4－9】公司于11月末用银行存款2000000元偿还到期的银行临时借款本金（假设利息另外处理）。

解析：此笔业务的发生，引起资产项目的“银行存款”和负债项目的“短期借款”同时减少，结合这两个账户的结构，编制会计分录如下。

借：短期借款　　　　　　　　　　　　2000000

　贷：银行存款　　　　　　　　　　　　2000000

2. 长期借款的账务处理

企业借入长期借款，应按实际收到的金额借记“银行存款”科目，按借款本金贷记“长期借款”科目，如存在差额，还应记入“长期借款——利息调整”科目。按照权责发生制原则，企业应分期确认长期借款的利息。企业取得的长期借款，利息的支付一般分为分期付息到期还本和到期一次还本支付利息两种方式（具体的核算将会在“财务会计”课程中讲述）。以企业取得的长期借款到期一次还本支付利息为例，会计账务的处理为：由于应付未付的借款利息与本金一样，属于非流动负债，应贷记“长期借款”科目，确认的利息费用则应根据借款的用途等情况，确定应予费用化还是资本化，分别借记“财务费用”“在建工程”等科目。

【会计小贴士】资本化支出与费用化支出：资本化支出是与费用化支出相对应的概念。企业在经营过程中对其资产进行耗用，把这部分耗用划分为资本化支出和费用化支出，划分标准是资产耗用的去处。如果这部分资产产生了新的资产，即为资本化支出；如果这部分资产进行经营，产生经济利益流出的是费用化支出。

【例 4－10】公司为购建一条新的生产线（估计工期为 2 年），于 2019 年 1 月 1 日向中国工商银行取得期限为 3 年的人民币借款 4000000 元，存入银行。公司当即将该借款投入生产线的购建工程中。

解析：此笔业务的发生，引起资产项目的“银行存款”和负债项目的“长期借款”同时增加，结合这两个账户的结构，编制会计分录如下。

借：银行存款　　　　　　　　　　　　4000000

　贷：长期借款　　　　　　　　　　　　4000000

【例 4－11】承例 4－10，假设上述借款年利率为 8%，合同规定到期一次还本付息，单利计算。计算确定 2019 年应由工程负担的借款利息。

解析：单利计息的情况下，2019 年的利息为 320000（4000000×8%）元，此笔交易或者事项的发生，引起资产项目的“在建工程”和负债项目的“长期借款”同时增加，结合这两个账户的结构，编制会计分录如下。

借：在建工程　　　　　　　　　　　　320000

　贷：长期借款　　　　　　　　　　　　320000

【例 4－12】承例 4－10、例 4－11，鉴于工程已于 2020 年年末完工，2020 年的利息的账务处理同例 4－11，2021 年的借款利息应如何处理?

解析：据资料，该生产流水线已于2020 年年末完工，则2021 年的利息不能计入工程成本，而应记入当年的“财务费用”账户。此笔交易或者事项的发生，引起损益类费用项目的“财务费用”和负债项目的“长期借款”同时增加，编制会计分录如下。

借：财务费用　　　　　　　　　　　　320000

　贷：长期借款　　　　　　　　　　　　　　320000

【例 4－13】 承例 4－10、例 4－11、例 4－12，假设公司在 2021 年年末全部偿还该笔借款的本金和利息。

解析：该笔长期借款在存续期间的利息共计 960000 元，借款本金为 4000000 元，本息合计为 4960000 元，在 2021 年年末一次付清。此笔交易或者事项的发生，引起资产项目的“银行存款”和负债项目的“长期借款”同时减少，结合这两个账户的结构，编制会计分录如下。

借：长期借款　　　　　　　　　　　　4960000

　贷：银行存款　　　　　　　　　　　　　　4960000

第三节　生产准备业务的核算

企业筹集到的资金首先进入供应过程。供应过程是企业产品生产的准备过程，在这个过程中，企业的货币资金购买机器设备等劳动资料形成固定资产，购买生产所需的原材料等劳动对象形成储备资金，为生产产品做好物资上的准备。因而生产准备业务包括两个方面的内容：一是固定资产的购建业务，二是材料采购业务。完成了生产准备过程后，企业进入生产过程。

一、固定资产购入业务的核算

（一）固定资产的概念

固定资产是指为生产商品、提供劳务、出租或者经营管理而持有的，使用寿命超过一个会计年度的有形资产。

固定资产是同时具有下列特征的有形资产：

（1）为生产商品、提供劳务、出租或经营管理而持有；

（2）使用寿命超过一个会计年度。

（二）固定资产的初始计量

固定资产应当按照其取得时的实际成本入账。根据固定资产的来源渠道不同，固定资产可以分为以下三类。

1. 外购固定资产

外购固定资产成本包括买价、相关税费、达到预定可使用状态前所发生的归属于该资产的运杂费、安装费、装卸费和专业人员服务费等。需要说明的是，我国自 2009 年 1 月 1 日起增值税的管理实行了生产型向消费型的转变，在征收增值税时，允许企业将外购固定资产所含的增值税进项税额一次性全部扣除，所以企业外购固定资产增值税专用发票所列增值税税额不计入固定资产价值，而是作为进项税额单独核算。

2. 自行建造的固定资产

自行建造的固定资产以建造该项资产达到预定可使用状态前所发生的一切必要支出为实际成本。自行建造的固定资产成本包括工程物资成本、人工成本、缴纳的相关税费、应予资本化的价款费用以及应分摊的间接费用等。企业为建造固定资产通过出让方式取得的土地使用权而支付的土地出让金不计入在建工程成本，应确认为无形资产（土地使用权）。企业自行建造固定资产包括自营建造和出包建造两种方式。

3. 投资者投入的固定资产

投资者投入的固定资产以投资各方确认的价值加上应支付的相关税费作为实收资本。

（三）固定资产的后续计量

经过初始计量的固定资产，在其后续存续的过程中，由于受到自然力作用、正常使用以及所面临的外部环境因素的影响，其价值也会不断地发生变化。

1. 固定资产折旧的含义

固定资产折旧是指在固定资产使用寿命内，按照确定的方法对应计折旧额进行的系统分摊。其中，应计折旧额是指应计提的固定资产的原价扣除其预计净残值后的金额。

2. 固定资产折旧的影响因素和折旧范围

（1）影响固定资产折旧的因素。

①原始价值。

就折旧计算而言，原始价值也被称为折旧基数，是指固定资产的实际取得成本。以其作为计提折旧的基数，可以使折旧的计提建立在客观、统一的基础上，不易受主观因素的影响。

②预计净残值。

固定资产的净残值是企业在固定资产使用期满后对固定资产的一个回收额，在计算固定资产折旧时应从固定资产的折旧基数中扣除。在我国，预计净残值一般根据固定资产原始价值乘以预计净残值率计算。预计净残值率是指预计净残值与固定资产原始价值的比率。

③预计使用年限。

预计使用年限是指固定资产预计经济使用年限，也称折旧年限，它通常短于固定资产的物理使用年限。固定资产的使用年限取决于固定资产的使用寿命。

（2）固定资产折旧范围。

应计提折旧的固定资产，在会计上被称为折旧性资产。企业应当按月对所有的固定资产计折旧，但除了已提足折旧仍然继续使用的固定资产、单独估价作为固定资产入账的土地和与经营活动无关的固定资产，其中，提足折旧是指已提足该项固定资产的应计提折旧额。具体规定是，当月增加的固定资产，当月不计提折旧，从下月起计提折旧；当月减少的固定资产，当月仍然计提折旧，从下月起停止计提折旧。固定资产提足折旧后，不管能否继续使用，均不再提取折旧；提前报废的固定资产，也不再补提折旧。

3. 固定资产折旧方法

企业应当根据与固定资产有关的经济利益的预期实现方式，合理选择固定资产折旧方法。可选用的折旧方法包括年限平均法、工作量法、双倍余额递减法和年数总和法等。固定资产的折旧方法一经确定，不得随意变更，如需变更，应在会计报表附注中予以说明。固定资产应当按月计提折旧，并根据用途计入相关资产的成本或者当期损益（具体折旧方法的计算将在“财务会计”课程中讲述）。

（四）账户设置

1. “固定资产”账户

见本章第二节“资金筹集业务的核算”中的“固定资产”账户。

2. “在建工程”账户

该账户属于资产类账户，是核算（归集）企业为固定资产建造、安装、技术改造等工程而发生的全部支出（包括被安装设备本身的价值），并据之计算确定工程成本的账户。借方登记企业建造、安装固定资产等工程所发生的各项支出，贷方登记固定资产达到预定可使用状态时结转的实际成本。期末余额在借方，表示企业未完工工程的实际成本。该账户按工程项目设明细分类账户进行明细分类核算。

3. “工程物资”账户

该账户属于资产类账户，核算企业为在建工程准备的各种物资的成本，包括工程用材料、尚未安装的设备以及为生产准备的工具器具等。借方登记企业购入工程物资的成本，贷方登记领用工程物资的成本。期末余额在借方，反映企业期末为在建工程准备的各种物资的成本。

4. “应交税费” 账户

企业必须按照国家规定履行纳税义务，对其经营所得依法缴纳各种税费。这些应交税费应按照权责发生制原则进行确认、计提，在尚未缴纳之前暂时留在企业，形成一项负债（应该上缴国家暂未上缴国家的税费）。

企业应通过“应交税费”账户，总括反映各种税费的缴纳情况，并按照应交税费项目进行明细核算。该账户的贷方登记应缴纳的各种税费，包括增值税、消费税、所得税、资源税、土地增值税、城市维护建设税、房产税、土地使用税、车船使用税、教育费附加、矿产资源补偿费等；借方登记已缴纳的各种税费。期末贷方余额反映尚未缴纳的税费，期末如为借方余额反映多缴或尚未抵扣的税费。

其中，增值税是就货物或劳务的增值部分征收的一种税金。增值税是一种价外税，它要通过产品实现的销售转嫁给消费者，最终由消费者负担。所以对企业来说，为生产产品购进材料或采购设备物资时，付给供货方的增值税税额为进项税额。当生产的产品实现销售时，要向购买方收取的增值税为销项税额。用当期的销项税额减去当期进项税额即为企业应缴纳的增值税税额。应交增值税的核算通过“应交税费”科目下设置的“应交增值税”明细科目进行，其基本结构如表 4 – 1 所示。

表 4 – 1　　应交税费——应交增值税基本结构

借方　　应交税费——应交增值税　　贷方

借方	贷方
①购进货物或接受应税劳务、服务时，登记支付或负担的进项税额 ②缴纳税金时，登记实际缴纳数	销售货物或提供应税劳务、服务时，登记收取的销项税额
余额：待抵扣的增值税税额	余额：欠缴的增值税税额

为进一步反映增值税的抵扣和缴纳情况，可在“应交税费——应交增值税”明细科目下设“进项税额”“销项税额”“进项税额转出”等专门项目予以反映（有关增值税的计算与缴纳将在后续的《税务会计》中详细讲述）。

【友情提示】以经营规模大小和会计核算健全与否为标准，将增值税纳税人分为一般纳税人和小规模纳税人。本教材所举例的企业均为一般纳税人。

5. “累计折旧” 账户

该账户属于资产类备抵账户，核算企业固定资产计提的累计折旧。贷方登记按月提取的折旧额，即累计折旧的增加额，借方登记因减少固定资产而转出的累计折旧。期末余额在贷方，反映期末固定资产的累计折旧额。该账户可按固定资产的类别或项目进行明细核算。

（五）账务处理

1. 不需要安装的固定资产的账务处理

【例4－14】公司于6月3日购入一台不需要安装的机器，买价为40000元，增值税进项税额为5200元，发生运杂费3000元（不考虑增值税，以下业务均同），全部款项以银行存款支付。

【友情提示】自2016年5月1日起，在全国范围内全面推开营业税改征增值税（以下简称“营改增”）试点，发生的运杂费亦属于征收增值税的行为，但为了简化核算，在本书中此部分内容省去，即不考虑运杂费增值税的问题。另，自2019年4月1日起，增值税一般纳税人发生增值税应税销售行为或者进口货物的税率为13%，特此说明！

解析：此笔业务的发生，由于购入的是不需要安装的设备，故一方面使资产项目的“固定资产”增加，其原始成本为43000（40000＋3000）元，应记入“固定资产”账户的借方；支付的增值税进项税额5200元，应记入“应交税费——应交增值税”账户借方；另一方面支付了全部款项，使企业银行存款减少，应记入“银行存款”账户的贷方。编制会计分录如下。

借：固定资产　　43000

　　应交税费——应交增值税（进项税额）　　5200

　贷：银行存款　　48200

2. 需要安装的固定资产的账务处理

【例4－15】公司于6月5日购入一台需安装的车床，买价为100000元，增值税进项税额为13000元，发生运杂费3000元，款项以银行存款支付。设备投入安装。

解析：此笔业务的发生，由于购入的是需要安装的设备，故一方面使资产项目的“在建工程”增加，其原始成本为103000（100000＋3000）元，应记入“在建工程”账户的借方；支付的增值税进项税额13000元，应记入“应交税费——应交增值税”账户借方；另一方面支付了全部款项，使企业银行存款减少，应记入“银行存款”账户的贷方。编制会计分录如下。

借：在建工程——车床安装工程　　103000

　　应交税费——应交增值税（进项税额）　　13000

　贷：银行存款　　116000

【例4－16】承例4－15，6月20日，车床安装过程中耗用材料3500元，耗用人工费2000元，尚未支付（说明：不通过“工程物资”核算）。

解析：此笔业务的发生，一方面使得企业的在建工程支出增加5500（3500+2000）元，应记入“在建工程”账户的借方；另一方面耗用材料使库存材料减少3500元，应记入“原材料”账户的贷方；耗用人工费2000元，因未支付，故使企业应付职工薪酬增加2000元，应记入“应付职工薪酬”贷方。编制会计分录如下。

借：在建工程——车床安装工程　　5500

　贷：原材料　　3500

　　　应付职工薪酬　　2000

【例4-17】承例4-15、例4-16，6月28日，车床安装完毕，达到可使用状态，验收合格交付使用。

解析：此笔业务说明固定资产已经达到预定可使用状态，应结转在建工程有关成本，即由“在建工程”账户转到“固定资产”账户。应按实际成本108500（103000+5500）元记入“固定资产”账户的借方，结转完工工程成本记入“在建工程”账户贷方。编制会计分录如下。

借：固定资产　　108500

　贷：在建工程——车床安装工程　　108500

3. 固定资产折旧的账务处理

企业按月计提的固定资产折旧，根据固定资产的用途计入相关资产的成本或者当期损益。具体地说，企业管理部门使用的固定资产和未使用的固定资产计提的折旧费用，应记入管理费用；生产部门使用的固定资产计提的折旧费用，应记入制造费用；专设销售机构使用的固定资产计提的折旧费用，应记入销售费用；自行建造固定资产过程中使用的固定资产计提的折旧费用，应记入在建工程；经营性出租的固定资产计提的折旧费用，应记入其他业务成本。计提固定资产折旧即分别借记“管理费用”“制造费用”“销售费用”“在建工程”“其他业务成本”等账户，贷记“累计折旧”账户。具体业务核算见本章第四节。

二、材料采购业务的核算

企业要进行正常的产品生产经营活动，就必须购买和储备一定品种和数量的原材料。原材料是制造业企业生产产品不可或缺的物质要素，在生产过程中，材料经过加工而改变其原来的实物形态，构成产品实体的一部分，或者实物消失但有助于产品的生产。

（一）材料采购成本的核算

1. 材料采购成本的内容

根据《企业会计准则第1号——存货》的有关规定，存货应当按照成本进行初始计量，存货成本包括采购成本、加工成本和其他成本。其中，材料的采购成本是指企业物资从采购到入库前所发生的全部合理支出，主要包括支付材料的买价、各种采购费用以及各种税金。购入材料的实际采购成本由以下几项内容组成：

（1）购买价款，是指购货发票所注明的货款金额；

（2）采购过程中发生的运杂费（包括运输费、包装费、装卸费、保险费、仓储费等），不包括可抵扣的增值税税额；

（3）材料在运输途中发生的合理损耗，是指外购材料在运输途中所发生的正常范围内的损耗，总成本没有发生变化（也就是说无需做账务处理），只是实际入库的材料的数量减少，从而导致材料的单位成本提高；

（4）材料入库之前发生的整理挑选费用，包括整理挑选中发生的人工费用支出和必要的损耗，并减去回收的下脚废料价值；

（5）按规定应计入材料采购成本中的各种税金，如为国外进口材料支付的关税等；

（6）其他费用，如大宗物资的市内运杂费等（需要说明的是，市内零星运杂费、采购人员的差旅费以及采购机构的经费等不构成材料的采购成本，而是记入管理费用）。

以上六项，第一项应当直接计入所购材料的采购成本，对于后五项，凡能分清是某种材料直接负担的，可以直接计入该种材料的采购成本；不能分清的，应当按照材料的重量等分配标准分配计入材料采购成本。

2. 材料采购成本的计算

（1）材料采购成本的计算公式。

某种材料的采购成本 = 该材料的买价 + 该材料应负担的采购费用

（2）采购费用分配。

企业为采购几种材料共同发生的采购费用，若能分清为采购某种材料而支付采购费用的，可直接计入该种材料的采购成本；若不能分清应负担的采购费用时，应采用合理的分配标准（一般是按照材料的重量、买价、体积等），分配计入该种材料的采购成本。其分配程序如下。

①计算分配率。

采购费用分配率 = 共同采购费用总额 ÷ 分配标准之和

②计算各种材料应负担采购费用。

某种材料应负担的采购费用 = 该种材料的分配标准 × 采购费用分配率

③计算各种材料采购成本。

某种材料的采购成本 = 该种材料的买价 + 该种材料应负担的采购费用

某种材料的单位成本 = 该种材料的采购成本 ÷ 该种材料的入库数量

【例4－18】天龙公司从外地某单位同时购入甲、乙、丙三种材料，其中，甲材料1000千克，单价为4元/千克；乙材料2000千克，单价为6元/千克；丙材料5000千克，单价为8元/千克。为采购甲、乙、丙三种材料共同发生运杂费5600元，以材料的重量作为分配标准。要求：计算甲、乙、丙三种材料的采购成本和单位成本。

解析：

运杂费分配率＝5600÷（1000＋2000＋5000）＝0.7（元/千克）

甲材料应负担的运杂费＝1000×0.7＝700（元）

乙材料应负担的运杂费＝2000×0.7＝1400（元）

丙材料应负担的运杂费＝5000×0.7＝3500（元）

甲材料的采购成本＝1000×4＋700＝4700（元）

乙材料的采购成本＝2000×6＋1400＝13400（元）

乙材料的采购成本＝5000×8＋3500＝43500（元）

甲材料的单位成本＝4700÷1000＝4.7（元/千克）

乙材料的单位成本＝13400÷2000＝6.7（元/千克）

丙材料的单位成本＝43500÷5000＝8.7（元/千克）

（二）与供货商的货款结算

在供应过程中，企业应按照合同和结算制度的规定向供货单位支付货款，常见的结算方式有：现款交易，即钱货两清；票据结算，即采用开具商业汇票的方式结算货款；赊购，即货款暂欠；从预付货款中抵扣，表现为企业在购买材料之前，先向供应商预付部分货款，待到以后购入材料时，再从中进行抵扣。

（三）账户设置

依据我国会计规范的规定，企业的原材料可以按照实际成本计价组织收发核算，也可以按照计划成本计价组织收发核算，具体采用哪一种，由企业根据具体情况自行决定。在不同的核算模式下，企业需要设置的账户不同。综合而言，企业按照实际成本和按照计划成本组织材料的收发核算通常需要设置以下账户对材料采购业务进行会计处理。

1.“材料采购”账户

该账户属于资产类账户，核算企业采用计划成本进行材料日常核算而购入的材料采购成本。借方登记采购材料的实际成本以及材料入库时结转的节约差异，贷方登记采购材料的计划成本以及材料入库时结转的超支差异。本账户期末借方余额表示企业在途材料的采购成本。该账户可按照材料品种或种类设置明细分类账户。

2. “在途物资”账户

该账户属于资产类账户，核算企业采用实际成本进行日常核算的货款已付尚未入库的在途物资的采购成本。该账户借方登记在途材料、商品等物资的买价和采购费用，贷方登记已验收入库材料、商品等物资应结转的实际采购成本。期末余额在借方，反映企业期末在途材料、商品等物资的采购成本。该账户可按照材料品种和种类进行明细核算。

3. “原材料”账户

该账户属于资产类账户，核算企业库存的各种材料［包括原料及主要材料、辅助材料、外购半成品（外购件）、修理用备件（备品备件）、包装材料、燃料等］的计划成本或实际成本。该账户借方登记已验收入库材料的成本，贷方登记发出材料的成本。期末余额在借方，反映企业库存材料的计划成本或实际成本。该账户可按照材料的保管地点（仓库）、材料的类别、品种和规格等进行明细核算。需要说明的是，企业收到来料加工装配业务的原料、零件等，应当设置备查簿进行登记。

4. “应付账款”账户

该账户属于负债类账户，核算企业因购买材料、商品和接受劳务等经营活动应支付的款项。该账户贷方登记企业因购买材料、商品和接受劳务等尚未支付的款项（包括买价、税金、运杂费等），借方登记偿还的应付账款。期末余额一般在贷方，反映企业期末尚未支付的应付账款余额，若在借方，反映企业期末预付账款余额。该账户可按照债权人进行明细核算。

5. “应付票据”账户

该账户属于负债类账户，核算企业购买材料、商品和接受劳务等开出的承兑的商业汇票，包括银行承兑汇票和商业承兑汇票。该账户贷方登记增加数，表示付款企业应付的商业汇票的票面金额；借方登记减少数，表示到期支付的商业汇票的金额。期末余额在贷方，表示应付的尚未到期的票面金额。该账户应根据供货商设置明细账户进行明细分类核算或不设明细账户，但都应当设置“应付票据备查簿”，详细登记每一笔应付票据的详细内容。应付票据结清时，应在备查簿中予以注销。

6. “预付账款”账户

该账户属于资产类账户，核算企业按照合同规定预付的款项。预付款项情况不多时，也可以不设置该账户，将预付的款项直接记入“应付账款”的借方。该账户的借方登记企业因购货等业务预付的款项，贷方登记企业收到货物后应支付的款项等。期末余额一般在借方，反映企业预付的款项；期末余额若在贷方，反映企业尚需补付的款项。该账户可按照供货单位进行明细核算。

7. “材料成本差异”账户

该账户属于资产类备抵附加调整账户，核算企业采用计划成本进行日常核算的材料实际成本与计划成本的差额。借方登记入库材料实际成本大于计划成本的差异，贷方登记入库材料实际成本小于计划成本的差异。期末借方余额表示企业库存材料的实际成本大于计划成本的差异，贷方余额表示库存材料的实际成本小于计划成本的差异。本账户按“原材料”等账户设置明细分类账户。

（四）账务处理

企业材料的日常收发结存可以采用实际成本核算，也可以采用计划成本核算。不同的核算方式下，涉及的账务处理也不尽相同，本教材对材料的日常收发结存按照实际成本核算（计划成本核算将在后续的“财务会计”课程中讲述）。

【例4－19】天龙公司2019年12月9日从某公司购买A材料2000千克，每千克11元，共计22000元，增值税专用发票注明的增值税税额为2860元，款项以银行存款支付。材料尚未验收入库。

解析：此笔业务表明，企业发生了材料采购成本22000元，且尚未入库，应记入“在途物资”账户的借方；增值税进项税额为2860元，应记入“应交税费——应交增值税”账户的借方；款项已用银行存款支付，说明银行存款减少24860元，应记入“银行存款”账户的贷方。编制会计分录如下。

借：在途物资——A材料　　22000

　　应交税费——应交增值税（进项税额）　　2860

　贷：银行存款　　24860

【例4－20】承例4－19，天龙公司2019年12月10日，以银行存款支付A材料的运杂费2500元。

解析：此笔业务表明，A材料的采购成本增加了2500元，应记入“在途物资”账户的借方；银行存款支出了2500元，应记入“银行存款”账户的贷方。编制会计分录如下。

借：在途物资——A材料　　2500

　贷：银行存款　　2500

【例4－21】承例4－19、例4－20，2019年12月11日，A材料验收入库。

解析：此笔业务表明，外购A材料的采购过程已经完成。A材料的采购成本合计24500（22000＋2500）元，应从“在途物资”账户的贷方结转到“原材料”账户的借方。编制会计分录如下。

借：原材料——A材料　　24500

　贷：在途物资——A材料　　24500

【例 4－22】2019 年 12 月 11 日，按合同规定，为购买 C 材料，天龙公司预付通顺公司货款 40000 元；为购买 D 材料，预付天大公司货款 30000 元，均以银行存款支付。

解析：此笔业务表明，以银行存款预付货款，只涉及资产类账户，一方面使预付账款增加 70000 元，应记入“预付账款”账户的借方；另一方面使银行存款减少 70000 元，应记入“银行存款”账户的贷方。编制会计分录如下。

借：预付账款——通顺公司　　　　40000

　　　　　　——天大公司　　　　30000

　贷：银行存款　　　　　　　　　　70000

【例 4－23】2019 年 12 月 12 日，天龙公司从昌盛公司购买 E 材料 40 吨，每吨 250 元，买价为 10000 元；F 材料 60 吨，每吨 275 元，买价为 16500 元；增值税专用发票上注明税额为 3445 元。天龙公司开具面额为 29945 元的商业汇票给昌盛公司抵付货款和税金。另以银行存款 2000 元，支付上述从昌盛公司购入的 E、F 材料的运杂费。

解析：此笔业务是采购多种材料发生了共同的采购费用，首先分配运杂费。

运杂费分配率 = 2000 ÷ （40 + 60） = 20（元/吨）

E 材料应负担的运杂费 = 40 × 20 = 800（元）

F 材料应负担的运杂费 = 60 × 20 = 1200（元）

E 材料实际采购成本 = 10000 + 800 = 10800（元）

F 材料实际采购成本 = 16500 + 1200 = 17700（元）

该业务涉及“在途物资”“应交税费”“应付票据”“银行存款”四个账户。一方面购进材料，应按材料的采购成本登记资产的增加，应记入“在途物资”账户的借方，按购进材料支付的增值税登记负债的减少，应记入“应交税费——应交增值税”账户的借方；另一方面款项用商业汇票支付，使企业负债增加，应记入“应付票据”账户的贷方，运杂费用银行存款支付，应记入“银行存款”账户的贷方。编制会计分录如下。

借：在途物资——E 材料　　　　10800

　　　　　　——F 材料　　　　17700

　　应交税费——应交增值税（进项税额）　　3445

　贷：应付票据——昌盛公司　　　　29945

　　　银行存款　　　　　　　　　　2000

【例 4－24】承例 4－22，2019 年 12 月 15 日，天龙公司收到通顺公司交来的购买 C 材料的增值税专用发票，标明买价为 33000 元，数量为 3300 千克，增值税税额为 4290 元。

解析：此笔业务是上面的例 4－22 业务的延续，预付货款购买材料，收到发票账单，意味着取得了该材料的所有权。这笔业务涉及“在途物资”“应交税费”“预付账款”三个账户。一方面按材料的采购成本登记资产的增加，应记入“在途物资”账户的借方，按购进材料支付的增值税登记负债的减少，应记入“应交税费——应交增值税”账户的借方；另一方面需冲抵预付的款项，应记入“预付账款”账户的贷方。编制会计分录如下。

借：在途物资——C 材料　　33000
　　应交税费——应交增值税（进项税额）　　4290
　贷：预付账款——通顺公司　　37290

【例 4－25】承例 4－22、例 4－24，2019 年 12 月 16 日，天龙公司收到通顺公司退回的多预付的货款 2710 元，存入银行。

解析：根据例 4－22 和例 4－24，可知天龙公司多预付了货款 2710（40000－37290）元给通顺公司。收到退回的预付货款，一方面使银行存款增加，应记入“银行存款”账户的借方；另一方面使预付账款减少，应记入“预付账款”账户的贷方。编制会计分录如下。

借：银行存款　　2710
　贷：预付账款——通顺公司　　2710

【例 4－26】承例 4－24，2019 年 12 月 17 日，天龙公司从通顺公司购买的 3300 千克 C 材料运达，验收入库。

解析：材料运达，验收入库，一方面使库存材料增加，应记入“原材料”账户的借方；另一方面使在途物资减少，应记入“在途物资”账户的贷方。编制会计分录如下。

借：原材料——C 材料　　33000
　贷：在途物资——C 材料　　33000

【例 4－27】承例 4－22，2019 年 12 月 20 日，天龙公司收到天大公司交来的购买 D 材料的发票账单，发票标明买价为 30000 元，增值税税额为 3900 元。

解析：同例 4－24。编制会计分录如下。

借：在途物资——D 材料　　30000
　　应交税费——应交增值税（进项税额）　　3900
　贷：预付账款——天大公司　　33900

【例 4－28】承例 4－27，2019 年 12 月 21 日，天龙公司从天大公司购买的 D 材料运达，如数验收入库。

解析：同例 4－26。编制会计分录如下。

借：原材料——D 材料　　　　　　　　　　　　　　30000
　贷：在途物资——D 材料　　　　　　　　　　　　　　30000

【例 4－29】承例 4－22、例 4－27，2019 年 12 月 22 日，天龙公司以银行存款补付天大公司货款 3900 元。

解析：根据例 4－22 和例 4－27，可知天龙公司预付给天大公司的货款不足以支付实际价款，还应补付 3900（33900－30000）元。与一个单位的往来结算，过去用什么账户，那么以后双方结算就一直沿用此账户，便于开展核对往来账的工作。天龙公司与天大公司的往来，前面使用“预付账款”账户，那么这笔业务也应该用“预付账款”账户。补付货款，涉及资产类账户，一方面使企业预付货款增加 3900 元，应记入“预付账款”账户的借方；另一方面使企业的银行存款减少 3900 元，应记入“银行存款”账户的贷方。编制会计分录如下。

借：预付账款——天大公司　　　　　　　　　　　　3900
　贷：银行存款　　　　　　　　　　　　　　　　　　3900

【例 4－30】2019 年 12 月 28 日，天龙公司从杨湾公司采购 B 材料 1000 千克，增值税专用发票上注明单价为 8 元/千克，增值税税率为 13%，尚未到货。款项尚未支付。

解析：此笔业务涉及“在途物资”“应交税费”“应付账款”三个账户。一方面购进材料，取得增值税专用发票，表明拥有其所有权，应按材料的采购成本登记资产的增加，应记入“在途物资”账户的借方，按购进材料支付的增值税 1040（1000×8×13%）元登记负债的减少，应记入“应交税费——应交增值税（进项税额）”账户的借方；另一方面款项尚未支付，使企业负债增加 9040（1000×8＋1040）元，应记入“应付账款”账户的贷方。编制会计分录如下。

借：在途物资——B 材料　　　　　　　　　　　　　8000
　　应交税费——应交增值税（进项税额）　　　　　1040
　贷：应付账款——杨湾公司　　　　　　　　　　　　9040

第四节　生产过程业务的核算

制造业企业的基本任务是生产社会需要的产品，因此，产品的生产过程是企业生产经营过程的中心环节。为了生产产品，企业必然发生各种耗费，如材料的耗费、固定资产的磨损、支付职工工资和其他费用等。这些生产耗费最终应归集、分配到各种产品中，构成产品成本。生产经营过程中发生的与产品生产无直接关系的各项费用，如管理费用、财务费用、销售费用等，应当作为期间费用直接计入当期损益，不计入产品成本。因此，归集和分配费用、计算产品的总成本和单位成本，是产品生产过程中的主要会计核算内容。

一、生产过程的主要会计事项

制造业企业将原材料投入生产到产品完工验收入库的过程称为生产过程。在生产过程中，企业一方面生产产品，另一方面要发生各种耗费。发生在生产过程中的各种耗费，被称为生产费用。生产费用是为生产各种产品而发生的，最终都归集、分配到各种产品名下，都要由生产出来的产品负担。所以，企业为制造一定种类、一定数量的产品而发生的各种生产费用的总和，被称为产品制造成本或产品生产成本。

产品生产过程中发生的各项生产费用，会计上按照其计入产品成本的方式不同，分为直接费用和间接费用。直接费用是指产品在生产过程中耗费的直接材料、直接人工等可以直接判定其归属对象的生产费用项目。比如，某企业生产甲、乙两种产品，生产甲产品耗费的材料、生产甲产品的生产工人的薪酬是甲产品的直接费用；生产乙产品耗费的材料、生产乙产品的生产工人的薪酬是乙产品的直接费用。间接费用是指产品在生产过程中发生的应由相关产品共同分摊的各种费用。间接费用一般是指制造费用。典型的制造费用有生产车间使用的厂房、设备等固定资产折旧费，车间管理人员薪酬，车间办公费等。

二、账户设置

（一）“生产成本”账户

该账户属于成本类账户，核算企业为进行产品生产所发生的各项生产费用。借方登记产品生产过程中发生的计入产品成本的全部生产费用，包括直接材料费、直接人工费以及由“制造费用”账户归集后分配转入的制造费用；贷方登记转出的已完工并验收入库的产成品的生产成本。期末余额在借方，表示尚未加工完成的在产品的成本。“生产成本”账户应按产品种类或名称设置明细账户，进行明细分类核算。

（二）“制造费用”账户

该账户属于成本类账户，核算企业生产车间或生产部门为生产产品而发生的各项间接费用。其借方登记本期发生的各种间接费用；贷方登记期末分配转入“生产成本”账户，计入产品成本的全部制造费用。期末一般无余额。“制造费用”账户应按生产车间、部门及费用项目设置明细账户，进行明细分类核算。

（三）“管理费用”账户

该账户属于损益类费用账户，核算企业行政管理部门为组织和管理企业生产经营所发生的管理费用，包括企业筹建期间的开办费、董事会和行政管理部门在企业经营管理中发生的或者应由企业统一负担的公司经费（包括行政管理部门职工薪酬、物料消耗、低值易耗品摊销、固定资产折旧费、办公费和差旅费等）、工会经费、董事会费、聘请中介机构费、咨询费、诉讼费、业务招待费、技术转让费、矿产资源补偿费、研究费用、排污费和企业生产车间、行政管理部门发生的日常固定资产修理费等。借方登记本期发生的各种管理费用，贷方登记期末转入“本年利润”账户的本期全部管理费用。结转后期末无余额。“管理费用”账户应按费用项目设置明细账户，进行明细分类核算。

（四）“应付职工薪酬”账户

该账户属于负债类账户，核算企业根据有关规定应付给职工的各种薪酬，包括工资、奖金、福利费、社会保险费、住房公积金、工会经费、职工教育经费、非货币性福利等。贷方登记本期实际发生的、根据职工提供服务的受益对象分配计入成本费用或期间费用的应付给职工的薪酬，借方登记本期实际支付的职工薪酬。期末余额一般在贷方，表示企业应付而未付的职工薪酬。“应付职工薪酬”账户应按薪酬的构成要素设置明细账户，进行明细分类核算。

（五）“长期待摊费用”账户

该账户属于资产类账户，核算企业已经支出、但应由本期和以后共同负担的、分摊期限在 1 年以上（不含 1 年）的各项费用。借方登记已经支付或发生的各项长期待摊费用，贷方登记分期摊销的费用。期末余额在借方，表示企业各种已支出但尚未摊销完的费用。“长期待摊费用”账户应按费用种类设置明细账户，进行明细核算。

（六）“库存商品”账户

该账户属于资产类账户，核算企业库存的各种商品（在制造业企业中为产成品）的成本。借方登记已经生产完工、验收入库的产成品成本，贷方登记发出产成品的成本。期末余额在借方，表示企业库存产成品的成本。“库存商品”账户应按产成品的种类、名称和规格等设置明细账户，进行明细分类核算。

三、账务处理

（一）材料费用的归集与分配的核算

制造业企业通过供应过程采购的各种原材料，经过验收入库之后，就形成了生产产品的物资储备。生产产品及其他方面领用时，就形成了材料费。完整意义上的材料费包括消耗的原材料、主要材料和辅助材料等，在确定材料费用时，应根据领料凭证区分车间、部门和不同用途，按照确定的结果将发出材料的成本分门别类地记入相关的账户。

在会计实务中，企业生产经营活动领用材料，是连续不断、频繁发生的。为了简化会计核算，通常是定期汇总领料凭证，编制材料耗用汇总表，集中编制会计分录。具体会计处理如下。

（1）在企业产品生产经营过程中，仓库发出材料使库存材料减少，应记入“原材料”账户的贷方。

（2）对于直接用于某种产品生产的材料费用，应直接记入该产品生产成本明细账中的直接材料费用项目，即“生产成本”账户；对于由多种产品共同耗用、应由这些产品共同负担的材料费用，应选择适当的标准在这些产品之间进行分配，按分担的金额计入相应的成本计算对象，再通过“生产成本”账户反映。

（3）对于为提供生产条件等而间接消耗的各种材料费用，应先通过“制造费用”账户进行归集，期末再同其他间接费用一起按照一定的标准分配计入有关产品成本。

（4）对于行政管理部门领用的材料费用，应记入“管理费用”账户。

【**例4－31**】2019年12月月末，天龙公司仓库根据当月领料凭证，编制本月材料耗用汇总表，如表4－2所示。

表4－2 **材料耗用汇总表**

2019年12月31日

材料用途	A材料		B材料		金额合计（元）
	数量（千克）	金额（元）	数量（千克）	金额（元）	
1. 制造产品耗用					
其中：甲产品	4000	40000	1500	30000	70000
乙产品	5000	50000	2000	40000	90000
2. 车间一般耗用	84	840			840
3. 行政管理部门耗用			20	400	400
合计		90840		70400	161240

解析：此笔业务的发生，一方面仓库发出材料，使库存A材料减少90840元，使库存B材料减少70400元，应记入“原材料”账户的贷方；另一方面材料用于产品的制造，使甲产品生产成本增加70000元，乙产品生产成本增加90000元，应记入“生产成本”账户的借方；材料被车间一般耗用，使制造费用增加840元，应记入“制造

费用”账户的借方；材料被行政管理部门耗用，使管理费用增加 400 元，应记入“管理费用”账户借方。编制会计分录如下。

借：生产成本——甲产品　　70000
　　　　　　——乙产品　　90000
　　制造费用　　840
　　管理费用　　400
　贷：原材料——A 材料　　90840
　　　　　　——B 材料　　70400

（二）职工薪酬的归集与分配的核算

职工为企业劳动，理应从企业获得一定的报酬，也就是企业应向职工支付一定的薪酬。职工薪酬，是指企业为获得职工提供的服务或解除劳动关系而给予各种形式的报酬或补偿，具体包括短期薪酬、离职后福利、辞退福利和其他长期职工福利。企业提供给职工配偶、子女、受赡养人、已故员工遗属及其他受益人等的福利，也属于职工薪酬。其中，短期薪酬包括工资、奖金、津贴和补贴、职工福利费、社会保险费、住房公积金、工会经费和职工教育经费、短期带薪缺勤、短期利润分享计划、非货币性福利。对于短期职工薪酬，企业应当在职工为其提供服务的会计期间，按实际发生额确认为负债，并计入当期损益或相关资产成本。企业应当根据职工提供服务的对象，分为以下 3 种情况处理。

（1）应由生产产品、提供劳务负担的短期职工薪酬，计入产品成本或劳务成本。其中，生产工人的职工薪酬应借记“生产成本”账户，贷记“应付职工薪酬”账户；生产车间管理人员的职工薪酬应借记“制造费用”账户，贷记“应付职工薪酬”账户。

（2）应由在建工程、无形资产负担的职工薪酬，计入建造固定资产或无形资产成本。

（3）除上述两种情况外的其他职工薪酬应计入当期损益。企业管理部门人员和专设销售机构销售人员的职工薪酬都属于期间费用，应分别借记“管理费用”“销售费用”账户，贷记“应付职工薪酬”账户。

本书主要介绍职工薪酬中短期职工薪酬的工资和职工福利费的核算内容。

1. 工资的账务处理

在对企业职工的薪酬进行核算时，应根据“工资结算汇总表”或按月编制的“职工薪酬分配表”的内容登记有关的总分类账户和明细分类账户，进行相关的账务处理。企业职工工资记入“应付职工薪酬”账户，月末计提，一般于次月月初发放。计提时，因生产经营活动发生的人工费用，应按工资的用途进行分配。

（1）生产工人工资直接由产品负担，应记入“生产成本”账户的借方；

（2）车间管理人员工资由产品间接负担，应记入“制造费用”账户的借方；

（3）行政管理人员工资不应由产品负担，应记入“管理费用”账户的借方；

（4）分配工资时，应付工资额增加，应记入“应付职工薪酬”账户的贷方。

实际发放时，可通过企业银行存款转账给职工的银行存款账户，或者是提取现金支付，无论是哪种方法，一方面使企业的货币资金减少，另一方面使企业应付职工薪酬减少。应付职工薪酬的账务处理如图 4－1 所示。

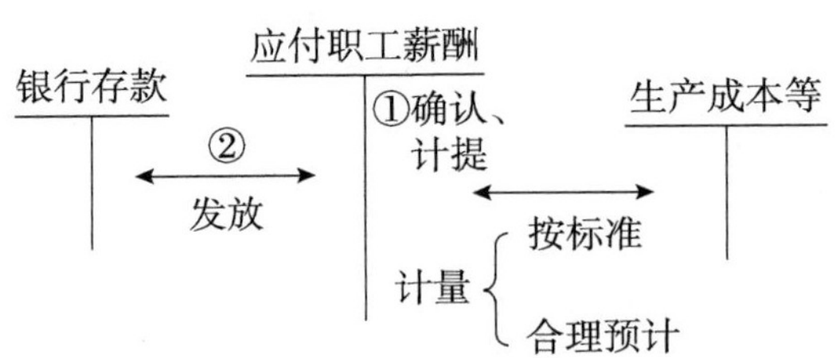

图 4－1　应付职工薪酬的账务处理

【例 4－32】 2019 年 12 月 8 日，天龙公司以银行存款转账至各职工存款账户，发放 11 月工资 15 万元。

解析：此笔业务的发生，一方面使企业银行存款减少 15 万元，就记入“银行存款”账户的贷方；另一方面使企业应付职工薪酬减少 15 万元，应记入“应付职工薪酬”账户的借方。编制会计分录如下。

借：应付职工薪酬——工资　　150000

　贷：银行存款　　150000

【例 4－33】 2019 年 12 月 31 日，天龙公司结算应付本月职工工资 150000 元，其中，甲产品生产工人工资总额为 50000 元，乙产品生产工人工资总额为 60000 元，车间管理人员工资为 15000 元，行政管理人员工资为 25000 元。

解析：此笔业务的发生，一方面，使企业应付给职工的工资债务增加，应记入“应付职工薪酬”账户的贷方；另一方面，企业将本期的工资费用，分配计入各受益对象的成本或费用当中，生产产品的工人工资记入“生产成本”账户的借方，车间管理人员工资记入“制造费用”账户的借方，行政管理人员工资记入“管理费用”账户的借方。编制会计分录如下。

借：生产成本——甲产品——直接人工　　50000

　　　　　　——乙产品——直接人工　　60000

　　制造费用　　15000

　　管理费用　　25000

　贷：应付职工薪酬——工资　　150000

2. 职工福利费的账务处理

在我国，企业职工从事生产经营活动除领取劳动报酬外，还享受一定的福利补助，如职工生活困难补助费等。根据《〈企业会计准则第9号——职工薪酬〉应用指南》的有关规定，没有规定计提基础和计提比例的，企业应当根据历史经验数据和实际情况，合理预计当期应付职工薪酬。该项目年末余额应为零。

企业提取的福利费主要用于以下4个方面：

（1）职工医药费（包括企业参加职工医疗保险缴纳的医疗保险费）、医务人员工资、医务经费、职工因公负伤赴外地就医路费等；

（2）职工生活困难补助费；

（3）职工浴室、理发室、托儿所、幼儿园人员的工资；

（4）按照国家规定开支的其他职工福利支出。

为了反映职工福利的支付与分配情况，应在“应付职工薪酬”账户下设置“职工福利费”明细账户。

【例4－34】2019年12月31日，天龙公司根据历史经验数据和实际情况，按工资总额的2%计提当月职工福利费。

解析：在我国，企业提取职工福利费，作为职工医药卫生、生活困难补助以及医务、福利人员工资等的开支。对于提取的福利费，在未使用或支付前，应视作企业的一项负债，通过“应付职工薪酬——职工福利费”账户核算。承例4－33可计算得出以下公式。

制造甲产品工人职工福利费＝50000×2%＝1000（元）

制造乙产品工人职工福利费＝60000×2%＝1200（元）

生产车间管理人员职工福利费＝15000×2%＝300（元）

行政管理人员职工福利费＝25000×2%＝500（元）

职工福利费合计＝1000＋1200＋300＋500＝3000（元）

分录中借方所对应的会计账户亦同例4－33，只是贷方应记“应付职工薪酬——职工福利费”。编制会计分录如下。

借：生产成本——甲产品——直接人工　　1000
　　　　　　——乙产品——直接人工　　1200
　　制造费用　　300
　　管理费用　　500
　贷：应付职工薪酬——职工福利费　　3000

【例4－35】2019年12月21日，天龙公司职工张浩家境困难，经研究，给其发放困难补助费1680元，以现金支付。

解析：此笔业务的发生，一方面，使得企业的库存现金减少，应记入“库存现金”账户的贷方；另一方面，支付的职工困难补助费属于职工福利费开支范围，应记入“应付职工薪酬——职工福利费”账户的借方。编制会计分录如下。

借：应付职工薪酬——职工福利费　　　　1680

　贷：库存现金　　　　1680

（三）制造费用的归集与分配的核算

1. 制造费用的含义

制造费用是制造业企业为了生产产品和提供劳务而发生的各种间接费用。其主要内容是企业的生产部门（包括基本生产车间和辅助生产车间）为组织和管理生产活动以及为生产活动服务而发生的费用，如车间管理人员薪酬、折旧费、办公费、水电费、劳动保护费、机物料消耗等。

2. 制造费用的归集与分配

当企业车间或生产部门各项间接生产费用发生时，首先应归集在“制造费用”账户的借方，月末在所有的受益产品间采用合理的方法进行分配后，再转入各产品的“生产成本”账户。因此，制造费用的核算方法是先归集再分配。

总而言之，在归集完本月的全部制造费用后，月末应将所有的制造费用结转到生产成本明细账，以计算完工产品的生产成本。结转分两种情况处理：一种是假设某车间本月只生产一种产品，则归集的制造费用直接转入该产品的生产成本明细账中，即此时的间接生产费用为直接计入费用；另一种是某车间本月生产两种或两种以上的产品，则要将归集的制造费用采用一定的分配标准（常见的有生产工时、生产工人工资、机器工时等）分配并结转到不同产品的生产成本明细账中。其分配的计算公式如下

$$制造费用分配率 = 本月的制造费用总额 \div 各种产品分配标准之和$$

$$某种产品应分配的制造费用 = 该种产品的分配标准 \times 制造费用分配率$$

【例4－36】2019年12月2日，天龙公司一生产车间报销办公用品支出400元，以现金支付。

解析：此笔业务的发生，一方面使企业库存现金减少400元，应记入“库存现金”账户的贷方；另一方面由于是生产车间购买办公用品，企业的制造费用增加400元，应记入“制造费用”账户的借方。编制会计分录如下。

借：制造费用　　　　400

　贷：库存现金　　　　400

【例4－37】2019年12月11日，天龙公司计提设备折旧10060元，其中，车间设备折旧费为7760元，行政管理设备折旧费为2300元。

解析：企业本月全部固定资产的折旧总额为10060元，表明本期因固定资产损耗而减少的价值为10060元，应记入“累计折旧”账户的贷方。同时，固定资产价值的损耗要根据其使用部门转化为本期的产品成本或费用，其中车间设备计提的折旧为7760元，应记入“制造费用”账户的借方；行政管理部门设备计提的折旧为2300元，应记入“管理费用”账户的借方。编制分录如下。

借：制造费用　　　　7760

　　管理费用　　　　2300

　贷：累计折旧　　　　10060

【例4－38】2019年12月15日，天龙公司摊销应由本月负担的车间用房租金1000元（该笔房租已于前一年一次性支付）。

解析：企业于前一年支付的房租，根据权责发生制原则，不能马上计入相关的成本费用。车间用房租金的摊销，一方面使企业的制造费用增加1000元，应记入“制造费用”账户的借方；另一方面使长期待摊费用减少1000元，应记入“长期待摊费用”账户的贷方。编制会计分录如下。

借：制造费用　　　　1000

　贷：长期待摊费用　　　　1000

【例4－39】2019年12月18日，天龙公司续租车间用房，以银行存款支付明后两年车间用房的房租48000元。

解析：此笔业务的发生，一方面涉及银行存款减少48000元，应记入“银行存款”账户的贷方；另一方面因为支付的明后两年的车间房租，根据权责发生制原则，应通过“长期待摊费用”核算，应记入“长期待摊费用”账户的借方。编制会计分录如下。

借：长期待摊费用　　　　48000

　贷：银行存款　　　　48000

【例4－40】2019年12月31日结转本月发生的制造费用，并按甲、乙产品工人工资的比例进行分配。

解析：根据例4－31、例4－33、例4－34、例4－36、例4－37、例4－38，

归集的制造费用总额＝840＋15000＋300＋400＋7760＋1000＝25300（元）

制造费用分配率＝25300÷（50000＋60000）＝0.23

甲产品应分配的制造费用＝50000×0.23＝11500（元）

乙产品应分配的制造费用＝60000×0.23＝13800（元）

分配制造费用，一方面产品的生产成本增加，应记入“生产成本”账户的借方；另一方面制造费用减少，应记入“制造费用”账户的贷方。编制会计分录如下。

借：生产成本——甲产品　　　　11500
　　　　　　——乙产品　　　　13800
　贷：制造费用　　　　　　　　　　25300

（四）完工产品生产成本的核算

产品生产成本计算是指将企业生产过程中为制造产品所发生的各种费用按照成本计算对象进行归集和分配，以便计算各种产品的总成本和单位成本。完工产品成本是进行库存商品计价和确定销售成本的依据，产品生产成本计算是会计核算的一项重要内容，具体的核算方法将在后续的“成本会计”中阐述。企业应该设置产品生产成本明细账，用来归集应计入各种产品的生产费用。通过对材料费用、职工薪酬和制造费用的归集和分配，企业各月生产产品所发生的生产费用已记入“生产成本”账户。

企业按照产品品种来计算产品的生产成本，一般是在月末进行。到了月末，企业生产的某种产品可能会出现三种情况：全部完工、全部未完工和部分完工。

1. 全部完工

全部完工的产品被称为产成品。如果月末某种产品全部完工，本月该种产品生产成本明细账所归集的生产费用总额，即为该种产成品的总成本，除以该种产品的完工总产量即可计算出该种产品的单位成本。

2. 全部未完工

全部未完工的产品被称为在产品。如果月末某种产品全部未完工，本月该种产品生产成本明细账所归集的生产费用总额即为该种产品的月末在产品的总成本。

3. 部分完工

如果月末某种产品一部分完工，一部分未完工，这时归集在产品生产成本明细账中的生产费用总额，则应采用适当的分配方法在完工产品和月末在产品之间进行分配，然后才能计算完工产品的总成本和单位成本。

完工产品成本的基本计算公式为

完工产品生产成本 = 期初在产品成本 + 本期发生的生产费用 − 期末在产品成本

企业生产的产品经过各道工序的加工生产之后，成为企业的完工产品。完工产品是指已经完成全部生产过程并已验收入库、符合标准规格和技术条件、可以作为商品对外销售或按照合同规定的条件送交订货单位的产品。根据完工产品生产成本计算的资料就可以结转完工、验收入库产品的生产成本。当产品生产完工并验收入库时，借记“库存商品”账户，贷记“生产成本”账户。

【例 4－41】2019 年 12 月 31 日，天龙公司生产车间本月生产完工甲、乙两种产品，其中甲产品总成本为 132500 元，乙产品总成本为 165000 元，甲、乙产品均已验收入库，结转其实际生产成本。

解析：此笔业务的发生，一方面使企业库存的产成品增加，应记入“库存商品”账户的借方；另一方面使“生产成本”减少，应记入“生产成本”账户的贷方。编制会计分录如下。

借：库存商品——甲产品　　132500

　　　　　　——乙产品　　165000

　贷：生产成本——甲产品　　　　132500

　　　　　　　——乙产品　　　　165000

第五节　销售过程的业务核算

销售过程是制造业企业生产经营活动的最终环节。企业从制造完成的产成品验收入库开始，到产品销售给购买方为止的过程被称为销售过程。这一过程既是产品价值和使用价值的实现过程，也是收入的实现过程，又是与收入相配比的成本费用的补偿过程。在这一过程中，资金的形态由成品资金再回到货币资金。

一、销售过程业务的内容

（一）收入的实现和货款的结算

在销售过程中，企业通过交换，将实现对外销售产品或提供生产性劳务等主营业务，企业应按照购销双方约定价格向购买单位办理价款结算，并确认为主营业务收入。同时，除主营业务外，还可能发生材料让售、代购代销、包装物出售、固定资产出租等其他业务，应按照实际发生的金额向对方单位办理价款结算，并确认为其他业务收入。

在确认收入时，会计应解决收入的确认的条件和金额的问题。销售商品收入同时满足下列条件的，才能予以确认：

①企业已将商品所有权上的主要风险和报酬转移给购货方；②企业既没有保留通常与所有权相联系的继续管理权，也没有对已售出的商品实施有效控制；③相关的经济利益很可能流入企业；④收入的金额能够可靠地计量；⑤相关的已发生或将发生的成本能够可靠地计量。收入确认时，就按照企业与购货单位签订的合同或协议金额或双方接受的金额计量。

在计量销售商品收入的金额时，应将销售退回、销售折让和商业折扣等作为销售收入的抵减项目记账，即

商品销售收入 = 不含税单价 × 销售数量 − 销售退回 − 销售折让 − 商业折扣

其中：

（1）不含税单价的“税”指的是增值税。

（2）销售折让是指为保证商业信誉，企业因已售商品存在质量、品种不符等问题而给予购买方的金额补偿。该折让发生在货物销售之后。

（3）商业折扣（亦称折扣销售）是指企业为促销对购买数量大的购买方给予的价格优惠。只要开具的票据符合要求，折扣额可以从销售额中扣除。该折扣在销售实现时发生并确定。

常见的与购货方的结算货款的方式有以下几种：现款交易，即钱货两清，表现为企业销售产品后，马上收到购货方支付的现款；票据结算，即采用开具商业票据的方式结算；赊销，指销售时未收到货款，待以后再收取；从预收货款中抵扣，即先收取货款，后提供产品。

（二）与收入相配比的成本费用的发生与结转

在销售过程中，企业为取得一定的销售收入，要付出相应的产品或劳务，为制造这些产品或提供这些劳务必然会发生各种耗费，而为销售这些产品或劳务还必然会有各种耗费的发生。不论是生产耗费，还是销售耗费，都应由销售收入弥补。为了确定耗费的补偿尺度，在确认收入实现的同时，必须确认与收入配比的成本费用。与收入相配比的成本费用主要包括主营业务成本、销售费用、税金及附加、其他业务成本等。

（1）主营业务成本。

主营业务成本亦称产品销售成本，是已经销售产品的生产成本。根据《企业会计准则第1号——存货》第十四条，企业应当采用先进先出法、加权平均法或个别计价法确定发出存货的实际成本。所谓先进先出法，是以先购入的存货应先发出（销售或耗用）为前提，据此确定发出存货和期末存货成本的一种方法；所谓全月一次加权平均法，是指将当月全部进货数量与月初存货数量作为权数，计算存货的加权平均单位成本，以此为基础计算当月发出存货的成本和期末存货的成本的一种方法。

加权平均单价 =（期初库存成本 + 本期入库成本）÷（期初库存数量 + 本期入库数量）

本期销售商品成本 = 本期销售数量 × 加权平均单价

（2）销售费用。

为了实现产品销售，企业会发生各种销售费用，如包装费、运杂费、保险费、广告费和为销售本企业产品而专设的销售机构的经费等。

（3）税金及附加。

企业在取得产品销售收入时，还必须按国家规定缴纳税金及附加，如消费税、资源税、房产税、城镇土地使用税、车船税、印花税、城市维护建设税和教育费附加等。

（4）其他业务成本。

企业在实现其他业务收入的同时，往往还要发生一些其他业务支出，即与其他业务有关的成本和费用，包括销售材料的成本、出租固定资产的折旧额、出租无形资产的摊销额、出租包装物的成本或摊销额等。

企业销售收入抵补各项销售支出后的差额为产品销售利润。所有这一切，构成了销售过程主要业务的核算内容。

二、账户设置

（一）“主营业务收入”账户

该账户属于损益类收入账户，核算企业销售商品、提供劳务等主要日常活动所产生的收入。贷方登记实现的收入，借方登记销售退回、销售折让冲减本期销售收入数额和期末结转“本年利润”账户的主营业务收入数额。结转后该账户期末无余额。该账户应按主营业务的种类设置明细账户，进行明细核算。

（二）“其他业务收入”账户

该账户属于损益类收入账户，核算企业确认的除主营业务活动以外的其他经营活动实现的收入，包括出租固定资产、出租无形资产、出租包装物和商品、销售材料等。贷方登记企业实现的其他业务收入，即其他业务收入的增加额；借方登记期末转入“本年利润”账户的其他业务收入。期末结转后该账户无余额。该账户可按其他业务的种类设置明细账户，进行明细分类核算。

（三）“应收账款”账户

该账户属于资产类账户，核算企业因销售商品、产品、提供劳务等经营活动应向购货单位或接受劳务单位收取的款项，包括应收的货款、增值税和代购货单位垫付的包装费、运杂费等。不单独设置“预收账款”账户的企业，预收的账款也在该账户核算。借方登记发生的应收账款，贷方登记收回的应收账款、转作商业汇票结算的应收款项和已结转坏账损失的款项。期末借方余额，反映企业尚未收回的应收账款；期末若为贷方余额，反映企业预收的账款。该账户应按不同的购货单位或接受劳务的单位设置明细账户，进行明细核算。

（四）“应收票据”账户

该账户属于资产类账户，核算企业因销售商品、产品、提供劳务等经营活动而收到的商业汇票，包括银行承兑汇票和商业承兑汇票。借方登记应收票据的增加数，贷方登记应收票据的减少数。期末借方余额，反映企业持有的商业汇票的票面价值和应计利息。该账户应按不同的票据种类分别设置明细账户。企业还应设置“应收票据备查簿”，逐项登记应收票据，应收票据到期结清票款后应在备查簿内逐项注销。

（五）“预收账款”账户

该账户属于负债类账户，核算企业按合同规定向购货单位预收的款项。贷方登记向购货单位预收的货款和收到购货单位补付的货款；借方登记销售实现时，所实现的收入和应交增值税销项税额以及退回多付的款项。期末贷方余额，反映企业向购货单位预收的款项；期末若为借方余额，反映应由购货单位补付的款项。该账户应按购货单位设置明细账户，进行明细核算。

（六）“主营业务成本”账户

该账户属于损益类费用账户，核算企业因销售商品、提供生产性劳务等主要经营业务所发生的实际成本。借方登记已销售商品、提供劳务等主营业务的实际成本，贷方登记期末转入“本年利润”账户的主营业务成本。结转后期末应无余额。该账户应按主营业务的种类设置明细账户，进行明细核算。

（七）“其他业务成本”账户

该账户属于损益类费用账户，核算企业除主营业务成本以外的其他销售或其他业务所发生的其他业务成本。借方登记发生的其他业务成本，贷方登记期末转入“本年利润”账户的其他业务成本。结转后期末应无余额。该账户应按其他业务的种类设置明细账户，进行明细核算。

（八）“税金及附加”账户

该账户属于损益类费用账户，核算企业日常活动应负担的税金及附加，包括消费税、城市维护建设税、资源税、教育费附加、房产税、城镇土地使用税、车船税、印花税等相关税费。借方登记按照规定计算确定的与经营活动相关税费，贷方登记期末转入“本年利润”账户的与经营活动相关的税费。期末结转后，该账户无余额。

（九）“销售费用”账户

该账户属于损益类费用账户，核算企业销售商品过程中发生的费用，包括运输费、装卸费、包装费、保险费、展览费和广告费以及为销售本企业商品而专设的销售机构的职工工资及福利费、类似工资性质的费用、业务费等经营费用。借方登记发生的销售费用，贷方登记期末转入“本年利润”账户的销售费用。结转后期末无余额。该账户应按费用项目设置明细账户，进行明细核算。

三、账务处理

（一）主营业务收入的核算

企业销售商品或提供劳务实现的收入，应按实际收到、应收或者预收的金额，借记“银行存款”“应收账款”“应收票据”“预收账款”等账户，按确认的营业收入，贷记“主营业务收入”账户，同时，按适用税率计算的增值税销项税额，贷记“应交税费——应交增值税（销项税额）”账户。

【例 4-42】2019 年 12 月 1 日，天龙公司销售给红星公司甲产品 300 件，增值税专用发票注明的单价为 300 元，共计 90000 元，增值税税额为 11700 元，款项已收存企业存款户。

解析：此笔业务的发生，一方面销售产品，使收入增加，应按不含税售价记入“主营业务收入”账户的贷方，向购买方收取的增值税，应上缴给税务部门，使企业负债增加，应记入“应交税费——应交增值税（销项税额）”账户的贷方；另一方面款项已收存入银行，使企业资产增加，应记入“银行存款”账户的借方。编制会计分录如下。

借：银行存款　　101700

　贷：主营业务收入——甲产品　　90000

　　　应交税费——应交增值税（销项税额）　　11700

【例 4-43】2019 年 12 月 5 日，天龙公司销售给立达公司乙产品 100 件，增值税专用发票上注明的每件售价为 200 元，共计 20000 元，增值税税额为 2600 元，并以银行存款代买方垫付运费 1500 元，以上款项尚未收到。

解析：此笔业务的发生，一方面销售产品，使收入增加，应按不含税售价记入“主营业务收入”账户的贷方，向购买方收取的增值税，应上缴给税务部门，使企业负债增加，应记入“应交税费——应交增值税（销项税额）”账户的贷方，代买方垫付了运费使银行存款减少，应记入“银行存款”账户的贷方；另一方面所有款项均应收未收，使企业债权增加，应记入“应收账款”账户的借方。编制会计分录如下。

借：应收账款——立达公司　　24100

　贷：主营业务收入——乙产品　　20000

　　　应交税费——应交增值税（销项税额）　　2600

　　　银行存款　　1500

【例4-44】2019年12月7日，天龙公司销售给神龙公司乙产品60件，增值税专用发票上注明的每件售价为200元，共计12000元，增值税税额为1560元，收到神龙公司开出的承兑期为3个月的商业汇票。

解析：此笔业务的发生，一方面销售产品，使收入增加，应按不含税售价记入“主营业务收入”账户的贷方，向购买单位收取的增值税，应上缴给税务部门，使企业负债增加，应记入“应交税费——应交增值税（销项税额）”账户的贷方；另一方面款项采取商业汇票方式结算，使企业债权增加，应记入“应收票据”账户的借方。编制会计分录如下。

借：应收票据——神龙公司　　13560

　贷：主营业务收入——乙产品　　12000

　　　应交税费——应交增值税（销项税额）　　1560

【例4-45】2019年12月10日，天龙公司根据合同，预收友谊公司汇来的货款40000元，存入企业存款户。

解析：此笔业务的发生，一方面预收的货款存入银行，使资产增加，应记入“银行存款”账户的借方；另一方面因产品尚未销售，根据权责发生制原则，预收的货款不能确认为收入，只能视为企业一项将来要用销售产品偿还的债务，应记入“预收账款”账户的贷方。编制会计分录如下。

借：银行存款　　40000

　贷：预收账款——友谊公司　　40000

【例4-46】2019年12月20日，天龙公司收到立达公司偿还的前期所欠货款24100元，存入企业存款户。

解析：此笔业务的发生，是承例4-43，一方面货款已收回，使资产增加，应记入“银行存款”账户的借方；另一方面债权减少，应记入“应收账款”账户的贷方。编制会计分录如下。

借：银行存款　　24100

　贷：应收账款——立达公司　　24100

【例4-47】2019年12月22日，天龙公司向友谊公司销售甲产品120件，单位售价为300元，共计36000元，增值税税额为4680元。

解析：此笔业务的发生，是承例4-45，一方面产品已销售，使企业收入和应交税费增加，应分别记入“主营业务收入”“应交税费——应交增值税（销项税额）”账户的贷方；另一方面款项采取预收账款方式结算，应记入“预收账款”账户的借方。编制会计分录如下。

借：预收账款——友谊公司　　　　　　　　　40680

　　贷：主营业务收入——甲产品　　　　　　　　36000

　　　　应交税费——应交增值税（销项税额）　　　4680

【例4－48】 承例4－45、例4－47，2019年12月22日，天龙公司收到友谊公司补付货款680元，存入企业存款户。

解析：此笔业务的发生，一方面收到补付的款项存入银行，使资产增加，应记入“银行存款”账户的借方；另一方面原预收账款不足的部分实质上是企业的一项应收款项，这部分款项收到，应记入“预收账款”账户的贷方。与一个单位的往来以前用什么账户，那么以后就应沿用什么账户，以便连续反映该单位与本企业往来结算的完整记录。编制会计分录如下。

借：银行存款　　　　　　　　　　　　　　680

　　贷：预收账款——友谊公司　　　　　　　　　680

（二）主营业务成本的核算

企业在销售商品的过程中，一方面减少了库存的存货，另一方面为取得主营业务收入而垫支了资金，表明企业发生了费用，这项费用被称为主营业务成本，亦称商品销售成本。将销售发出的商品成本转为主营业务成本，应遵循配比的要求，也就是说，主营业务成本的结转不但应与主营业务收入在同一会计期间加以确认，而且应与主营业务收入在数量上保持一致。主营业务成本的计算公式如下

本期应结转的主营业务成本＝本期销售商品的数量×单位商品的生产成本

期（月）末，企业应根据本期（月）销售各种商品、提供各种劳务等实际成本，计算应结转的主营业务成本，借记“主营业务成本”账户，贷记“库存商品”等账户。若企业采用计划成本或售价核算库存商品，平时的营业成本按照计划成本或售价结转，月末，还应结转本月销售商品应分摊的产品成本差异或商品进销差价。

【例4－49】 2019年12月31日，天龙公司结转本月已销的420件甲产品的产品成本，已销的160件乙产品的产品成本（甲产品、乙产品的单位生产成本分别为200元和123元）。

解析：已销甲产品的生产成本＝420×200＝84000（元）

已销乙产品的生产成本＝160×123＝19680（元）

此笔业务的发生，一方面因销售而发出商品，使库存商品减少，应记入“库存商品”账户的贷方；另一方面按照配比原则，结转为取得本期主营业务收入而发生的已售商品的制造成本，应记入“主营业务成本”账户的借方。编制会计分录如下。

借：主营业务成本——甲产品　　　　　　　　84000

——乙产品　　19680

贷：库存商品——甲产品　　84000

——乙产品　　19680

（三）其他业务收支的核算

企业在经营过程中，除主营业务外，还可能发生材料让售、代购代销、包装物出售、固定资产出租等其他兼营业务。在经营其他兼营业务时，应按照实际发生的金额向对方单位办理价款结算，并确认为其他业务收入。在经营其他兼营业务时所发生的相关成本，按照配比原则，应确认为其他业务成本。

【例4－50】 2019年12月22日，天龙公司让售给健民公司A材料1000千克，开具的增值税专用发票注明每千克售价为30元，共计30000元，增值税税额为3900元，款项已收存企业银行存款账户。

解析：此笔业务的发生，一方面，材料让售，使其他业务收入增加，根据法律的有关规定，让售材料需缴纳增值税，分别使企业的“其他业务收入”账户和“应交税费——应交增值税”账户的贷方增加；另一方面，款项均已收到，使企业的“银行存款”账户的借方增加。编制会计分录如下。

借：银行存款　　33900

贷：其他业务收入——材料让售　　30000

应交税费——应交增值税（销项税额）　　3900

【例4－51】 2019年12月31日，天龙公司结转本月已销材料的销售成本（1000千克A材料，单位采购成本为10元）。

解析：已销A材料的总成本＝1000×10＝10000（元）。此笔业务的发生，一方面变卖材料，使库存材料减少，应记入“原材料”账户的贷方；另一方面材料是为取得其他业务收入发出的，其成本应按配比原则记入“其他业务成本”账户的借方。编制会计分录如下。

借：其他业务成本——材料让售　　10000

贷：原材料——A材料　　10000

（四）销售费用的核算

销售产品而发生的费用，被称为销售费用，包括在销售过程中发生的如包装费、运杂费、保险费、广告费和为销售本企业产品而专设的销售机构的职工工资、福利费、业务费等费用。发生的销售费用与实现的销售收入之间通常没有直接配比关系，但一般与期间相关，因此销售费用通常采用期间配比的方式，即将本期发生的销售费用全部用当期实现的收入弥补。

【例4－52】2019年12月3日，天龙公司用银行存款支付产品销售广告费3000元。

解析：此笔业务的发生，一方面使产品销售广告费发生，销售广告费应记入“销售费用”账户的借方；另一方面使银行存款减少，应记入“银行存款”账户的贷方。编制会计分录如下。

借：销售费用　　3000

　贷：银行存款　　3000

（五）税金及附加的核算

企业在销售商品过程中，实现了商品的销售额，按照有关法律的规定，应该向国家税务机关缴纳各种税金及附加，包括消费税、城市维护建设税（城建税）、资源税以及教育费附加等相关税费。这些税金及附加一般根据当月销售额或应税额，按照规定的税率计算，于下月月初缴纳。其中

应交消费税＝应税消费品的销售额×消费税税率

应交城建税＝（当期应交增值税＋当期消费税）×城建税税率

应交教育费附加＝（当期应交增值税＋当期消费税）×教育费费率

由于这些税金及附加是在当月计算而在下月缴纳的，因而计算税金及附加时，一方面税金及附加作为企业发生的一项费用支出，另一方面形成企业的一项负债。为了核算企业销售商品的税金及附加情况，需要设置“税金及附加”账户。企业计算出税金及附加时，借记“税金及附加”账户，贷记“应交税费”账户。

【例4－53】2019年12月31日，天龙公司本月销售产品、让售材料应缴纳的增值税为8905元，请计算应缴纳的城市维护建设税（税率为7%）和教育费附加（费率为3%）。

解析：应交城建税＝8905×7%＝623.35（元）

应交教育费附加＝8905×3%＝267.15（元）

此笔业务的发生，一方面计算出来的城建税和教育费附加，使企业应从销售收入抵扣的税金及附加增加，应记入“税金及附加”账户的借方；另一方面计算出的税金未缴纳，使企业的负债增加，应记入“应交税费”账户的贷方。编制会计分录如下。

借：税金及附加　　890.5

　贷：应交税费——应交城市维护建设税　　623.35

　　　　　　——应交教育费附加　　267.15

第六节　利润形成及其分配的核算

企业作为一个独立的经济实体，其经营活动的主要目的就是要不断地提高企业的盈利水平、增强企业的获利能力。利润就是一个反映企业获利能力的综合指标，利润是指企业在一定会计期间的经营成果，它是企业在一定会计期间内实现的收入减去费用后的净额。对利润进行核算，可以及时反映企业在一定会计期间的经营业绩和获利能力，反映企业的投入产出效率和经济效益，有助于企业所有者和债权人据此进行盈利预测，评价企业经营绩效，做出正确决策。本节主要介绍企业利润的形成与分配业务的核算。

一、利润形成的核算

（一）利润的构成与计算

根据企业制度的规定，企业利润包括营业利润、营业外收入和支出、所得税费用等组成部分。

1. 营业利润

营业利润，是指企业利润的主要来源，用公式表示如下

营业利润 = 营业收入 − 营业成本 − 税金及附加 − 期间费用 − 资产减值损失 + 投资收益 + 公允价值变动收益 + 资产处置收益 + 其他收益

式中：

（1）营业收入 = 主营业务收入 + 其他业务收入；

（2）营业成本 = 主营业务成本 + 其他业务成本；

（3）期间费用 = 销售费用 + 财务费用 + 管理费用；

（4）资产减值损失是指企业计提各项资产减值准备所形成的损失；

（5）投资收益用“＋”，损失用“－”；

（6）公允价值变动收益用“＋”，损失用“－”；

（7）资产处置收益用“＋”，损失用“－”。

2. 利润总额

利润总额 = 营业利润 + 营业外收入 − 营业外支出

上式中的营业外收入，是指与企业日常经营活动无直接关系的各项收入，包括处置固定资产净收益、出售无形资产收益、非货币性交易收益、罚款收入等。营业外收入是企业的一种纯收入，不需要也不可能与有关费用进行配比，事实上企业为此并没

有付出代价，应按其实际发生数进行核算，并直接增加企业的利润总额。营业外支出，是指与企业日常经营活动无直接关系的各项支出，包括固定资产盘亏支出、处置固定资产（报废等）净损失、出售无形资产损失、非常损失、罚款支出、债务重组支出、公益性捐赠支出等。营业外收入与营业外支出应当分别核算，不能以营业外支出直接冲减营业外收入，同样，也不能以营业外收入直接冲减营业外支出，在实际发生营业外支出时，直接冲减企业当期的利润总额。

3. 净利润

净利润，亦称税后利润，是利润总额扣除所得税费用后的净额，其计算公式如下

净利润 = 利润总额 - 所得税费用

式中，所得税费用是指企业应计入当期损益的所得税费用。它是企业按照法律的规定，依据应纳税所得额计算并向国家缴纳的税款，是企业利润总额的减项。会计利润的计算方法和税法上应纳税所得额的计算方法不一致，应纳税所得额要在会计利润的基础上按税法规定的口径调整计算。本书假设企业无纳税调整事项，利润总额即为应纳税所得额，所得税费用就等于利润总额乘以所得税税率。

（二）账户设置

1. “本年利润”账户

该账户属于所有者权益类账户，核算企业当期实现的净利润（或发生的净损失）。企业期（月）末结转利润时，应将各损益类账户的金额转入本账户，结转各损益类账户。贷方登记企业期（月）末转入的各损益类收入账户，借方登记企业期（月）末转入的各损益类费用账户。上述结转完成后，余额如在贷方，即为当期实现的净利润；余额如在借方，即为当期发生的净亏损。年度终了，应将本年收入和支出相抵后结出的本年实现的净利润（或发生的净亏损），转入“利润分配——未分配利润”账户贷方（或借方），结转后本账户无余额。

“本年利润”账户结构如表 4 - 3 所示。

2. “投资收益”账户

该账户属于损益类收入账户，核算企业确认的投资收益或投资损失。贷方登记实现的投资收益和期末转入“本年利润”账户的投资净损失，借方登记发生的投资损失和期末转入“本年利润”账户的投资净收益。期末结转后，该账户无余额。该账户可按投资项目设置明细账户，进行明细分类核算。

3. “累计摊销”账户

该账户是无形资产的备抵账户，核算无形资产按期限摊销而产生的累计减少额。贷方登记当期无形资产摊销额，借方登记因减少无形资产而转销的该无形资产累计摊销额。期末余额在贷方，表示企业现有无形资产的累计摊销额。

表4－3　　“本年利润”账户结构

借方　　本年利润	贷方
期末结转损益类账户时，登记转入的费用支出额，包括的支出项目有： ①主营业务成本　②其他业务成本 ③税金及附加　④管理费用 ⑤财务费用　⑥销售费用 ⑦营业外支出　⑧所得税费用	期末结转损益类账户时，登记转入的收益收入额，包括的收入项目有： ①主营业务收入　②其他业务收入 ③投资收益　④资产处置损益 ⑤其他收益　⑥营业外收入
年内期末余额：累计亏损	年内期末余额：累计净利润
年末结转时，登记转到“利润分配——未分配利润”账户贷方的本年净利润	年末结转时，登记转到“利润分配——未分配利润”账户借方的本年净亏损

4. “其他应收款”账户

该账户属于资产类账户，是指企业除应收票据、应收账款、预付账款、应收股利等以外的各种应收及暂付款项，包括各种应收赔款、罚款、备用金、应收包装物租金、应向职工收取的各种垫付款项以及其他各种应收暂付款项。借方登记各种其他应收款项的增加额，贷方登记减少额。期末余额在借方，表示企业现有其他应收款项。该账户应按其他应收款的项目以及债务人设置明细账户，进行明细分类核算。

5. “其他应付款”账户

该账户属于负债类账户，是指除短期借款、应付票据、应付账款、应付职工薪酬、应交税费、应付利润以外的各种偿付期在 1 年以内的款项，如出租、出借包装物收取的押金等。贷方登记其他应付款的增加额，借方登记其他应付款的减少额。期末余额在贷方，表示企业现有其他应付款项。该账户应按其他应付款的项目以及债权人设置明细账户，进行明细分类核算。

6. “固定资产清理”账户

该账户属于资产类账户，核算企业因出售、报废、毁损等原因转出的固定资产价值以及在清理过程中发生的费用等。借方登记转入清理的固定资产的净值和发生的清理费用，贷方登记转入清理的资产变价收入和应由保险公司过失人承担的损失等。期末余额在借方，表示企业尚未清理完毕的固定资产清理净损失，如果清理完毕，结转后期末无余额。该账户应按被清理的固定资产项目设置明细账户，进行明细分类核算。

7. “资产处置损益”账户

“资产处置损益”是新增加的会计科目，主要用来核算固定资产、无形资产、在建工程等因出售、转让等原因，产生的处置利得或损失。

在进行会计处理时，应在资产处置损益科目的借方登记处置非流动资产产生的净损失，贷方登记处置非流动资产产生的净收益。年末，科目的期末余额转入“本年利润”账户。这里需要特别指出的是，只有正常处置非流动资产产生的利得或损失才记入此账户，而当企业的非流动资产不再具有价值时，如在固定资产报废、无形资产注销、意外灾害等使企业的资产不再具有使用价值的情况下，产生的净损益记入“营业外收入”或“营业外支出”账户。

8. “营业外收入”账户

该账户属于损益类收入账户，核算企业非日常活动产生的各项收入，包括非货币性资产交换利得、债务重组利得、政府补助、盘盈利得和捐赠利得等。贷方登记取得的各项营业外收入，借方登记期末转入“本年利润”账户的本期全部营业外收入。结转后期末无余额。该账户应按收入项目设置明细账户，进行明细分类核算。

9. “营业外支出”账户

该账户属于损益类费用账户，核算企业非日常活动产生的各项支出，包括非货币性资产交换损失、债务重组损失、公益性捐赠支出、非常损失和盘亏损失等。借方登记发生的各项营业外支出，贷方登记期末转入“本年利润”账户的本期全部营业外支出。结转后期末无余额。该账户应按支出项目设置明细账户，进行明细分类核算。

10. “所得税费用”账户

该账户属于损益类费用账户，核算企业确认的应从当期利润总额中扣除的所得税费用。借方登记当期发生的所得税费用，贷方登记期末转入“本年利润”账户的本期所得税费用。结转后无余额。

（三）账务处理

【例 4 – 54】2019 年 12 月 1 日，天龙公司采购员张浩出差借款 4000 元，人事处李宇出差借款 5000 元，以现金支票支付。

解析：此笔业务的发生，一方面以现金支票支付，使企业存款减少，应记入“银行存款”账户的贷方；另一方面借支差旅费，按照权责发生制，非本期费用，而是企业的一项应收暂付款项，应记入“其他应收款”账户的借方。编制会计分录如下。

借：其他应收款——张浩　　4000
　　　　　　——李宇　　5000
　贷：银行存款　　9000

【例 4 – 55】2019 年 12 月 5 日，天龙公司收到出租包装物押金 2000 元，存入银行。

解析：此笔业务的发生，一方面收到押金存入银行，应记入“银行存款”账户的借方；另一方面由于是押金，形成了企业一项负债，应记入“其他应付款”账户的贷方。编制会计分录如下。

借：银行存款　　　　　　　　　　　　　　　　　2000

　贷：其他应付款　　　　　　　　　　　　　　　　2000

【例4－56】2019年12月15日，天龙公司有一台设备由于性能等原因决定提前报废，原价为600000元，已计提折旧500000元，未计提减值准备。报废时的残值变价收入为25000元，报废清理过程中发生清理费用3000元。有关收入、支出均通过银行办理结算。

解析：此笔业务属于固定资产处置（报废）业务，需要通过"固定资产清理"账户将处置过程中涉及的各项变化予以反映。

①报废固定资产转入清理时，一方面固定资产原值应从账面上结转，记入"固定资产"账户的贷方；另一方面固定资产已处置，原计提的折旧也得一并结转，故记入"累计折旧"账户的借方，原值与折旧之差通过"固定资产清理"核算，记入"固定资产清理"账户的借方。编制会计分录如下。

借：固定资产清理　　　　　　　　　　　　　100000

　　累计折旧　　　　　　　　　　　　　　　500000

　贷：固定资产　　　　　　　　　　　　　　　　600000

②收回残料变价收入时，一方面收到变价收入，应记入"银行存款"账户的借方；另一方面固定资产处置均通过"固定资产清理"账户核算，应记入"固定资产清理"账户的贷方。编制会计分录如下。

借：银行存款　　　　　　　　　　　　　　　　25000

　贷：固定资产清理　　　　　　　　　　　　　　25000

③支付清理费用时，一方面支付了清理费，应记入"银行存款"账户的贷方；另一方面固定资产处置均通过"固定资产清理"账户核算，应记入"固定资产清理"账户的借方。编制会计分录如下。

借：固定资产清理　　　　　　　　　　　　　　3000

　贷：银行存款　　　　　　　　　　　　　　　　3000

④结转报废固定资产发生的净损失78000（100000－25000＋3000）元，由于固定资产报废净亏损应通过"营业外支出"进行核算，所以应记入"营业外支出"账户的借方；另一方面已处置完毕，故固定资产清理一并结转，应记入"固定资产清理"账户的贷方。编制会计分录如下。

借：营业外支出——非流动资产处置损失　　　　78000

　贷：固定资产清理　　　　　　　　　　　　　　78000

【例4－57】2019年12月18日，天龙公司转让一台生产用设备，取得价款160万元，该固定资产是天龙公司两年前取得的，设备原价为300万元，累计折旧为150

万元。

解析：此笔业务属于固定资产处置（转让）业务，需要通过“固定资产清理”账户将处置过程中涉及的各项变化予以反映。

①转入清理时，一方面固定资产原值应从账面上结转，记入“固定资产”账户的贷方；另一方面固定资产已处置，原计提的折旧也得一并结转，故记入“累计折旧”账户的借方，原值与折旧之差通过“固定资产清理”核算，记入“固定资产清理”账户的借方。编制会计分录如下。

借：固定资产清理　　1500000

　　累计折旧　　1500000

　贷：固定资产　　3000000

②收到转让价款时，一方面银行存款增加，另一方面固定资产清理减少。编制会计分录如下。

借：银行存款　　1600000

　贷：固定资产清理　　1600000

③结转固定资产处置收益，由于天龙公司是转让使用过的固定资产，所以处置的损益应通过“资产处置损益”进行核算。

借：固定资产清理　　100000

　贷：资产处置损益　　100000

【例 4 –58】 2019 年 12 月 20 日，天龙公司收到江海公司交来的违反合同的罚款 3000 元，存入企业存款账户。

解析：此笔业务的发生，一方面收到罚款存入银行，应记入“银行存款”账户的借方；另一方面获得罚款收入，应记入“营业外收入”账户的贷方。编制会计分录如下。

借：银行存款　　3000

　贷：营业外收入　　3000

【例 4 –59】 2019 年 12 月 18 日，天龙公司人事处李宇出差归来，报销差旅费 4800 元，余额交回财务部门。

解析：承例 4 – 54，此笔业务的发生，一方面报销差旅费和收到多余现金，分别使费用和资产增加，应记入“管理费用”“库存现金”账户的借方；另一方面需结转企业的应收暂付款项，应记入“其他应收款”账户的贷方。编制会计分录如下。

借：管理费用　　4800

　　库存现金　　200

　贷：其他应收款——李宇　　5000

【例 4-60】2019 年 12 月 20 日，天龙公司采购员张浩出差回来，发生差旅费 4300 元，原已借 4000 元，出纳用现金支付余款。

解析：承例 4-54，为简化核算，采购员出差差旅费应通过“管理费用”进行核算，而不必计入采购材料的成本。此笔业务的发生，一方面报销差旅费，使费用增加，应记入“管理费用”账户的借方；另一方面需结转企业的应收暂付款项和支付余款，应分别记入“其他应收款”“库存现金”账户的贷方。编制会计分录如下。

借：管理费用　　4300

　贷：其他应收款——张浩　　4000

　　　库存现金　　300

【例 4-61】2019 年 12 月，天龙公司以银行存款支付金融机构手续费 140 元。

解析：此笔业务的发生，一方面支付金融机构手续费，使企业费用增加，应记入“财务费用”账户的借方；另一方面手续费都是银行通过企业存款户直接划走，使企业资产减少，应记入“银行存款”账户的贷方。编制会计分录如下。

借：财务费用　　140

　贷：银行存款　　140

【例 4-62】2019 年 12 月 31 日，天龙公司从联营单位分得投资利润 200000 元，存入银行。

解析：此笔业务的发生，一方面分得投资利益，使收益增加，应记入“投资收益”账户的贷方；另一方面存入银行，使银行存款增加，记入“银行存款”账户的借方。编制会计分录如下。

借：银行存款　　200000

　贷：投资收益　　200000

【例 4-63】2019 年 12 月 31 日，天龙公司摊销应由本月负担的无形资产摊销 4000 元。

解析：无形资产与固定资产一样都有一定的有效期限，在这个期限内，伴随着无形资产为企业提供经济利润，其价值会发生转移。因此，无形资产的成本，应自取得当月起在预计年限内分期平均摊销。此笔业务的发生，一方面应按无形资产摊销额记入“累计摊销”账户的贷方；另一方面无形资产摊销的价值属于期间费用，应记入“管理费用”账户的借方。编制会计分录如下。

借：管理费用　　4000

　贷：累计摊销　　4000

【例 4-64】2019 年 12 月 31 日，天龙公司结转本期收益。经核算本月企业各损益类收入账户的贷方余额分别为：主营业务收入 158000 元，其他业务收入 30000 元，营业外收入 3000 元，投资收益 200000 元，资产处置损益 100000 元。

解析：此笔业务是于期末，对企业本期收入的结转，以计算本期财务成果。收入使本年利润增加，应将损益类收入账户的贷方余额从这些账户的借方结转到“本年利润”账户的贷方。编制会计分录如下。

借：主营业务收入　　158000
　　其他业务收入　　30000
　　投资收益　　200000
　　资产处置损益　　100000
　　营业外收入　　3000
　贷：本年利润　　491000

【例 4－65】2019 年 12 月 31 日，天龙公司结转本期费用。经核算本月企业各损益类费用账户的借方余额分别为：主营业务成本 103680 元，其他业务成本 10000 元，税金及附加 890.5 元，管理费用 41300 元，销售费用 3000 元，财务费用 140 元，营业外支出 78000 元。

解析：此笔业务是在期末，对企业本期费用的结转，以计算本期财务成果。费用的增加使利润减少，结转时，应将损益类费用账户的借方余额从这些账户的贷方结转到“本年利润”账户的借方。编制会计分录如下。

借：本年利润　　237010.5
　贷：主营业务成本　　103680
　　　其他业务成本　　10000
　　　税金及附加　　890.5
　　　管理费用　　41300
　　　销售费用　　3000
　　　财务费用　　140
　　　营业外支出　　78000

【例 4－66】承例 4－64、例 4－65，将本期收入与费用都结转到“本年利润”账户，“本年账户”贷方发生额 491000 元（本期收入的合计）减去本期借方发生额 237010.5 元（本期费用的合计）后的差额为 253989.5 元，即本期企业所实现的利润总额。2019 年 12 月 31 日，根据本期实现的利润总额（假设无纳税调整事项）的 25% 计算本期应交所得税为 63497.38 元。

解析：此笔业务的发生，一方面按利润总额计算的所得税费用，是对企业利润的扣除，应作为一项费用处理，记入“所得税费用”账户的借方；另一方面已计提尚未缴纳的所得税，使企业负债增加，应记入“应交税费”账户的贷方。编制会计分录如下。

借：所得税费用　　　　　　　　　　63497.38

　贷：应交税费——应交所得税　　　　　　　　63497.38

【例 4 –67】 2019 年 12 月 31 日，结转本期所得税费用 63497.38 元。

解析：此笔业务是在期末，对企业所得税费用的结转，以便计算本期企业净利润。结转时，应从“所得税费用”账户的贷方结转到“本年利润”账户的借方。编制会计分录如下。

借：本年利润　　　　　　　　　　63497.38

　贷：所得税费用　　　　　　　　　　　　63497.38

二、利润分配的核算

（一）利润分配的内容及分配顺序

利润分配是指企业根据国家有关规定和企业章程、投资者协议等，对企业当年可供分配利润指定其特定用途和分配给所有者的行为。

按照我国法律的有关规定，利润分配应按下列顺序进行。

1. 计算可供分配的利润

企业在利润分配前，应根据本年净利润（或亏损）与年初未分配利润（或亏损）、其他转入的金额（如盈余公积弥补的亏损）等项目，计算可供分配的利润，即

可供分配的利润 = 净利润（或亏损）+ 年初未分配利润 – 弥补以前年度亏损 + 其他转入的金额

如果可供分配的利润为负数（累计亏损），则不能进行后续分配；如果可供分配的利润为正数（累计盈利），则可进行后续分配。

2. 提取法定盈余公积

企业应当按照当年净利润（抵减年初累计亏损后）的 10% 的比例提取法定盈余公积。企业提取的法定盈余公积金累计达到其注册资本的 50% 以上时，可不再提取。企业提取的法定盈余公积金主要用于弥补亏损和转增资本，其中，企业用法定盈余公积金转增资本后，法定盈余公积金的余额不得低于转增前公司注册资本的 25%。

3. 提取任意盈余公积

企业提取法定盈余公积后，经股东（大）会决议，还可从净利润中提取任意盈余公积。

4. 向所有者分配利润（或股利）

企业可供分配的利润扣除提取的盈余公积后，形成可供所有者分配的利润，即

可供所有者分配的利润 = 可供分配的利润 - 提取的盈余公积

企业可采用现金股利、股票股利和财产股利等形式向所有者分配利润（或股利）。可供所有者分配的利润扣除向所有者分配利润的余额形成企业的未分配利润，是企业留待以后年度进行分配的利润或等待分配的利润。

（二）账户设置

1. “利润分配”账户

该账户属于所有者权益类账户，核算企业利润分配（或亏损弥补）的历年分配（或弥补）后的积存余额。贷方登记年末从“本年利润”账户借方转来的当年实现的净利润总额，借方登记利润分配数额或年末从“本年利润”账户贷方转来的当年亏损总额。年末若为贷方余额，表示历年积存的未分配利润；若为借方余额，表示历年积存的未弥补亏损。该账户应按利润分配的内容设置“提取法定盈余公积”“提取任意盈余公积”“应付股利”“未分配利润”等明细分类账户进行明细核算。年末，应将“利润分配”账户下的其他明细账户的余额转入“未分配利润”明细账户，结转后，除“未分配利润”明细账户可能有余额外，其他各个明细账户均无余额。“未分配利润”明细账户的贷方余额为历年累积的未分配利润（可供以后年度分配的利润），借方余额为历年累积的未弥补亏损（留待以后年度弥补的亏损）。

“利润分配——提取法定盈余公积”账户结构如表4-4所示。

表4-4　“利润分配——提取法定盈余公积”账户结构

借方　　利润分配——提取法定盈余公积	贷方
提取法定盈余公积时，登记提取数	期末结转利润分配额时，登记转出到“利润分配——未分配利润”明细账户的数额

“利润分配——提取任意盈余公积”账户结构如表4-5所示。

表4-5　“利润分配——提取任意盈余公积”账户结构

借方　　利润分配——提取任意盈余公积	贷方
提取任意盈余公积时，登记提取数	期末结转利润分配额时，登记转出到“利润分配——未分配利润”明细账户的数额

“利润分配——应付股利”账户结构如表4-6所示。

表4-6　“利润分配——应付股利”账户结构

借方　　利润分配——应付股利	贷方
向所有者分配利润时，登记分配数	期末结转利润分配额时，登记转出到“利润分配——未分配利润”明细账户的数额

"利润分配——未分配利润"账户结构如表4－7所示。

表4－7　"利润分配——未分配利润"账户结构

借方　　利润分配——未分配利润	贷方
①结转本年利润时，登记从"本年利润"账户转入的净亏损数 ②期末结转各利润分配额时，登记利润分配其他明细账户的转出数	结转本年利润时，登记从"本年利润"账户转入的净利润数
期末余额：累计亏损额	期末余额：历年来累计未分配利润数

2. "盈余公积"账户

该账户属于所有者权益类账户，核算企业从净利润中提取的盈余公积。贷方登记提取的盈余公积，即盈余公积的增加额；借方登记实际使用的盈余公积，即盈余公积的减少额。期末余额在贷方，表示企业结余的盈余公积。该账户应当分别设置"法定盈余公积""任意盈余公积"进行明细核算。

3. "应付股利"账户

该账户属于负债类账户，核算企业应分配的现金股利或利润。贷方登记应付给所有者股利或利润的增加额；借方登记实际支付给所有者的股利或利润，即应付股利的减少额。期末余额在贷方，表示企业应付未付的现金股利或利润。该账户可按所有者进行明细核算。

（三）账务处理

1. 净利润转入利润分配

会计期末，企业应当将当年实现的净利润转入"利润分配——未分配利润"账户，借记"本年利润"账户，贷记"利润分配——未分配利润"账户；若为净亏损，则做相反的会计分录。结转前，如果"利润分配——未分配利润"明细账户的余额在借方，上述结转当年所实现净利润的分录同时反映了当年实现的净利润自动弥补以前年度亏损的情况，所以，在用当年实现的净利润弥补以前年度亏损时，无需另行编制会计分录。

【例4－68】2019年12月31日，天龙公司将本年实现的净利润190492.13元（假设本月净利润即为本年净利润）转入"利润分配"账户。

解析：此笔业务是对企业本年实现的净利润的结转，应将企业本年净利润额从"本年利润"账户的借方，结转到"利润分配——未分配利润"账户的贷方，以便与后述结转的已分配利润进行比较，最终计算企业本年度未分配利润。编制会计分录如下。

借：本年利润　　　　　　　　　　　　　190492.13

　贷：利润分配——未分配利润　　　　　　　　　190492.13

2. 提取盈余公积

企业提取法定盈余公积，应借记“利润分配——提取法定盈余公积”账户，贷记“盈余公积——法定盈余公积”账户；提取任意盈余公积，应借记“利润分配——提取任意盈余公积”账户，贷记“盈余公积——任意盈余公积”账户。

【例4－69】2019年12月31日，天龙公司按本年净利润的10%、5%的比例分别提取法定盈余公积和任意盈余公积。

解析：本年净利润为190492.13元，应提取的法定盈余公积金为19049.21元，应提取任意盈余公积金为9524.61元。此笔业务的发生，一方面对企业的净利润进行分配，应记入“利润分配”账户的借方；另一方面提取的盈余公积，留存企业，使所有者权益增加，应记入“盈余公积”账户的贷方。编制会计分录如下。

借：利润分配——提取法定盈余公积　　　　19049.21

　　　　　　——提取任意盈余公积　　　　 9524.61

　贷：盈余公积——法定盈余公积　　　　　　　　19049.21

　　　　　　——任意盈余公积　　　　　　　　 9524.61

3. 向所有者分配利润或股利

企业根据股东（大）会或类似机构审议批准的利润分配方案，按应支付的现金股利或利润，借记“利润分配——应付股利”账户，贷记“应付股利”账户。

【例4－70】2019年12月31日，天龙公司根据股东会决议，按本年实现的净利润的30%向所有者分配利润57147.64元。

解析：此笔业务的发生，一方面对企业的净利润进行分配，应记入“利润分配——应付股利”账户的借方；另一方面应分配但尚未支付给所有者的利润，使企业负债增加，应记入“应付股利”账户的贷方。编制会计分录如下。

借：利润分配——应付股利　　　　　　　57147.64

　贷：应付股利　　　　　　　　　　　　　　　57147.64

4. 企业未分配利润的形成

年度终了，企业应将“利润分配”账户所属其他明细账户的余额转入“未分配利润”明细账户，即借记“利润分配——未分配利润”账户；贷记“利润分配——提取法定盈余公积”“利润分配——提取任意盈余公积”“利润分配——应付股利”账户。结转后，“利润分配”账户中除“未分配利润”明细账户外，所属其他明细账户无余额。“未分配利润”明细账户的贷方余额表示累积未分配的利润，若是借方余额则表示累积未弥补的亏损。

【例4-71】 2019年12月31日，天龙公司结转全年已分配利润85721.46元。

解析：此笔业务是对企业本年已分配的利润的结转，应将“利润分配”账户中除“未分配利润”明细账户外的其他明细账户的期末余额，全部结转到“未分配利润”明细账户上。经过结转后，“利润分配”账户中只有“未分配利润”明细账户有期末余额，其余明细账户均无余额。且“未分配利润”明细账户的余额反映企业本年度未分配的利润。换句话理解，也就是说“利润分配——提取法定盈余公积”“利润分配——提取任意盈余公积”“利润分配——应付股利”账户都是在“未分配利润”的基础上，指明了用途的利润分配，对于“利润分配——未分配利润”来说是减项。编制会计分录如下。

借：利润分配——未分配利润　　　　85721.46
　贷：利润分配——提取法定盈余公积　　　　19049.21
　　　　　　——提取任意盈余公积　　　　9524.61
　　　　　　——应付股利　　　　57147.64

天龙公司通过将本年已实现未分配的净利润和已分配的净利润都结转到“利润分配——未分配利润”账户，“利润分配——未分配利润”账户的贷方发生额与借方发生额相抵后的差额104770.67元，即为企业年度未分配利润。

本章小结

➢ 本章主要介绍了制造业企业生产经营的过程，通过生产经营过程中发生的主要交易或者事项进一步熟悉账户的设置方法和借贷记账法的运用。制造业企业主要的交易或者事项有：资金筹集业务、生产准备业务（固定资产的购建与材料采购业务）、产品生产业务、产品销售业务到企业财务成果的形成与分配业务。

➢ 企业资金筹集业务的核算，主要由所有者投入的资本核算和向银行等金融机构借入的资金核算两部分构成。前者形成所有者权益，后者形成企业负债。企业设置的主要账户有“实收资本”“短期借款”“长期借款”“财务费用”“应付利息”等账户，重点是掌握这些账户的结构特点。

➢ 生产准备是生产经营活动正常进行的前提和基础。企业在生产准备阶段的会计核算主要包括购置固定资产的核算、材料采购的核算以及材料采购成本的确定。设置的主要账户有“固定资产”“应交税费”“材料采购”“在途物资”“原材料”“应付票据”“应付账款”“预付账款”等账户，重点是掌握材料采购成本的计算原理及账务处理。

➢ 产品生产过程是制造业企业经营活动的中心环节。在产品生产过程中发生的费用，叫作生产费用。生产费用包括直接材料、直接人工和制造费用。对象化的生产费用即产品成本。企业应划清生产费用与期间费用的界限，准确、及时、全面、系统地核算企业在产品生产经营过程中发生的生产费用，正确地计算产品的生产成本。设置的主要账户有“生产成本”“制造费用”“库存商品”等账户，重点是掌握“生产成本”“制造费用”账户的设置与运用以及生产成本的计算原理。

➢ 销售过程是企业产品价值和生产目的得以实现的重要过程。企业在商品销售过程中发生的会计核算主要有：取得营业收入，支付发生的销售费用，结转已销商品的生产成本，依法计算并缴纳税金及附加等。设置的主要账户有“主营业务收入”“主营业务成本”“其他业务收入”“其他业务成本”“管理费用”“销售费用”等损益类账户。重点是掌握损益类账户的结构特点。

➢ 利润是企业一定时期生产经营活动成果的最终体现，是所有收入与成本、费用配比后的净利润或净亏损。企业利润包括营业利润、利润总额、净利润。主要设置的账户有“本年利润”和“所得税费用”等账户。重点是掌握财务成果的计算。

➢ 企业实现的净利润，应当按规定进行分配。重点掌握“利润分配”下的四个明细账户“利润分配——提取法定盈余公积”“利润分配——提取任意盈余公积”“利润分配——应付股利”和“利润分配——未分配利润”的核算，和“盈余公积”“应付股利”等账户的核算。重点是掌握利润分配业务的账务处理。

同步练习

一、单项选择题

1. 某企业购进材料一批，买价为50000元，运输费用为1200元，入库前整理费用为800元，增值税进项税额为6500元。该批材料采购成本是(　　)元。

A. 52000　　B. 58500　　C. 51200　　D. 50800

2. 甲企业购进材料100吨，货款共计1000000元，途中发生定额内损耗1000元，并以银行存款支付该材料的运杂费1000元、保险费5000元，增值税进项税额为130000元。该材料的采购成本为(　　)元。

A. 1000000　　B. 1007000　　C. 1006000　　D. 1136000

3. 下列采购费用中增加采购成本的是(　　)。

A. 采购材料的运杂费　　B. 运输途中的合理损耗

C. 采购人员的差旅费　　D. 专设采购机构的经费

4. 下列各项目中，应记入“制造费用”账户的是(　　)。

A. 生产产品耗用的材料　　B. 车间机器设备的折旧费

C. 产品生产工人的工资　　D. 行政管理人员的工资

5. “生产成本”账户的期末借方余额表示(　　)。

A. 完工产品成本　　B. 半成品成本

C. 本月生产成本合计　　D. 期末在产品成本

6. 下列不属于产品生产成本的是(　　)。

A. 直接材料　　B. 管理费用　　C. 直接人工　　D. 制造费用

7. 甲产品月初在产品成本为20000元，本月发生材料费用30000元、生产工人工资8000元，月末在产品成本为12000元，完工的200件甲产品的总成本为(　　)元。

A. 50000　　B. 46000　　C. 38000　　D. 20000

8. 某企业本月支付厂部管理人员工资15000元，支付厂部下半年（含本月）修理费1200元、生产车间保险费3000元、生产车间日常维修费2000元。该企业本月管理费用发生额为(　　)元。

A. 15000　　B. 16200　　C. 17200　　D. 18200

9. 年末结转后，“利润分配”账户的贷方余额表示(　　)。

A. 利润实现额　　B. 利润分配额　　C. 未分配利润　　D. 未弥补亏损

10. 下列属于制造业企业其他业务收入的是(　　)。

A. 捐赠收入　　　　　　　　　　　　B. 投资收益

C. 清理固定资产净收益　　　　　　　D. 销售材料收入

11. (　　)是企业生产经营活动的首要任务，是整个资金运动的起点。

A. 筹集资金　　B. 供应过程　　C. 生产过程　　D. 销售过程

12. 下列属于生产过程中发生的主要业务的是(　　)。

A. 支付材料运杂费　　　　　　　　B. 支付广告费

C. 领用材料　　　　　　　　　　　D. 收到所有者投入设备一台

13. 某企业 2017 年 4 月 1 日从银行借入期限为 6 个月的借款 100000 元，年利率为 7.2%，利息到期一次支付。到期支付本息时，应编制的会计分录为(　　)。

A. 借：短期借款　　100000
　　贷：银行存款　　100000

B. 借：应付利息　　3600
　　贷：银行存款　　3600

C. 借：短期借款　　100000
　　　　财务费用　　3600
　　贷：银行存款　　103600

D. 借：短期借款　　100000
　　　　应付利息　　3600
　　贷：银行存款　　103600

14. 企业“应付账款”账户的借方余额反映的是(　　)。

A. 应付未付供货单位的款项　　　　B. 预收购货单位的款项

C. 预付供货单位的货款　　　　　　D. 应收购货单位的货款

15. 下列各项不通过“制造费用”账户核算的是(　　)。

A. 生产用设备的日常修理费用　　　B. 车间的折旧费

C. 车间的办公费　　　　　　　　　D. 车间的机物料消耗

16. (　　)属于制造业企业生产经营活动的核心，在这一过程中，企业通过各种生产要素的结合，制造出各种产品。

A. 生产业务　　B. 销售业务　　C. 采购业务　　D. 资金筹集业务

17. 某企业 2019 年 12 月 1 日销售产品一批，售价为 50000 元，增值税税额为 6500 元；销售过程中发生运费 500 元，增值税税额为 45 元。则该企业应确认的收入为(　　)元。

A. 50500　　B. 49500　　C. 50000　　D. 56500

18. 下列各项不应记入企业“销售费用”账户的是(　　)。

A. 销售部门人员工资　　　　　　　B. 销售部门设备折旧费

C. 销售产品广告费　　D. 销售产品代垫运杂费

19. “预收账款”账户的贷方用来核算(　　)。

A. 企业根据合同或协议预收的款项

B. 发货后与购货单位结算的款项

C. 应收未收款项

D. 已预收但尚未用产品或劳务偿付的款项

20. 某企业 2019 年 12 月 1 日销售产品一批，售价为 50000 元，增值税税额为 6500 元，款项未收到；销售过程中代垫运输费 500 元，增值税税额为 45 元。则该企业应确认的应收账款为(　　)元。

A. 50500　　B. 57045　　C. 59000　　D. 58500

21. 某股份有限公司的注册资本为 6000 万元，2007 年年末的净资产为 8000 万元，法定盈余公积余额为 3000 万元，2008 年年初，经股东大会决议通过，拟将部分法定盈余公积转增资本，根据《中华人民共和国公司法》的规定，本次转增股本最多不得超过(　　)万元。

A. 1500　　B. 1200　　C. 2000　　D. 3000

22. 下列各项不会引起利润总额增减变化的是(　　)。

A. 销售费用　　B. 管理费用　　C. 所得税费用　　D. 营业外支出

23. 下列各项与营业利润的计算有关的是(　　)。

A. 资产减值损失　　B. 营业外收入　　C. 所得税费用　　D. 营业外支出

24. 下列各项属于期间费用的是(　　)。

A. 财务费用　　B. 生产成本　　C. 主营业务成本　　D. 制造费用

25. 下列各项应计入营业成本的是(　　)。

A. 罚款支出　　B. 固定资产处置损失

C. 出租的无形资产计提的摊销　　D. 应收账款坏账损失

二、多项选择题

1. 下列计入材料采购成本的有(　　)。

A. 采购人员的差旅费　　B. 材料买价

C. 运输途中的合理损耗　　D. 市内采购材料的运杂费

2. 下列费用中，属于生产过程中发生的费用有(　　)。

A. 车间机器设备折旧费　　B. 材料采购费用

C. 生产工人工资　　D. 生产产品耗用的材料

3. 计提固定资产折旧时，与“累计折旧”账户对应的账户为(　　)。

A. 生产成本　　B. 制造费用　　C. 管理费用　　D. 银行存款

4. 根据权责发生制原则，下列各项属于本年度收入的有(　　)。

A. 本年度销售产品一批，货款下年年初结算

B. 收到上年度所销产品的货款

C. 上年度已预收货款，本年度发出产品

D. 本年度出租厂房，租金已于上年预收

E. 本年度销售产品一批，货款收到存入银行

5. 下列项目应记入“利润分配”账户借方的是(　　)。

A. 提取的法定盈余公积　　B. 所得税费用

C. 年末转入的亏损额　　D. 分配给所有者的利润

E. 提取的任意盈余公积

6. 某工业企业采购甲、乙两种材料，下列采购支出属于直接费用的有(　　)。

A. 两种材料的运费　　B. 两种材料的装卸费

C. 甲材料的买价　　D. 乙材料的买价

E. 能够直接计入甲材料的入库挑选费

7. 工业企业的供、产、销三个阶段，应计算的成本有(　　)。

A. 工资费用成本　　B. 材料采购成本　　C. 产品生产成本

D. 产品销售成本　　E. 固定成本

8. 影响短期借款利息计算的因素有(　　)。

A. 借款用途　　B. 利率　　C. 期限

D. 本金　　E. 偿债能力

9. 下列属于税金及附加的有(　　)。

A. 增值税　　B. 消费税　　C. 营业税

D. 城市维护建设税　　E. 教育费附加

10. 企业本年实现净利润 67000 元，年末提取盈余公积 6700 元，分配所有者利润 20000 元，则在年末利润分配时应做的会计分录包括(　　)。

A. 借记“本年利润”67000 元，贷记“利润分配”67000 元

B. 借记“利润分配”6700 元，贷记“盈余公积”6700 元

C. 借记“利润分配”67000 元，贷记“本年利润”67000 元

D. 借记“利润分配”20000 元，贷记“应付股利”20000 元

E. 借记“利润分配”67000 元，贷记“盈余公积”67000 元

11. 乙公司为增值税一般纳税人。2019 年 5 月 4 日乙公司购入原材料，价款为 10000 元，增值税税率为 13%，货物尚未到达，货款已用银行存款支付。乙公司采用实际成本进行原材料的日常核算，下列会计处理中错误的是(　　)。

A. 借：原材料　　10000

　　应交税费——应交增值税（进项税额）　　1300
　贷：银行存款　　11300
B. 借：在途物资　　11300
　贷：银行存款　　11300
C. 借：在途物资　　10000
　　应交税费——应交增值税（进项税额）　　1300
　贷：银行存款　　11300
D. 借：原材料　　11300
　贷：在途物资　　11300
E. 借：原材料　　11300
　贷：银行存款　　11300

12. 材料验收入库，应(　　)。
A. 借记“原材料”　　B. 借记“在途物资”
C. 贷记“原材料”　　D. 贷记“在途物资”
E. 借记“库存商品”

13. 结转制造费用，应(　　)。
A. 借记“库存商品”　　B. 借记“生产成本”
C. 贷记“制造费用”　　D. 贷记“生产成本”
E. 借记“主营业务成本”

14. 下列属于销售费用的是(　　)。
A. 产品包装费　　B. 销售产品运杂费
C. 购买材料运杂费　　D. 广告费
E. 产品展览费

15. 结转已经销售的产品成本，应使用的会计科目包括(　　)。
A. 库存商品　　B. 制造费用
C. 生产成本　　D. 主营业务成本
E. 其他业务成本

16. 利润减去所得税费用之后的余额，被称为(　　)。
A. 利润总额　　B. 税后利润
C. 净利润　　D. 税前利润
E. 息税前利润

17. 下列属于制造费用的有(　　)。
A. 生产车间工人的工资　　B. 生产车间管理人员的工资
C. 车间固定资产折旧费　　D. 车间一般耗材

E. 车间固定资产的日常修理费

18. 某公司注册资本为 100 万元，现收到所有者甲投入现金 20 万元，占公司注册资本的 10%。该项业务可能涉及的相关账务处理有(　　)。

A. 借记“银行存款”科目　　B. 贷记“实收资本”科目

C. 贷记“资本公积”科目　　D. 借记“其他货币资金”科目

E. 贷记“营业外收入”科目

19. 外购固定资产的成本包括(　　)。

A. 买价　　B. 进口关税　　C. 运杂费

D. 安装费　　E. 专业人员服务费

20. 下列关于“投资收益”账户说法正确的是(　　)。

A. 用来核算企业对外投资取得的收益

B. 用来核算企业对外投资发生的损失

C. 贷方登记取得的投资收益

D. 借方登记发生的投资损失

E. 期末结转后，该账户应无余额

三、判断题

1. 不单独设置“预收账款”账户的企业，预收的货款通过“应收账款”账户的贷方核算。(　　)

2. “累计折旧”账户虽然属于资产类，但结构与负债类账户相同。(　　)

3. 增值税一般纳税人购入材料时取得增值税专用发票，支付的增值税不能计入材料采购成本。(　　)

4. 制造费用可以按工人工资比例或生产工时比例进行分配。(　　)

5. 企业要按照应付工资总额 14% 的比例计提职工福利费。(　　)

6. 本月完工产品成本 = 月初在产品成本 + 本月生产费用发生额 – 月末在产品成本。(　　)

7. 生产产品发生的各项费用最终都要归集到“生产成本”账户借方。(　　)

8. 所有者的投资超过其占注册资本的份额时，应记入“资本公积”账户。(　　)

9. 销售过程发生的主要业务有：销售商品收回货款、结转销售商品成本、计算利润等。(　　)

10. 管理费用是企业为组织和管理企业生产经营活动而发生的各项费用。(　　)

11. 企业计算所得税费用时应以净利润为基础，根据适用税率计算确定。(　　)

12. 对于因折旧而减少的固定资产的价值，应直接记入“固定资产”账户的贷方。(　　)

13. 所有的采购费用都需采用合理的分配标准，分配计入各种材料的采购成本。
（　　）

14. 固定资产的价值包括企业为使某项固定资产达到预定可使用状态前所发生的一切合理、必要的支出。（　　）

15. 货款已付但尚未验收入库的商品、物资的实际成本一律记入“材料采购”账户。（　　）

16. 实收资本代表一个企业的实力，是创办企业的“本钱”，反映企业所有者投入企业的资金。（　　）

17. 企业因长期借款发生的利息都应记入“财务费用”账户。（　　）

18. “短期借款”账户的借方登记企业借入的各种短期借款；贷方登记企业归还的短期借款。（　　）

19. 营业外支出是指与主营业务相关的支出。（　　）

20. 向所有者分配利润不影响所有者权益总额。（　　）

四、实务操作题

1. 实训一

实训项目名称	制造业企业采购成本的核算
实训目的	练习制造业企业采购成本的计算和采购业务的会计核算
实训背景资料	某厂2019年7月发生以下有关材料采购的业务（按实际成本计算）。 1. 采购员××预支差旅费500元，以现金支付。 2. 购买甲材料6000千克，单价为8元/千克，增值税税率为13%，价税款未付。 3. 购买乙材料7200千克，单价为10元/千克，增值税税率为13%，价税款通过银行存款支付。 4. 购买丙材料2800千克，含税单价为9.04元/千克，丁材料10000千克，含税单价为5.65元/千克，款项通过开出商业汇票支付。 5. 供货单位代垫乙、丙、丁材料的外地运费共3300元（不考虑增值税）。 6. 用银行存款100000元预付A材料款。 7. A材料验收入库，价税款合计113000元，增值税税率为13%，用银行存款补付尾款。 8. 甲、乙、丙材料验收入库，结转入库材料成本
实训要求	（1）根据背景资料第5笔业务，列出采购费用按材料重量比例分配的计算式，并分别计算乙、丙、丁三种材料应分配的运费。 （2）根据上列业务，编制会计分录。 （3）根据编制的会计分录，完成“T”型账户的过账

续 表

实训时间	
实训地点	
实训步骤与过程	

2. 实训二

<table>
<tr><td>实训项目名称</td><td>生产过程的会计核算和生产成本的计算</td></tr>
<tr><td>实训目的</td><td>练习制造业企业生产过程会计核算和生产成本的计算</td></tr>
<tr><td>实训背景资料</td><td>光明厂 2019 年 12 月发生以下生产业务（假设期初无在产品）。
1. 将 58000 元转入职工工资存折。
2. 用银行存款 48000 元预付明后两年的车间用房租，并相应分摊本月应负担的 2000 元。
3. 生产Ⅰ号产品耗用材料 120000 元，Ⅱ号产品耗用材料 180000 元，车间一般耗用材料 4200 元，厂部耗用材料 1500 元。
4. 用现金支票购买厂部办公用品 7500 元。
5. 计提本月固定资产折旧，其中，车间折旧 11000 元，厂部折旧 6500 元。
6. 分配工资费用，其中Ⅰ号产品工人工资为 34000 元，Ⅱ号产品工人工资为 66000 元，车间管理人员工资为 16000 元，厂部管理人员工资为 8000 元。
7. 用银行存款支付车间设备日常维修费 5000 元。
8. 结转制造费用（按工人工资比例分配）。
9. 本月生产的Ⅰ号产品、Ⅱ号产品均为 100 台，全部完工，结转完工产品成本</td></tr>
<tr><td>实训要求</td><td>（1）计算制造费用分配率和Ⅰ号产品、Ⅱ号产品应负担的制造费用。
（2）根据上列产品生产的业务编制会计分录。
（3）用“T”型账户登记“生产成本”“制造费用”总分类账户。
（4）编制产品生产成本计算表，格式见下表
产品生产成本计算表　　　　单位：元
<table>
<tr><td rowspan="2">成本项目</td><td colspan="2">Ⅰ号产品</td><td colspan="2">Ⅱ号产品</td></tr>
<tr><td>总成本（100 件）</td><td>单位成本</td><td>总成本（100 件）</td><td>单位成本</td></tr>
<tr><td>直接材料</td><td></td><td></td><td></td><td></td></tr>
<tr><td>直接人工</td><td></td><td></td><td></td><td></td></tr>
<tr><td>制造费用</td><td></td><td></td><td></td><td></td></tr>
<tr><td>产品生产成本</td><td></td><td></td><td></td><td></td></tr>
</table>
</td></tr>
<tr><td>实训时间</td><td></td></tr>
<tr><td>实训地点</td><td></td></tr>
<tr><td>实训步骤与过程</td><td></td></tr>
</table>

续 表

实训步骤与过程	

3. 实训三

<table>
<tr><td>实训项目名称</td><td>销售过程的会计核算</td></tr>
<tr><td>实训目的</td><td>练习产品销售业务的计算和账务处理</td></tr>
<tr><td>实训背景资料</td><td>光明厂为增值税一般纳税人，适用的增值税税率为13%。2019年1月，该厂发生以下销售业务。
1. 出售甲产品1200件给华清公司，每件售价为120元，共计144000元，增值税税额为18720元，货款已由银行收讫。
2. 以银行存款支付广告费20000元。
3. 出售乙产品2000件给盛大公司，每件售价为130元，共计260000元，增值税税额为33800元，货款尚未收到。
4. 收到红光商场预购乙产品的货款100000元。
5. 接到银行通知，收到天成公司以前所欠的货款150000元。
6. 出售甲产品300件给剑英公司，每件售价为120元，共计36000元，增值税税额为4680元，收到剑英公司开来的面额为40680元、期限为3个月的商业承兑汇票一张。
7. 发给红光商场预购的乙产品2100件，每件售价为130元，共计273000元，增值税税额为35490元，同时收到红光商场补付的货款，款项存入银行。
8. 月末结转本月已售出的甲、乙两种产品的实际成本（见下表）。
月末结转本月已售出甲、乙两种产品的实际成本
<table><tr><th>名称</th><th>销量（件）</th><th>单位生产成本（元）</th><th>总成本（元）</th></tr><tr><td>甲产品</td><td>1500</td><td>80</td><td>120000</td></tr><tr><td>乙产品</td><td>4100</td><td>90</td><td>369000</td></tr><tr><td>合计</td><td></td><td></td><td>48900</td></tr></table>9. 月末，计提本月应交城市维护建设税2500元，应交教育费附加800元</td></tr>
<tr><td>实训要求</td><td>（1）练习光明厂销售过程中主要业务的核算。
（2）编制相关会计分录</td></tr>
<tr><td>实训时间</td><td></td></tr>
<tr><td>实训地点</td><td></td></tr>
<tr><td>实训步骤与过程</td><td></td></tr>
</table>

续 表

实训步骤与过程	

4. 实训四

<table>
<tr><td>实训项目名称</td><td>利润形成和利润分配的会计核算</td></tr>
<tr><td>实训目的</td><td>练习利润形成和利润分配的计算和账务处理</td></tr>
<tr><td>实训资料</td><td>天星公司 2019 年 12 月发生的业务如下所示。
1. 收到国债利息收入 20000 元，存入银行。
2. 收到对方单位违约金 3000 元，存入银行。
3. 向希望工程捐款 400000 元，款项已通过银行付讫。
4. 假定该公司 2019 年 12 月月末损益类账户余额情况如下表所示。
损益类账户余额情况表　　单位：元
<table>
<tr><th>账户名称</th><th>借方余额</th><th>贷方余额</th></tr>
<tr><td>主营业务收入</td><td></td><td>6500000</td></tr>
<tr><td>营业外收入</td><td></td><td>200000</td></tr>
<tr><td>投资收益</td><td></td><td>50000</td></tr>
<tr><td>主营业务成本</td><td>2200000</td><td></td></tr>
<tr><td>税金及附加</td><td>85000</td><td></td></tr>
<tr><td>销售费用</td><td>40000</td><td></td></tr>
<tr><td>管理费用</td><td>350000</td><td></td></tr>
<tr><td>财务费用</td><td>55000</td><td></td></tr>
<tr><td>营业外支出</td><td>600000</td><td></td></tr>
</table>
Ⅰ. 将本期所发生的各项收入转入“本年利润”账户。
Ⅱ. 将本期所发生的各项费用转入“本年利润”账户。
5. 计算该年利润总额。
6. 按本年实现利润的 25% 计算应交所得税（假设无纳税调整事项）。
7. 将本年发生的所得税费用结转到“本年利润”账户。
8. 将本期实现的净利润转入“利润分配——未分配利润”账户。
9. 按企业本期实现净利润的 10% 提取法定盈余公积。
10. 将“利润分配”账户下“提取法定盈余公积”明细账户的余额转入“利润分配——未分配利润”账户</td></tr>
<tr><td>实训要求</td><td>（1）练习企业利润形成及分配业务中主要业务的核算。
（2）编制相关会计分录</td></tr>
<tr><td>实训时间</td><td></td></tr>
<tr><td>实训地点</td><td></td></tr>
<tr><td>实训步骤与过程</td><td></td></tr>
</table>

续 表

实训步骤与过程	

第五章　会计凭证

学习导航

会计凭证用以记载交易或者事项发生和完成情况、明确经济责任，是登记账簿的依据。任何一笔交易或者事项，都必须办理合乎要求的凭证手续。对会计凭证的专业要求是真实性、合法性、有效性，三者缺一而不可。因此，通过本章的学习，应达到以下要求：了解会计凭证的种类，认识会计凭证在会计工作中的重要作用，熟悉会计凭证的基本内容和填制要求，掌握记账凭证的编制方法。

第一节　会计凭证概述

一、会计凭证的概念

会计凭证是记录交易或者事项、明确经济责任、据以登记账簿的一种具有法律效力的书面证明文件。

填制和审核会计凭证，是借助会计凭证办理会计手续，以便及时核算和监督交易或者事项的发生和完成情况，保证会计记录真实、正确、合理、合法所采用的一种专门方法，是会计核算工作的起点和基础，是对交易或者事项进行核算和监督的重要环节。会计管理工作要求会计核算提供真实的会计资料，强调记录的交易或者事项必须有根有据。因此，一切单位在处理任何一项交易或者事项时，都必须填制或取得会计凭证。

二、会计凭证的意义

（一）可以正确、及时地反映各项交易或者事项的执行、完成情况

每发生一项交易或者事项，必须由经办业务的有关人员按照规定的程序和要求，及时地取得或填制会计凭证，通过会计凭证将交易或者事项的执行、完成情况如实地反映出来。

（二）可以加强对交易或者事项的监督、检查

通过会计凭证的审核，可以检查交易或者事项是否符合国家的有关法律、法规和相关制度的要求，是否符合单位的计划和预算规定，有无违法乱纪和铺张浪费等现象，并可以及时发现经济管理中存在的问题和漏洞，以改善经营管理，提高经济效益。

（三）可以加强经济管理的岗位责任制

发生的各项交易或者事项，都要由有关经办人员在凭证上签字或盖章，这样便于划清责任范围，促使有关人员严格按照规章制度办事，加强责任感；一旦出现问题，也便于查明责任，有利于明确经济责任制，强化内部控制。

（四）是登记账簿的重要依据

以会计凭证为依据进一步登记有关账簿，会计凭证为登记账簿提供了真实、合法、正确的记账依据，保证了会计记录的真实正确，防止弄虚作假行为的发生。

三、会计凭证的种类

（一）分类

会计凭证多种多样，为了正确使用各种不同的会计凭证，必须对其按照一定的标准进行分类。会计凭证按填制的程序和用途不同，可分为原始凭证和记账凭证。

1. 原始凭证

（1）概念：原始凭证亦称单据，是在交易或者事项发生或完成时取得或填制的、用以记录或证明交易或者事项的发生或完成情况的文字凭据。

（2）作用：原始凭证是会计资料中最具有法律效力的一种证明文件，是进行会计核算的原始资料和主要依据。

（3）分类：一是按原始凭证的取得来源分类，二是按原始凭证记录交易或者事项的次数和时限分类。

2. 记账凭证

（1）概念：记账凭证亦称记账凭单、分录凭证，是会计人员根据审核无误的原始凭证按照交易或者事项的内容加以归类，并据以确定会计分录后所填制的会计凭证。

（2）作用：记账凭证是登记账簿的直接依据。

（3）分类：记账凭证可以按照反映交易或者事项的内容以及填制及传递方法的不同，进行分类。

（二）原始凭证与记账凭证的区别和联系

原始凭证和记账凭证同属于会计凭证，但二者存在以下差别。

（1）原始凭证是由经办人员填制的；记账凭证一律由会计人员填制。

（2）原始凭证是根据发生或完成的交易或者事项填制；记账凭证是根据审核后的原始凭证填制。

（3）原始凭证仅用以记录、证明交易或者事项的发生或完成情况；记账凭证要依据会计科目对已经发生或完成的交易或者事项进行归类、整理。

（4）原始凭证是编制记账凭证的依据；记账凭证是登记账簿的依据。

第二节　原始凭证

一、原始凭证的基本内容

原始凭证又称单据，是在交易或者事项发生或完成时取得或填制的、用以记录或证明交易或者事项的发生或完成情况、明确有关经济责任的文字凭据。企业的交易或者事项多种多样，反映其具体内容的原始凭证也多种多样。各种原始凭证尽管格式不统一，项目不一样，但都应该具备一些共同的基本内容。这些基本内容也就是每一种原始凭证所具备的要素，包括凭证的名称，填制凭证的日期，填制凭证的单位名称或填制人姓名，经办人员的签名或盖章，接受凭证的单位名称，交易或者事项的内容、数量、单价和金额等内容。

二、原始凭证的种类

（一）按取得的来源分类

1. 外来原始凭证

外来原始凭证是指在交易发生或完成时，从外部单位或个人取得的原始凭证，如供货单位开来的发票、运输单位开来的运费发票、收货单位或个人开具的各种收据、银行送来的各种收款通知等。增值税专用发票在发票中是比较典型的一种，其具体格式如图 5－1 所示。

【会计小贴士】电子发票是信息时代的产物，同普通发票一样，采用税务局统一发放的形式给商家使用，发票采用全国统一编码，采用统一防伪技术，分配给商家，在电子发票上附有电子税务局的签名。

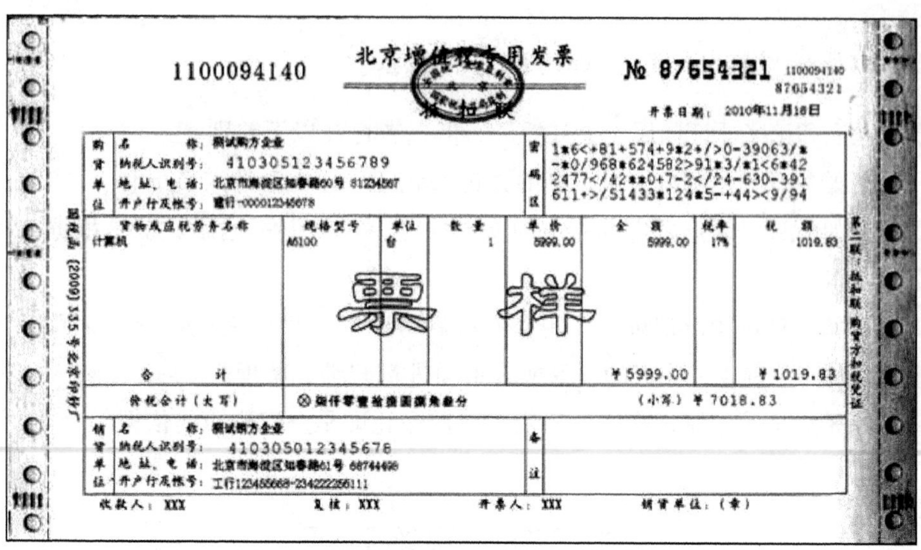

北京增值税专用发票

1100094140　　№ 87654321　1100094140 87654321

抵扣联

开票日期：2010年11月18日

购货单位	名称：测试购方企业 纳税人识别号：410305123456789 地址、电话：北京市海淀区知春路60号 81234567 开户行及帐号：建行-000012345678	密码区	1*6<+81+574+9*2+/>0-39063/* -*0/968*624582>91*3/*1<6*42 2477</42**0+7-2</24-630-391 611+>/51433*124*5-+44><9/94

货物或应税劳务名称	规格型号	单位	数量	单价	金额	税率	税额
计算机	A6100	台	1	5999.00	5999.00	17%	1019.83
合计					¥5999.00		¥1019.83
价税合计（大写）	⊗柒仟零壹拾捌圆捌角叁分				（小写）¥7018.83		

销货单位	名称：测试销方企业 纳税人识别号：410305012345678 地址、电话：北京市海淀区知春路61号 68744498 开户行及帐号：工行123455668-234222256111	备注	

收款人：XXX　复核：XXX　开票人：XXX　销货单位：（章）

票样

国税函〔2009〕335号北京印钞厂

第二联：抵扣联 购货方扣税凭证

图 5－1　北京增值税专用发票

2. 自制原始凭证

自制原始凭证是指由本单位内部经办业务的部门和个人，在执行或完成某项交易或事项时所填制的原始凭证，如企业出差人员填制的差旅费报销单、职工归还欠款时填写的收据、企业销售部门向外单位发出商品时填制的发货单、材料验收入库时由仓库保管员填制的收料单等。差旅费报销单、收款收据、收料单和领料单的具体格式如图5－2、图 5－3、表 5－1、表 5－2 所示。

差旅费报销单

部门＿＿＿＿＿＿＿　年　月　日

出差人									出差事由						
出发				到达				交通工具	交通费		出差补贴		其他费用		
月	日	时	地点	月	日	时	地点		单据张数	金额	天数	金额	项目	单据张数	金额
													住宿费		
													市内车费		
													邮电费		
													办公用品费		
													不买卧铺补贴		
													其　他		
合　计															
报销总额	人民币（大写）								预借旅费		¥		补领金额	¥	
													退还金额	¥	

附件　张

主管　　审核　　出纳　　领款人

图 5－2　差旅费报销单

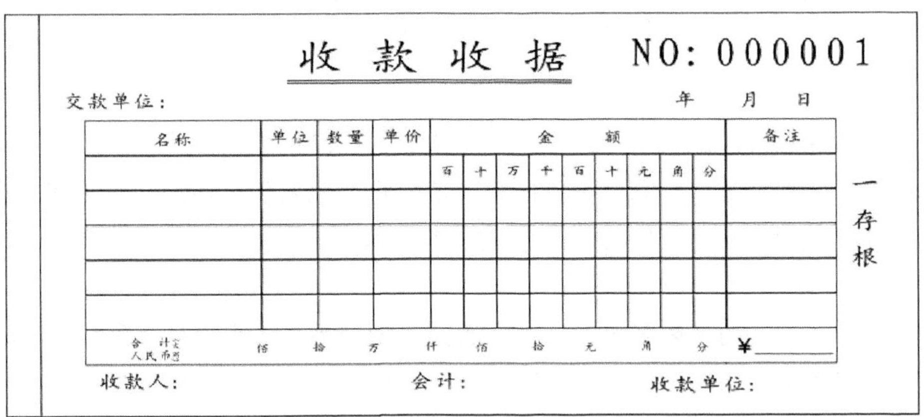

收款收据　NO:000001

交款单位：　　　　年　月　日

名称	单位	数量	单价	金额									备注
				百	十	万	千	百	十	元	角	分	
合计人民币(大写)	佰	拾	万	仟	佰	拾	元	角	分	¥			

一存根

收款人：　　会计：　　收款单位：

图 5－3　收款收据

表 5－1　**收料单**

天龙食品厂收料单　　NO.

类别：原料及主要材料　　库别：1 号库

供货单位：宏达面粉厂　　2019 年 6 月 21 日　　金额单位：元

材料编号	名称	规格及型号	计量单位	数量		实际成本				
				应收	实收	买价		运杂费	其他	合计
						单价	金额			
（略）	面粉		千克	1000	1000	3.00	3000.00			3000
备注										

主管：　　验收：张三　　采购：李四　　制单：王五

表 5－2　**领料单**

天龙食品厂领料单

领用单位：饼干车间

编号：　　2019 年 6 月 25 日　　金额单位：元

材料类别	材料编号	名称及规格	计量单位	数量		单价	金额	领料用途
				请领	实发			

主管：　　审核：　　领料：　　发料：

（二）按填制的手续和内容分类

1. 一次凭证

一次凭证是指凭证的填制手续是一次完成的、用以记录一项或若干项同类性质交易或者事项的原始凭证。外来原始凭证和大部分自制原始凭证都是一次凭证，如收料单、领料单、购货发票、付款收据、费用报销单等。

2. 累计凭证

累计凭证是一定时期内多次记录发生的同类型交易或者事项且多次有效的原始凭证。使用累计凭证，平时随时登记发生的交易或者事项，并计算累计数，期末汇总计算总数后作为记账的依据，因此，能够减少凭证张数和简化填制手续，随时计算累计数，方便同计划数或定额数进行比较，控制支出，防止浪费。限额领料单就是其中最具有代表性的一种累计凭证，其格式如表 5－3 所示。

表 5－3　　限额领料单

领料部门：一车间　　凭证编号：×××

用途：电动机　　200×年 10 月　　发料仓库：×××

材料类别	材料编号	材料名称及规格	计量单位	领用限额	实际领用	单价	金额	备注
××	××	A 种钢材	吨	10	8	500	4000	

供应部门负责人：　　生产计划部门负责人：

日期	数量		领料人签章	发料人签章	扣除代用数量	退料			限额结余
	请领	实发				数量	收料人	发料人	
2	1	1	×××	×××					9
5	2	2	×××	×××		1	×	×	8
20	6	6	×××	×××					2
合计	9	9				1			2

3. 汇总凭证

汇总凭证是指将一定时期内反映相同交易或者事项内容的若干张原始凭证，按照一定标准综合填制的原始凭证，如收料汇总表、发出材料汇总表（见表 5－4）等。

（三）按照格式分类

1. 通用凭证

通用凭证是指有关部门统一印制、在一定范围内使用的具有统一格式和使用方法的原始凭证。

2. 专用凭证

专用凭证是指由单位自行印制、仅在本单位内部使用的原始凭证。

表 5－4

发出材料汇总表

年　月　日

会计科目	领料部门	原材料	领用数量（千克）	单价（元）	燃料	领用数量（千克）	单价（元）	合计金额（元）
基本生产成本	一车间							
	二车间							
	小计							
辅助生产成本	供电车间							
	锅炉车间							
	小计							
制造费用	一车间							
	二车间							
	小计							
合　计								

三、原始凭证的填制

（一）基本要求

1. 记录要真实

原始凭证是用以记录或证明交易或者事项的发生或完成情况的，是编制记账凭证的依据，其内容真实、正确与否，会直接影响下一步的会计核算，直接影响会计信息的真实可靠性。所以填制原始凭证时，不允许以任何手段弄虚作假、伪造或变造原始凭证，要以实际发生交易或者事项为依据，真实、正确地填写。

2. 内容要完整

原始凭证虽千差万别，但有 5 项基本要素是一致的。填制原始凭证时，要逐项认真填写，要内容完整、齐全、不可缺漏。如果项目填写不全、单位公章模糊或有其他不符合规定的，不得作为会计核算的原始书面证明。

3. 填制要及时

会计核算的及时性原则要求企业的会计核算应当及时进行，不得提前或延后。在交易或者事项发生后，要及时地取得或填制原始凭证，据以编制记账凭证、登记账簿，保证会计信息的时效性。

4. 手续要完备

单位自制的原始凭证必须有经办单位领导人或者其他指定人员的签名盖章；对外开出的原始凭证，必须加盖本单位公章等；从外部取得的原始凭证，必须盖有填制单位的公章。从个人处取得的原始凭证，必须有填制人员的签名、盖章等。

5. 文字规范

原始凭证要按规定填写，文字要简要，字迹要清楚，易于辨认，不得使用未经国务院公布的简化汉字。金额数字书写中可以使用繁体字。

6. 大小写金额规范

大小写金额必须相符且填写规范。小写金额用阿拉伯数字逐个书写，不得写连笔字，在金额前要填写人民币符号“￥”，人民币符号“￥”与阿拉伯数字之间不得留有空白。金额数字一律填写到角分，无角分的，写“00”或“—”符号；有角无分的，分位写“0”，不得用符号“－”。大写金额用汉字壹、贰、叁、肆、伍、陆、柒、捌、玖、拾、佰、仟、万、亿、元、角、分、零、整（正）等，一律用正楷或行书书写。大写金额未印有“人民币”字样的，应加写“人民币”三个字，“人民币”字样和大写金额之间不得留有空白。大写金额到元或角为止的，后面要写“整”或“正”字；有分的，不写“整”或“正”字。如小写金额为￥2008.00，大写金额应写成“人民币贰仟零捌元整”。

7. 编号要连续

各种凭证要连续编号，以便查核。如果凭证已预先印定编号，如发票、支票等重要凭证，在写错作废时，加盖“作废”戳记，并妥善保管，不得撕毁。

8. 按规定方法更正

原始凭证填写错误，不得涂改、刮擦、挖补，必须按规定方法更正。原始凭证有错误的，应当由出具单位重开或更正，在更正处应当加盖出具单位印章。原始凭证金额有错误的，应当由出具单位重开，不得在原始凭证上更正。

【会计小贴士】银行票据的填制，包括现金支票、转账支票、银行汇票、银行本票、商业汇票的填制，除了按照原始凭证的具体要求，特别在填制日期上做出了明确的规定。①票据的出票日期必须使用中文大写。在填写月、日时，月为壹、贰和壹拾的，日为壹至玖及壹拾、贰拾和叁拾的，应在其前加“零”；日为拾壹至拾玖的，应在其前面加“壹”。如：2 月 18 日，应写成“零贰月壹拾捌日”；10 月 30 日，应写成“零壹拾月零叁拾日”。②票据出票日期使用小写填写的，银行不予受理。大写日期未按规范填写的，银行可不予受理。

（二） 自制原始凭证的填制要求

1. 一次凭证的填制

一次凭证的填制手续是在交易或事项发生或完成时，由经办人员填制的，一般只反映一项或者同时反映若干同类性质的交易或事项，比如收料单。

2. 累计凭证的填制

累计凭证在一定时期内不断重复地反映同类交易或事项的完成情况，它是由经办人在每次交易或事项完成后在其上面重复填制而成的，比如限额领料单。

3. 汇总凭证的填制

汇总凭证是在会计的实际工作日，为了简化记账凭证的填制工作，将一定时期若干记录同类交易或事项的原始凭证汇总编制成一张汇总凭证，用于集中反映某项交易或事项的完成情况。

（三） 外来原始凭证的填制要求

外来原始凭证是在企业同外单位发生交易时，由外单位的经办人员填制的。会计人员在记录交易时，应注意外来原始凭证的填制内容是否完整有效。外来原始凭证一般由税务部门统一印制，或经税务部门批准由特定单位印制。在填制时应加盖出具凭证单位的公章。

四、原始凭证的审核

《中华人民共和国会计法》第十四条规定：会计机构、会计人员必须按照国家统一的会计制度的规定对原始凭证进行审核，对不真实、不合法的原始凭证有权不予接受，并向单位负责人报告；对记载不准确、不完整的原始凭证予以退回，并要求按照国家统一的会计制度的规定更正、补充。这条规定为会计人员审核原始凭证提供了法律上的依据。

为了如实反映交易或者事项的发生或完成情况，充分发挥会计的监督职能，保证会计信息的真实、合法、完整和准确，会计人员必须对原始凭证进行严格审核。审核的内容主要包括以下 6 个方面。

（一） 合法性的审核

审核原始凭证所反映的交易或者事项是否符合国家有关政策、法令、制度和单位编制的计划、预算、合同等，是否按成本开支范围办事，是否贯彻专款专用原则 ，有无贪污盗窃、虚报冒领、伪造凭证等违纪行为。

（二）真实性的审核

审核原始凭证所记载的交易或者事项是否与实际业务情况相符合，包括与交易或者事项有关的当事单位和当事人是否真实，交易或者事项发生的时间、地点和填制凭证的日期是否准确，交易或者事项的内容及数量方面（包括实物数量、计量单位、单价、金额）是否与实际情况相符合。

（三）合理性的审核

审核原始凭证所记载的交易或者事项是否满足企业生产经营活动的需要，是否符合有关的计划和预算等。

（四）正确性的审核

审核原始凭证各项数量、单价、金额的计算及填写是否正确，大小写金额是否相符等。对于剪裁发票要认真核对剪裁金额是否与大小写金额一致。

（五）完整性的审核

审核原始凭证各项基本要素是否齐全，凭证联次是否正确，编号是否连续，有关人员及单位是否签名、盖章，附件是否齐全等。如招待费是否有分管领导批准，培训费、固定资产购置及大额支出是否有申请批示。

（六）及时性的审核

审核原始凭证是否在交易或者事项发生或完成时及时填制，并及时进行凭证的传递。审核时应注意审查凭证的填制日期，尤其对支票、银行汇票、银行本票等时效性较强的原始凭证，更应仔细验证其签发日期。

原始凭证经审核无误后才能作为填制记账凭证和登记明细分类账户的依据。对于真实、合法、合理但内容不够完整、填写有错误的原始凭证，应退给有关经办人员，由其负责将有关凭证补充完整、更正错误或重开后，再办理正式会计手续。对于不真实、不合法的原始凭证，会计机构、会计人员有权不予接受，并向单位责任人报告。对于记载不准确、不完整的原始凭证予以退回，并按照国家统一的会计制度的规定进行更正、补充。

记账凭证应当根据审核的原始凭证及有关资料编制。

编制记账凭证中的转账凭证详细流程如图 5－4 所示。

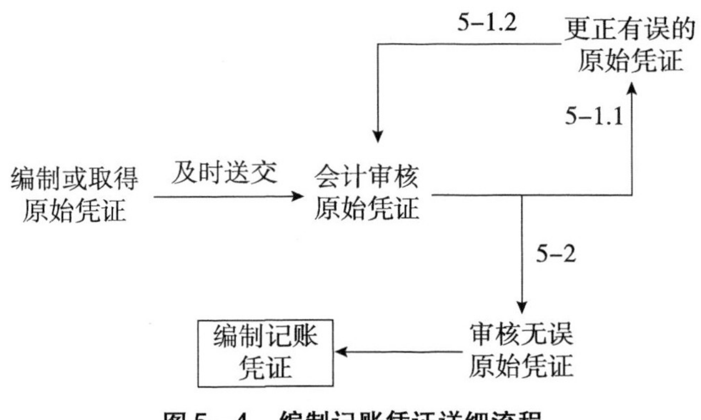

图 5－4 编制记账凭证详细流程

第三节 记账凭证

一、记账凭证的基本内容

记账凭证是会计人员以审核无误的原始凭证及有关资料为依据、对企业的交易或者事项按性质分类、确定会计分录、并据此登记账簿的会计凭证，是登记账簿的直接依据。

由于记账凭证所反映的交易或者事项内容不同，因而在具体格式上也有一些差异。但所有的记账凭证都必须满足记账的要求，具备下列一些共同的基本内容。

（1）记账凭证的名称。

（2）填制凭证的日期和凭证的编号。

（3）会计科目、借贷方向和金额（会计分录）。

（4）交易或者事项的内容摘要。

（5）所附原始凭证的张数。

（6）记账标记。

（7）填制凭证人员、稽核人员、记账人员、机构负责人、会计主管人员签名或盖章。此外，收款和付款凭证还需要出纳人员的签章。

记账凭证中的转账凭证的基本内容如图 5－5 所示。

二、记账凭证的种类

记账凭证可按不同的标准进行分类：按照用途可分为专用记账凭证和通用记账凭证；按照填列方式可分为单式记账凭证和复式记账凭证；按照是否经过汇总，可以分为汇总记账凭证和非汇总记账凭证。

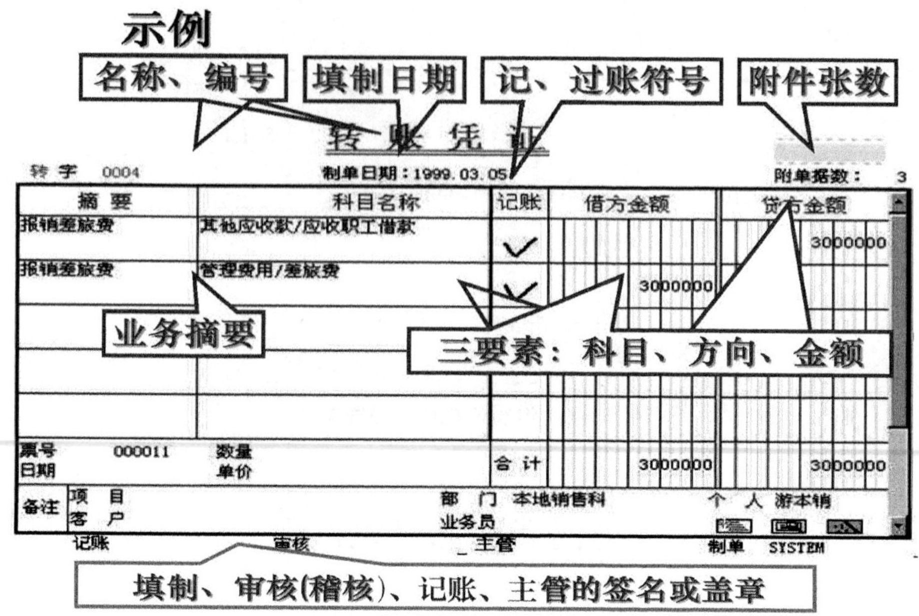

图 5－5　转账凭证的填制示例

（一）按凭证的用途分类

1. 专用记账凭证

专用记账凭证是指用来专门记录某一类交易或者事项的记账凭证。专用凭证按其所记录的交易或者事项是否与库存现金和银行存款的收付有关，又分为收款凭证、付款凭证和转账凭证三种。

（1）收款凭证，用于记录库存现金和银行存款收款业务的会计凭证。它是根据有关库存现金和银行存款收入业务的原始凭证填制，是登记库存现金日记账、银行存款日记账以及有关明细账和总账等账簿的依据，也是出纳人员收讫款项的依据（见表 5－5）。

表 5－5　　　　　　　　　　**收款凭证**

借方科目：银行存款　　　　　2019 年 6 月 10 日　　　　　收字第 20 号

摘　要	贷方科目		记账	金额	
	一级科目	二级科目			
收到东风厂前欠货款	应收账款	东风厂		113000. 00	附件　张
合计				113000. 00	

会计主管：　　　记账：　　　出纳：　　　审核：　　　制单：

（2）付款凭证，用于记录库存现金和银行存款付款业务的会计凭证。它是根据有关库存现金和银行存款支付业务的原始凭证填制，是登记库存现金日记账、银行存款日记账以及有关明细账和总账等账簿的依据，也是出纳人员付讫款项的依据（见表5-6）。

表5-6　**付款凭证**

贷方科目：库存现金　　2019年6月25日　　付字第18号

摘　要	贷方科目		记账	金额	
	一级科目	二级科目			
王五出差借差旅费	其他应收款	王五		1000.00	附件　张
合计				1000.00	

会计主管：　记账：　出纳：　审核：　制单：

（3）转账凭证，用于记录不涉及库存现金和银行存款业务的会计凭证。它是根据有关转账业务的原始凭证填制。转账凭证是登记总分类账及有关明细分类账的依据（见表5-7）。

表5-7　**转账凭证**

2019年6月1日　　转字第1号

摘　要	总账科目	明细科目	借方金额	贷方金额	记账	
生产领用原材料	生产成本	甲产品	50000.00			附单据　张
	原材料	A材料		50000.00		
合计			50000.00	50000.00		

会计主管：　记账：　审核：　制单：

【友情提示】对于涉及“库存现金”和“银行存款”之间的相互划转业务，为了避免重复记账，一般只填制付款凭证，不再填制收款凭证。

2. 通用记账凭证

在交易或者事项比较简单或收付款业务不多的单位，为了简化凭证可以使用通用记账凭证，记录所发生的各种交易或者事项。

通用记账凭证是指用来反映所有交易或者事项的记账凭证，为各类交易或者事项共同使用，其格式与转账凭证基本相同。这种记账凭证既可用于反映收付款业务，又可用于反映转账业务，被称为通用凭证（见表5-8）。

表 5-8 记账凭证

2019 年 6 月 10 日 第 1 号

摘 要	总账科目	明细科目	借方金额	贷方金额	记账	附单据 张
收回东风厂前欠货款	银行存款		113000.00			
	应收账款	东风厂		113000.00		
合计			113000.00	113000.00		

会计主管： 记账： 出纳： 审核： 制单：

（二）按凭证的填列方式分类

1. 单式记账凭证

单式记账凭证是指每一张记账凭证只填列交易或者事项所涉及的一个会计科目及其金额的记账凭证。优点是内容单一，便于汇总计算每一会计科目的发生额，便于分工记账。缺点是制证工作量大，且不能在一张凭证上反映交易或者事项的全貌，内容分散，也不便于查账。

2. 复式记账凭证

复式记账凭证是将每一笔交易或者事项所涉及的全部会计科目及其发生额均在同一张记账凭证中反映的一种凭证。优点是可以集中反映一项交易或者事项的科目对应关系，便于了解有关交易或者事项的全貌，减少凭证数量，节约纸张等。缺点是不便于汇总计算每一个会计科目的发生额。

（三）按凭证是否汇总分类

1. 汇总记账凭证

汇总记账凭证是根据同类记账凭证定期加以汇总而重新编制的记账凭证，目的是简化登记总分类账的手续。汇总的记账凭证根据汇总方法的不同，可分为分类汇总凭证和全部汇总凭证两种。

（1）分类汇总凭证是根据一定期间的记账凭证按其种类分别汇总编制的。

（2）全部汇总凭证是根据一定期间的记账凭证全部汇总编制的。

2. 非汇总记账凭证

非汇总记账凭证是没有经过汇总的记账凭证，前面介绍的收款凭证、付款凭证和转账凭证以及通用记账凭证都是非汇总记账凭证。

无论哪一种记账凭证，都必须根据审核无误的原始凭证来编制，并根据原始凭证所反映的交易或者事项的内容做出相应的会计分录，填明记账符号、科目名称和金额以便据以登记有关账簿。

【会计小贴士】 有些学者也将记账凭证按其填列方式的不同，分为单式记账凭证、复式记账凭证和汇总记账凭证。

三、记账凭证的填制

（一）记账凭证填制的基本要求

记账凭证是进行会计处理的直接依据，其填制正确与否，直接影响整个会计系统最终提供信息的质量。记账凭证的填制除了做到“真实可靠、内容完整、填报及时、书写清楚”，还必须注意遵守以下基本要求。

（1）准确填写会计分录。

（2）各种记账凭证的使用格式应相对稳定，特别是在同一会计年度内，不宜随意更换，以免引起编号、装订、保管方面的不便与混乱。

（3）记账凭证的摘要应简明扼要，字迹清晰，正确表达交易或者事项的主要内容。

（4）记账凭证应附有原始凭证，并注明张数。

（5）记账凭证上必须有填制人员、审核人员、记账人员和会计主管签章。

（二）记账凭证填制的具体要求

（1）除结账和更正错误，记账凭证必须附有原始凭证并注明所附原始凭证的张数。

（2）一张原始凭证所列的支出需要由两个以上的单位共同负担时，应当由保存该原始凭证的单位给其他应负担单位开具原始凭证分割单。

（3）记账凭证编号的方法有多种，可以按库存现金收付、银行存款收付和转账业务三类分别编号，也可以按库存现金收入、库存现金支出、银行存款收入、银行存款支出和转账五类进行编号，或者将转账业务按照具体内容再分成几类编号。

（4）填制记账凭证时如果发生错误，应当重新填制。已经登记入账的记账凭证在当年内发现错误的，可以用红字注销法进行更正。在会计科目应用上没有错误、只是金额错误的情况下，也可以按正确数字同错误数字之间的差额，另编一张调整记账凭证。发现以前年度的记账凭证有错误时，应当用蓝字填制一张更正的记账凭证。

（5）实行会计电算化的单位，其机制记账凭证应当符合对记账凭证的一般要求．并应认真审核，做到会计科目使用正确，数字准确无误。打印出来的机制记账凭证上，要加盖制单人员、审核人员、记账人员和会计主管人员印章或者签字，以明确责任。

（6）记账凭证填制交易或者事项后，如有空行，应当在金额栏目最后一笔金额数字下的空行处至合计数上的空行处画线注销。

（7）正确编制会计分录并保证借贷平衡。

（8）摘要应与原始凭证内容一致，能正确反映交易或者事项的主要内容，表述应精练。

（9）只涉及库存现金和银行存款之间收入或付出的交易或者事项，应以付款业务为主，只填制付款凭证，不填制收款凭证，以免重复。

四、记账凭证的审核

为了保证会计信息的质量，在记账之前应由有关稽核人员对记账凭证进行严格的审核，审核的内容主要包括以下 5 个方面。

（一）内容是否相符

记账凭证是否附有原始凭证；记账凭证的内容与所附原始凭证的内容是否一致，金额是否相等；所附原始凭证的张数是否与记账凭证所列附件张数相符。

（二）项目是否齐全

记账凭证中有关项目是否填列齐全，有关人员是否签字或盖章。

（三）科目、金额是否正确

会计科目应用是否正确；科目对应关系是否清晰，即所列会计科目（包括一级科目、明细科目）应借、应贷方向和金额是否正确；借贷双方的金额是否平衡；明细科目金额之和与相应的总账科目的金额是否相等。

（四）书写是否规范

填写的摘要是否清楚，是否正确归纳了交易或者事项的实际内容。

（五）手续是否完备

另外，出纳人员在办理收款或付款业务后，应在凭证上加盖“收讫”或“付讫”戳记，以避免重收重付。

在审核过程中若发现记账凭证填制有错误或者不符合要求，则需要由填制人员重新填制或按照规定的方法进行更正。记账凭证审核无误后，便可据以记账。

第四节　会计凭证的传递与保管

一、会计凭证的传递

（一）概念

会计凭证的传递是指交易或者事项发生或完成时从取得或填制原始凭证开始，直到会计凭证归档保管为止，在本单位内部有关部门和人员之间，按照规定的路线、时间办理业务手续和进行处理的过程。

（二）内容

会计凭证的传递具体包括两部分：一是会计凭证在企业内部各部门及经办人员之间传递的路线，即会计凭证的传递程序；二是会计凭证在各环节及其有关人员中的停留及传递时间，即会计凭证的传递时间。

1. 会计凭证的传递程序

会计凭证的传递程序是会计制度的一个重要组成部分，会计制度对此做出明确的规定。为了使会计凭证有序地传递，并符合内部牵制的原则，应当为各种会计凭证规定科学合理的传递程序，明确取得或填制会计凭证以后，应交到哪个部门、哪个工作岗位上，由何人接办业务手续，直至归档保管为止。每一个企业都应该根据其交易或者事项的主要特点以及经营管理和会计核算方面的要求，按照其不同部门、不同员工，设计一个合理的传递程序，以便使会计凭证流转线路通畅，提高传递速度，提高工作效率。

2. 会计凭证的传递时间

会计凭证的传递时间，是会计凭证从取得或填制到归档保管的时间。各种会计凭证，它们所反映的交易或者事项的内容、性质不同，所涉及的内部控制制度的规定有所区别，所以，传递时间的长短也不尽一致。一般而言，重要的经济事项，控制制度严格，控制环节较多，会计凭证传递的时间相对长一些；反之，则相对短一些。各单位为了使每个工作环节有序衔接，相互督促，提高工作效率，确保会计核算的质量，应当根据办理各项业务手续所需要的时间，规定会计凭证的传递时间。在规定中，既要明确会计凭证在各个环节停留的必要时间，保证业务手续的完成，又要避免不必要的延误，从而使会计凭证以最快速度传递，提高工作效率，充分发挥及时传递经济信息的作用。

二、会计凭证的保管

会计凭证是一个单位重要的经济档案和历史资料，需建立严密的保管制度。本单位以及有关部门、单位，可能因为各种需要需查阅会计凭证，特别是在发生贪污、盗窃、违法乱纪行为时，会计凭证是进行法律处理的有效证据。因此，任何单位必须对会计凭证妥善保管，不得丢失或任意销毁，做到既要保证会计凭证的安全和完整，又要便于凭证的事后调阅和查找。

会计凭证的保管分为日常保管和归档保管。

（一）会计凭证的日常保管

（1）会计凭证要及时传递，不得积压。及时传递会计凭证不但可以及时进行会计核算，而且可以降低会计凭证散失的可能性。

（2）记账凭证登记完毕后，应当按照分类和编号顺序保管，不得散乱丢失。

（3）会计凭证应定期装订成册，防止散失。会计凭证封面应注明单位名称、凭证种类、凭证张数、起止号数、年度、月份、会计主管人员、装订人员等有关事项，会计主管人员和保管人员应在封面上签章。会计凭证应加贴封条，防止抽换凭证。

【会计小贴士】会计凭证装订方法：①将凭证封皮和封底，分别附在凭证前面和后面，再拿一张质地相同的纸放在封皮上角，做装订线保护纸；②在凭证的左上角画一边长为5厘米的等腰三角形，用夹子夹住，用装订机在底线上分布均匀地打两个眼儿；③用针和棉线来回穿眼儿，穿完线后在凭证的背面打结；④将护角向左上侧折，并将一侧剪开至凭证的左上角，然后抹上胶水；⑤向后折叠，将侧面和背面的线绳扣粘死；⑥待晾干后，在凭证本的侧脊上面写上“某年某月第几册共几册”的字样。装订人在装订线封签处签名或盖章。

（4）原始凭证不得外借，其他单位如有特殊原因确实需要使用时，经本单位会计机构负责人、会计主管人员批准，可以复制。向外单位提供的原始凭证复制件，应在专设的登记簿上登记，并由提供人员和收取人员共同签名、盖章。原始凭证较多时，可单独装订，但应在凭证封面注明所属记账凭证的日期、编号和种类，同时在所属的记账凭证上应注明“附件另订”及原始凭证的名称和编号，以便查阅。

（5）每年装订成册的会计凭证，在年度终了时可暂由单位会计机构保管一年，期满后应当移交本单位档案机构统一保管；未设立档案机构的，应当在会计机构内部指定专人保管。出纳人员不得兼管会计档案。

（二）会计凭证的归档

会计凭证存档以后，保管责任将随之转移到档案保管人员身上。保管人员应当按照会计档案管理的要求，对会计档案进行分类、存档和保管（详见第十章会计工作组织）。会计凭证的保管期限一般为 30 年，任何人不得随意销毁会计凭证。对于保管期满需要销毁的会计凭证，必须开列清单，按照规定报经批准后，才能销毁。在销毁会计凭证时，应按照规定由有关部门派员监销。在销毁前，监销人员应认真清点核对，销毁后，在销毁清单上签章，并将监销情况向本单位负责人报告。对于应永久保存的会计凭证，必须永久保存，不得销毁。

本章小结

➢ 会计凭证是记录交易或者事项、明确经济责任、据以登记账簿的一种具有法律效力的书面证明文件。按其填制程序和用途不同，可分为原始凭证和记账凭证。

➢ 原始凭证是在交易或者事项发生时直接取得或填制的、用以记录交易或者事项的发生或完成情况、明确经济责任的书面证明，是填制记账凭证的依据，是进行会计核算的原始资料。

➢ 为了保证原始凭证的真实性、合理性和合法性，一切原始凭证填制和取得后都应按规定的程序及时送交会计部门，由会计人员进行审核。

➢ 记账凭证是会计人员根据审核后的原始凭证进行归类、整理，用来确定会计分录而填制的凭证，直接作为登记账簿的依据。

➢ 为了保证账簿记账的正确性、监督款项收付、提高会计信息质量，必须对记账凭证进行认真、严格的审核。

➢ 会计凭证是重要的经济档案和历史资料。各单位在完成交易或者事项手续和记账以后，必须按规定的立卷归档制度，形成会计档案资料并妥善保管，以便日后随时查阅，同时也便于审计等有关部门进行检查。

同步练习

一、单项选择题

1. 下列不属于原始凭证的会计凭证是(　　)。

A. 一次凭证　　B. 累计凭证　　C. 转账凭证　　D. 汇总凭证

2. 下列资料中，不属于原始凭证的是(　　)。

A. 发货单　　B. 购货合同

C. 领料单　　D. 银行开来的支款通知

3. 向银行提取现金准备发放工资的业务，应根据有关原始凭证填制(　　)。

A. 收款凭证　　B. 付款凭证　　C. 转账凭证　　D. 收款和付款凭证

4. 不需要在转账凭证上签章的是(　　)。

A. 出纳　　B. 制单　　C. 稽核　　D. 主管

5. 下列不是自制原始凭证的是(　　)。

A. 收料单　　B. 耗用材料汇总表　　C. 银行收款通知　　D. 领料单

6. 记账凭证是(　　)的依据。

A. 编制报表　　B. 业务活动　　C. 登记账簿　　D. 原始凭证

7. 根据《中华人民共和国会计法》的规定，外来原始凭证的金额有错误时，应当采取的正确做法是(　　)。

A. 由出具单位重开

B. 由出具单位更正并加盖出具单位印章

C. 由接受单位更正并加盖接受单位印章

D. 由经办人员更正并加盖经办人员印章

8. 《中华人民共和国会计法》规定，作为记账凭证编制依据的必须是(　　)的原始凭证和有关资料。

A. 经办人签字　　B. 领导批准　　C. 金额无误　　D. 经过审核

9. “￥809050. 50”，规范的大写金额是(　　)。

A. 人民币捌拾万九仟零伍拾元零伍角整

B. 人民币捌拾万玖仟零伍拾元伍角整

C. 人民币捌拾万零九仟零伍拾元零伍角整

D. 人民币捌拾万九仟伍拾元零伍角正

10. 票据出票日若为 10 月 20 日，下列写法正确的是(　　)。

A. 壹拾月贰拾日　　B. 零壹拾月贰拾日
C. 零壹拾月零贰拾日　　D. 零拾月零贰拾日

11. 原始凭证按(　　)分类，分为外来原始凭证和自制原始凭证。

A. 格式　　B. 来源渠道　　C. 填制方式　　D. 填制手续及内容

12. 下列各项属于原始凭证的是(　　)。

A. 收款凭证　　B. 付款凭证　　C. 转账凭证　　D. 工资分配表

13. 不符合原始凭证基本要求的是(　　)。

A. 从个人取得的原始凭证，必须有填制人员的签名盖章
B. 原始凭证不得涂改、刮擦、挖补
C. 上级批准的经济合同，应作为原始凭证
D. 大写和小写金额必须相等

14. 下列各项不属于原始凭证审核内容的是(　　)。

A. 凭证是否符合有关的计划和预算
B. 会计科目的使用是否正确
C. 凭证是否符合规定的审核程序
D. 凭证是否有填制单位的公章和填制人员签章

15. 使用收款凭证、付款凭证、转账凭证的单位，在发生与货币资金无关的业务时，填制的凭证是(　　)。

A. 收款凭证　　B. 付款凭证　　C. 转账凭证　　D. 专用凭证

二、多项选择题

1. 收款凭证的借方科目可能为(　　)。

A. 库存现金　　B. 银行存款　　C. 材料采购　　D. 管理费用

2. 限额领料单属于(　　)。

A. 原始凭证　　B. 累计凭证　　C. 外来原始凭证　　D. 自制原始凭证

3. 收款凭证的贷方科目，可能为下列(　　)科目。

A. 库存现金　　B. 银行存款　　C. 其他应收款　　D. 应收账款

4. 付款凭证的借方科目，可能为下列(　　)科目。

A. 库存现金　　B. 银行存款　　C. 其他应收款　　D. 预付账款

5. 会计机构、会计人员对不真实、不合法的原始凭证有权（　　）。

A. 不予受理
B. 向单位负责人报告
C. 请求查明原因，追究有关当事人的责任
D. 予以退回，要求更正、补充

6. 下列各项能够体现会计凭证的意义的有(　　)。

A. 监督经济活动，控制经济运行

B. 明确经济责任，强化内部控制

C. 记录交易或者事项，提供记账依据

D. 确保资产安全完整

7. 下列关于会计凭证的说法正确的有(　　)。

A. 会计凭证是记录交易或者事项的书面证明文件

B. 会计凭证是登记账簿的直接依据

C. 会计凭证按其来源不同，可以分为原始凭证和记账凭证

D. 电子凭证也属于会计凭证范畴

8. 下列各项正确的有(　　)。

A. 一次凭证填制手续一次完成、履行方便，但凭证数量较多

B. 累计凭证是多次有效的原始凭证

C. 累计凭证起到了简化填制手续、减少凭证张数的作用

D. 汇总原始凭证合并了同类交易或者事项，减少了记账工作量

9. 下列各项属于一次凭证的有(　　)。

A. 发票　　B. 发出材料汇总表

C. 限额领料单　　D. 收款收据

10. 填制原始凭证时，下列各项符合书写要求的有(　　)。

A. 阿拉伯金额数字前面应当书写货币币种符号

B. 币种符号与阿拉伯金额数字之间不得留有空白

C. 大写金额有分的，分字后面要写“整”或“正”字

D. 汉字大写金额可以用简化字代替

11. 在原始凭证上书写阿拉伯数字时，下列各项正确的有(　　)。

A. 金额数字一律填写至角、分

B. 无角分的，角位和分位可写“00”或者符号“—”

C. 有角无分的，分位应当写“0”

D. 有角无分的，分位也可以用符号“—”代替

12. 关于会计凭证，下列各项表述正确的有(　　)。

A. 会计凭证可以分为原始凭证和记账凭证

B. 原始凭证是编制记账凭证的依据

C. 记账凭证是登记账簿的依据

D. 尚未取得原始凭证的交易或者事项可以先编制记账凭证据以记账

13. 张三出差回来，报销差旅费 1500 元，原预借 2000 元，交回剩余现金 500 元，

这笔交易或者事项应该编制的记账凭证有(　　)。

A. 付款凭证　　B. 收款凭证　　C. 转账凭证　　D. 原始凭证

14. 下列各项交易或者事项需要编制付款凭证的有(　　)。

A. 从银行提现　　B. 将现金存入银行

C. 用现金购买办公用品　　D. 收回前欠款项

15. 在填制记账凭证时，下列表述错误的有(　　)。

A. 将不同类型业务的原始凭证合并编制一份记账凭证

B. 一个月内的记账凭证连续编号

C. 从银行提取现金只填制现金收款凭证

D. 更正错账的记账凭证可以不附原始凭证

三、判断题

1. 原始凭证不得外借，其他单位如有特殊原因需要使用原始凭证时，经本单位领导批准，方可外借。(　　)

2. 从外单位取得的原始凭证，可以没有公章，但必须有经办人员的签名盖章。(　　)

3. 付款凭证左上角“借方科目”处，应填写“库存现金”或“银行存款”科目。(　　)

4. 原始凭证审核时，对填写内容不完整的，会计人员有权拒绝办理。(　　)

5. 制造费用分配表是企业自制的计算凭证，也是结转分配制造费用的原始凭证。(　　)

6. 每张记账凭证都要注明所附原始凭证的张数，原始凭证张数的计算一般以原始凭证的自然张数为准。(　　)

7. 所有的记账凭证都必须附有原始凭证，否则，不能作为记账依据。(　　)

8. 记账凭证上应有审核、记账、会计主管等人员的签名、盖章。如果为收款、付款凭证，还应有出纳人员签名或盖章。(　　)

9. 会计凭证的传递，是指从会计凭证的取得或填制时起至归档保管过程中，在单位财务部门和人员之间的传送程序。(　　)

10. 装订成册的会计凭证应指定专人保管，不得随意外借或涂改。(　　)

四、实务操作题

1. 背景资料

某企业 2019 年 5 月发生的交易或者事项如下。

(1) 1 日，从银行借款 200000 元，期限 3 年，已存入银行。

（2）3 日，购入材料一批，价值 50000 元，增值税税率为 13%，材料已验收入库，货款以银行存款支付（假设该企业采用的是按实际成本核算材料的方法）。

（3）5 日，从银行提取现金 10000 元备用。

（4）6 日，采购员赵玉出差，预借差旅费 5000 元，以现金支付。

（5）9 日，购入无需安装的设备一台，价款为 35000 元，增值税税额为 4550 元，均以银行存款支付。

（6）本月仓库发出材料如下：生产 A 产品领用材料为 40000 元，生产 B 产品领用材料为 30000 元，车间一般消耗领用材料为 5000 元，企业行政管理部门领用材料为 2000 元。

（7）10 日，销售 A 产品一批给甲公司，销货款为 100000 元，增值税税率为 13%，价税款均未收到，该批 A 产品实际成本为 60000 元。

（8）12 日，采购员赵玉出差回来报销差旅费 3800 元，现金余款 1200 元退回。

（9）14 日，用银行存款支付产品广告费，增值税专用发票上注明的价款为 20000 元，增值税税额为 1200 元。

（10）15 日，收到 10 日销售 A 产品的货款，存入银行。

（11）20 日，以现金支付违约金 500 元。

（12）21 日，计算分配本月职工工资：生产 A 产品工人工资为 20000 元，生产 B 产品工人工资为 10000 元，车间管理人员工资为 3000 元，企业行政管理人员工资为 8000 元。

（13）22 日，计提本月固定资产折旧，其中，生产车间使用的固定资产折旧费为 3000 元，企业行政管理部门使用的固定资产折旧费为 4200 元。

（14）31 日，按生产工时比例分配制造费用，已知本月 A、B 产品的生产工时数相等。

（15）31 日，本月生产产品全部完工入库，结转相应产品的生产成本（假设月初无在产品）。

2. 实训要求

（1）根据实训背景资料提供的交易或者事项，逐项填制通用记账凭证（在会计用品商店购买相关的记账凭证）。

（2）根据所填制的记账凭证涉及的会计科目，设置“T”型账户，并填制科目汇总表。

科目汇总表

年　月　日至　年　月　日　　　　单位：元

会计科目	借方	贷方

记账凭证自　号至　号共　张

第六章　会计账簿

学习导航

企业发生的交易或者事项，要由会计凭证做最初的反映，但凭证的数量多，又比较分散、零星，同时每一凭证只是记录个别的交易或者事项，因此，需要将会计凭证归类整理，采用账簿的方法，做系统归类反映。为此，本章将集中介绍账簿的理论和适用技术。通过本章的学习，应达到以下要求：了解设置和登记会计账簿的意义和会计账簿的种类，明确各类账簿的格式和内容，掌握和运用登记账簿的方法和规则、错账更正、对账和结账的要求和方法等方面的知识和技能。

第一节　会计账簿的概念和分类

一、会计账簿的概述

（一）会计账簿的概念

会计账簿是指由一定格式的账页组成的，以经过审核的会计凭证为依据的，全面、系统、连续、分类地记录各项交易或者事项的簿籍。设置和登记账簿，是编制财务报表的基础，是连接会计凭证和财务报表的中间环节。各单位应当按照国家统一的会计制度的规定和会计业务的需要设置会计账簿。形式上，会计账簿是由若干账页组成的；实质上，会计账簿是会计信息形成的重要环节，是会计资料的主要载体之一，也是会计资料的重要组成部分。

（二）会计账簿的意义

合理地设置和登记账簿，能系统地记录和提供企业经济活动的各种数据。它对加强企业经济核算、改善经济管理有着重要意义，主要表现为以下 4 个方面。

（1）通过设置和登记账簿，可系统地登记、归纳和积累会计信息资料，为改善企业经营管理、合理使用资金提供资料。

（2）通过设置和登记账簿，可为计算财务成果、编制财务报表提供依据。

（3）通过设置和登记账簿，利用账簿的核算资料，为开展财务分析和会计检查提供依据。

（4）账簿是重要的会计档案，有利于会计资料的保存和日后的查阅。

（三）会计账簿与账户的关系

账簿与账户有着十分密切的联系。账户是根据会计科目开设的，账户存在于账簿之中，账簿中的每一账页就是账户的存在形式和载体，没有账簿，账户就无法存在；账簿序时、分类地记载交易或者事项，是在个别账户中完成的，因此，账簿只是一个外在形式，账户才是它的真实内容。所以说，账簿是由若干账页组成的一个整体，而开设于账页上的账户则是这个整体的组成部分，因而账簿与账户的关系，是形式和内容的关系。

（四）设置账簿的原则

账簿的设置，包括确定账簿的种类和数量、账页格式、登记的内容和方法。任何单位不论规模大小、业务繁简，只要进行会计工作，就必须正确地设置账簿。各单位的具体情况不同，账簿设置的方法也不尽一致。一般来说，设置账簿应遵循如下原则。

1. 统一性原则

各单位应按照国家统一会计制度的规定，并结合本单位业务核算的需要，建立有关的会计账簿，账簿的核算内容必须与会计制度的要求相吻合，而且设置的会计账簿前后各期要一致。这样可以保证会计信息的可比性，满足单位连续考核经济活动情况的需要，也便于国家进行宏观经济调控。

2. 科学性原则

各单位账簿的设置要组织严密、层次分明、体系完整。账簿之间要互相衔接、互相补充、互相制约，能够体现各账簿的内在联系和勾稽关系，能够清晰地反映账户的对应关系，以便能够提供完整、系统的资料。

3. 实用性原则

账簿的设置要符合单位的实际情况，在满足会计核算和经营管理需要的前提下，既要避免重复设账，又要防止过于简化。对于经济活动频繁、规模较大、会计人员较多、分工较细的单位，其账簿的设置可以精细一些；反之，账簿设置则相应简化一些。账簿的格式应按所记录的经济业务事项的内容和需要提供的会计信息进行设计，力求简明实用，以利于提高核算的效率和质量。

4. 合法性原则

账簿的设置必须符合国家会计法律法规制度的规定。《中华人民共和国会计法》明确规定，各单位发生的各项经济业务事项应当在依法设置的会计账簿上统一登记、核算，不得违反本法和国家统一的会计制度的规定私设会计账簿登记、核算。

二、会计账簿的分类

在会计账簿体系中，有各种不同功能和作用的账簿，在实际工作中，为了更好地了解和正确地运用会计账簿，通常按照用途、外表形式和账页格式等不同标准进行分类。

（一）账簿按用途分类

会计账簿按核算的内容和提供的经济信息的不同，可分为序时账簿、分类账簿和备查账簿三种。分类账簿根据记录信息的详细程度，又分为总分类账簿和明细分类账簿。

1. 序时账簿

序时账簿，亦称日记账，是按交易或者事项发生和完成时间的先后顺序进行逐日逐笔登记的账簿。序时日记账分为普通日记账和特种日记账。普通日记账是指用来逐笔记录全部交易或者事项的序时账簿，即把每天发生的各项交易或者事项逐日逐笔地登记在日记账中，并确定会计分录，然后据以登记分类账。特种日记账是指用来逐笔记录某一交易或者事项的序时账簿。在我国的会计工作实务中，普通日记账的使用比较少，而多使用特种日记账。各单位为了加强货币资金的收付管理，要求必须设置库存现金日记账和银行存款日记账。

2. 分类账簿

分类账簿是对全部经济业务按照依据会计要素的具体类别而设置的分类账户进行分类登记的账簿。账簿按其反映交易或者事项的详细程度，可分为总分类账簿和明细分类账簿。总分类账簿，也称总分类账，简称“总账”，这种账簿根据一级会计账户开设，总括反映全部交易或者事项，提供总括核算资料。明细分类账簿，也称明细分类账，简称“明细账”，这种账簿根据二级或三级会计账户开设，用以分类登记某一类交易或者事项，提供明细核算资料。

3. 备查账簿

备查账簿，也称辅助账簿。这种账簿主要对某些不能在序时账簿和分类账簿中记录或记录不全的交易或者事项进行补充登记，如对重要的票据、代销商品、租入的固定资产等进行记录。备查账簿根据企业的实际需要进行设置，并且没有固定的格式。

（二）账簿按外表形式分类

1. 订本式账簿

订本式账簿，简称“订本账”，是指在启用前将编有顺序页码的一定数量账页装订成册的账簿。这种账簿，一般适用于具有统驭性和重要的账簿，如总分类账、库存现金日记账和银行存款日记账。

优点：可以防止账页的散失和非法抽换。

缺点：同一账簿在同一时间只能由一人登记，这样不便于记账人员分工记账，也不能根据记账需要增减账页。

2. 活页式账簿

活页式账簿，简称“活页账”，是指将一定数量的账页置于活页夹内、可以根据记账内容的变化而随时增添或取出账页的账簿。活页账一般适用于明细分类账。

优点：可以根据实际需要增添账页，并且可以组织同时分工记账。

缺点：账页容易丢失和被抽换。

3. 卡片式账簿

卡片式账簿，简称“卡片账”，是指将一定数量的卡片式账页存放于专设的卡片箱中、可以根据需要随时增添账页的账簿。这种账簿的优缺点与活页账相同。使用时，应在卡片上连续编号，加盖有关人员的印章，并置放在卡片箱中，以保证安全。

卡片账不需要每年更换，可以跨年度使用。固定资产明细账和低值易耗品明细账一般采用这种账簿。

（三）账簿按所使用的账页格式分类

会计账簿按所使用的账页格式不同，可分为三栏式账簿、数量金额式账簿、多栏式账簿三种。

1. 三栏式账簿

三栏式账簿，主要包含借方、贷方、余额三栏，用来反映交易或者事项的金额信息。三栏式账簿一般用于日记账、总分类账和只需要反映金额信息的明细账（如债权债务类等账户的明细账）。其中总分类账的格式如图 6－1 所示。

2. 数量金额式账簿

数量金额式账簿由收入、发出和结存三栏组成，每一栏又包括数量、单价和金额三项内容。数量金额式账簿一般用于既需要反映金额信息，又需要反映数量信息的财产物资类账户的明细账（如进销存账簿等）。进销存账簿的格式如图 6－2 所示。

3. 多栏式账簿

多栏式账簿根据交易或者事项的特点和经营管理的需要，在账页上设置专栏，主

总分类账

GENERAL LEDGER

第1页

会计科目及编号
ACCOUNT NO. ________________

年		凭证字号	摘要	借方											√	贷方											√	借或贷	余额										
月	日			亿	千	百	十	万	千	百	十	元	角	分		亿	千	百	十	万	千	百	十	元	角	分			亿	千	百	十	万	千	百	十	元	角	分

图6－1　总分类账

进销存

SUBSIDIARY LEDGER OF INVENTORG

总第　页
分第　页

部类________ 产地________ 单位________ 规格________ 品名

年		凭证字号	摘要	收入												发出												结存												√
				数量	单价	金额										数量	单价	金额										数量	单价	金额										
月	日					千	百	十	万	千	百	十	元	角	分			千	百	十	万	千	百	十	元	角	分			千	百	十	万	千	百	十	元	角	分	

图6－2　进销存账簿

要用于登记明细项目多、借贷方向单一的交易或者事项，一般用于需要进行项目组成分析的账户的明细账（如生产成本账、收入明细账、材料采购明细账等)。其中生产成本账的格式如图6－3所示。

会计账簿的分类具体如图6－4所示。

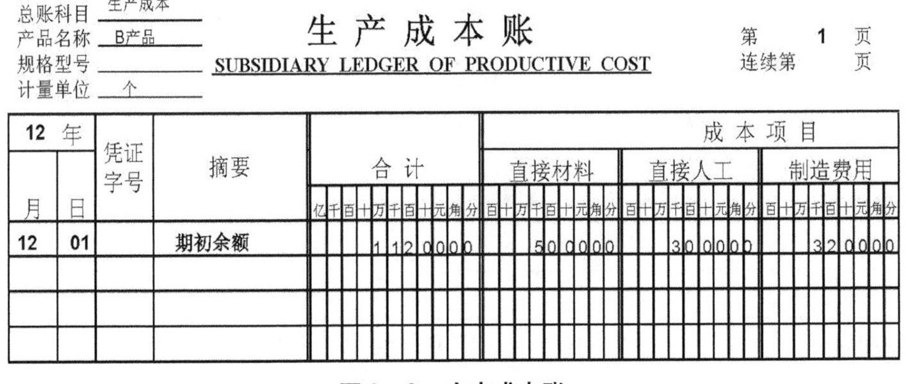

总账科目 生产成本
产品名称 B产品
规格型号
计量单位 个

生 产 成 本 账
SUBSIDIARY LEDGER OF PRODUCTIVE COST

第 1 页
连续第 页

12年		凭证字号	摘要	合计	成本项目		
					直接材料	直接人工	制造费用
月	日			亿千百十万千百十元角分	百十万千百十元角分	百十万千百十元角分	百十万千百十元角分
12	01		期初余额	1120000	500000	300000	320000

图6－3　生产成本账

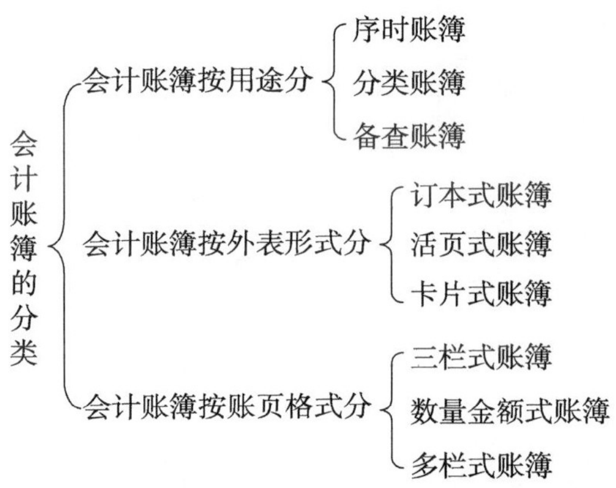

图6－4　会计账簿的分类

第二节　会计账簿的设置与登记

一、会计账簿的内容

各种账簿所记录的经济内容不同，格式多种多样，不同账簿格式所包括的具体内容也不尽相同，但各种账簿都应具备以下基本要素。

（一）封面

封面主要标明记账单位名称和账簿的名称，如总分类账簿、库存现金日记账、银行存款日记账。

（二）扉页

扉页标明会计账簿的使用信息，如科目索引、账簿启用登记表和经管人员一览表等。账簿启用登记表具体格式如表 6－1 所示。

表 6－1　账簿启用登记表

单位名称				
账簿名称				
册次及起讫页	自　　页起至　　页止共　　页			
启用日期	年　　月　　日			
停用日期	年　　月　　日			
经管人员姓名	接管日期	交出日期	经管人员盖章	会计主管盖章
	年　月　日	年　月　日		
	年　月　日	年　月　日		
	年　月　日	年　月　日		
	年　月　日	年　月　日		
备注			单位公章	

（三）账页

账页是账簿的主要内容和核心，是用来具体记录交易或者事项的载体。账页因反映的交易或者事项内容不同，可用不同的格式，但基本内容应包括：

（1）账户的名称，一级科目，二级或明细科目；

（2）账簿的日期栏；

（3）记账凭证的种类和号数栏；

（4）摘要栏，所记录交易或者事项内容的简要说明；

（5）金额栏，记录交易或者事项的增减变动和余额；

（6）总页次和分户页次栏。

二、会计账簿的格式和登记方法

（一）日记账的格式和登记方法

1. 库存现金日记账的格式和登记方法

（1）库存现金日记账的格式。库存现金日记账是用来核算和监督库存现金每天的收入、支出和结存情况的账簿，其格式有三栏式和多栏式两种。无论采用三栏式还是多栏式，库存现金日记账都必须使用订本账。

（2）库存现金日记账的登记方法。库存现金日记账由出纳人员根据同库存现金收付有关的记账凭证，按时间顺序逐日逐笔进行登记，并根据“上日余额＋本日收入－本日支出＝本日余额”的公式，逐日结出库存现金余额，与库存现金实存数核对，以检查每日库存现金收付是否有误。

借方、贷方分设的多栏式库存现金日记账的登记方法是根据有关库存现金收入业务的记账凭证登记库存现金收入日记账，根据有关库存现金支出业务的记账凭证登记库存现金支出日记账，每日营业终了，根据库存现金支出日记账结计的支出合计数，一笔转入库存现金收入日记账的“支出合计”栏中，并结出当日余额。

2. 银行存款日记账的格式和登记方法

银行存款日记账是用来核算和监督银行存款每日的收入、支出和结余情况的账簿。银行存款日记账应按企业在银行开立的账户和币种分别设置，每个银行账户设置一本日记账。

银行存款日记账的格式和登记方法与库存现金日记账相同。

（二）总分类账的格式和登记方法

1. 总分类账的格式

总分类账是按照总分类账户分类登记以提供总括会计信息的账簿。总分类账最常用的格式为三栏式，设置借方、贷方和余额三个基本金额栏目。

2. 总分类账的登记方法

总分类账可以根据记账凭证逐笔登记，也可以根据经过汇总的科目汇总表或汇总记账凭证等登记。

（三）明细分类账的格式和登记方法

1. 明细分类账的格式

明细分类账是根据二级账户或明细账户开设账页，分类、连续地登记交易或者事项以提供明细核算资料的账簿，其格式有三栏式、多栏式和数量金额式等多种。

（1）三栏式明细分类账。三栏式明细分类账是设有借方、贷方和余额三个栏目，用以分类核算各项交易或者事项，提供详细核算资料的账簿，其格式与三栏式总账格式相同，适用于只进行金额核算的账户。

（2）多栏式明细分类账。多栏式明细分类账将属于同一个总账科目的各个明细科目合并在一张账页上进行登记，适用于成本费用类科目的明细核算。

（3）数量金额式明细分类账。数量金额式明细分类账的借方（收入）、贷方（发出）和余额（结存）都分别设有数量、单价和金额三个专栏，适用于既要进行金额核算又要进行数量核算的账户。

2. 明细分类账的登记方法

不同类型交易或者事项的明细分类账可根据管理需要，依据记账凭证、原始凭证或汇总原始凭证逐日逐笔或定期汇总登记。固定资产、债权债务等明细账应逐日逐笔登记；库存商品、原材料、产成品收发明细账以及收入、费用明细账可以逐笔登记，也可定期汇总登记。

三、会计账簿的记账规则

会计账簿是编制会计报表，进行会计分析与检查的重要依据。为了保证账簿资料的真实可靠，会计人员在登记账簿时，必须严格遵守下列要求。

（一）准确完整

登记会计账簿时，应当将会计凭证日期、编号、业务内容摘要、金额和其他有关资料逐项记入账内，做到数字准确、摘要清楚、登记及时、字迹工整。对于每一项会计事项，一方面要记入有关的总分类账，另一方面要记入该总分类账所属的明细分类账。账簿记录中的日期，应该填写记账凭证上的日期；以自制的原始凭证（如收料单、领料单等）作为记账依据的，账簿记录中的日期应按有关自制凭证上的日期填列。

（二）登记账簿要及时

登记账簿的间隔时间应该多长，对此没有统一的规定。总分类账按各单位所选用的会计核算形式来确定登记的依据和具体时间，总的来说是越短越好。对于各种明细分类账，可逐日逐笔进行登记，也可定期（3天或5天）登记，但债权债务类和财产物资类明细账应当每天进行登记；现金和银行存款日记账，应当根据办理完毕的收付款凭证，随时逐笔顺序登记，至少每天登记一次。

（三）注明记账符号

登记完毕后，要在记账凭证上签名或者盖章，并注明已经登账的符号“√”，表示已经记账。在记账凭证设有的专门栏目上应注明记账的符号，以免发生重记或漏记。

（四）书写留空

账簿中书写的文字和数字上面要留有适当空格，不要写满格，一般应占格距的1/2，以便一旦发生登记错误，能比较容易地进行更正，同时也便于查账工作。

（五）正常记账使用蓝黑墨水

为了使账簿记录清晰，防止涂改，登记账簿必须使用蓝黑墨水或者碳素墨水书写，不得使用圆珠笔（银行的复写账簿除外）或者铅笔书写。在会计上，数字的颜色是重要的语素之一，它同数字和文字一起传达会计信息，书写墨水的颜色用错了，导致的概念混乱的影响不亚于数字和文字的错误。

（六）特殊记账使用红墨水

依据财政部《会计基础工作规范》的有关规定，下列情况，可以用红色墨水记账：
①按照红字冲账的记账凭证，冲销错误记录；
②在不设借贷等栏的多栏式账页中，登记减少数；
③在三栏式账户的余额栏前，如未印明余额方向的，在余额栏内登记负数余额；
④根据国家统一会计制度的规定可以用红字登记的其他会计记录。

（七）顺序连续登记

各种账簿应按页次顺序连续登记，不得跳行、隔页。如果发生跳行、隔页，应当将空行、空页画线注销，或者注明“此行空白”“此页空白”字样，并由记账人员签名或者盖章。对于订本式账簿，不得任意撕毁账页，对于活页式账簿也不得任意抽换账页。

（八）结出余额

凡需要结出余额的账户，结出余额后，应当在“借或贷”等栏内写明“借”或“贷”字样，以示余额的方向；没有余额的账户，应在“借或贷”栏内写“平”字，并在“余额”栏写“θ”。库存现金日记账和银行存款日记账必须逐日结出余额。一般来说，没有余额的账户，在余额栏内标注的“θ”应当放在“元”位。

（九）过次承前

账页记满时，应办理转页手续。每一账页登记完毕结转下页时，应当结出本页合计数及余额，写在本页最后一行和下页第一行有关栏内，并在摘要栏内注明“过次页”和“承前页”字样；也可以将本页合计数及金额只写在下页第一行有关栏内，并在摘要栏内注明“承前页”字样。

对需要结计本月发生额的账户，结计“过次页”的本页合计数应当为自本月初起至本页末止的发生额合计数；对需要结计本年累计发生额的账户，结计“过次页”的本页合计数应当为自年初起至本页末止的累计数；对既不需要结计本月发生额，也不需要结计本年累计发生额的账户，可以只将每页末的余额结转次页。

（十）不得刮擦、涂改

账簿记录发生错误时，必须按规定方法更正，严禁刮、擦、挖、补，或使用化学药水清除、更改字迹。错账必须按规定方法更正。

（十一）其他规定

实行会计电算化的单位，总账和明细账应当定期打印。发生收款和付款业务的，在输入收款凭证和付款凭证的当天必须打印出库存现金日记账和银行存款日记账，并与库存现金核对无误。

【例6－1】2012年11月6日，天龙公司销售A产品一批给宏远建材有限公司，开具的增值税专用发票上注明货款为10000元，增值税税额为1700元，价款尚未收到。

解析：（1）根据开具的增值税专用发票和“发货单”等原始凭证，会计做如下账务处理（见图6－5）。

记　账　凭　证

日期：2012 年11 月 6 日　　　　第012 号

摘　要	总账科目	明细科目	借方金额（亿千百十万千百十元角分）	贷方金额（亿千百十万千百十元角分）	记账
赊销A产品	应收账款	宏远建材有限公司	1170000		
	应交税费	应交增值税（销项税额）		170000	
	主营业务收入	A产品		1000000	
附单据 1 张	合　计		¥1170000	¥1170000	

核准：　　复核：　　记账：　　出纳：　　制单：周正业

图6－5　记账凭证的填制

（2）记账员根据记账凭证登记“应收账款——宏远建材有限公司”明细账（见图6－6）。

明 细 分 类 账
SUBSIDIARY LEDGER

第 1 页
连续第　页

科目编号 A/C NO. 112201　　明细科目 SUB.LED.A/C 宏远建材有限公司　　总账科目 GEN.LED.A/C 应收账款

12年 月	日	凭证字号	摘要	借方（亿千百十万千百十元角分）	√	贷方（亿千百十万千百十元角分）	√	借或贷	余额（亿千百十万千百十元角分）
11	01		期初余额					借	23400000
	06	记012	赊销A产品	1170000				借	24570000
	12	记051	收前欠账款			24570000		平	θ

图 6－6　明细分类账的填制

（3）记账员登记完毕，应在记账凭证“记账”栏注明账簿页码或做出“√”符号，并在记账凭证上签名或盖章（见图 6－7）。

记　账　凭　证

日期：2012 年 11 月 06 日　　　　第 012 号

摘　　要	总账科目	明细科目	借方金额（亿千百十万千百十元角分）	贷方金额（亿千百十万千百十元角分）	记账
赊销A产品	应收账款	宏远建材有限公司	1170000		√
	应交税费	应交增值税（销项税额）		170000	√
	主营业务收入	A产品		1000000	√
附单据 1 张	合　　计		¥1170000	¥1170000	

核准：　　复核：　　记账：赵艳玲　　出纳：　　制单：周正业

图 6－7　记账凭证中记账的处理

（4）假设天龙公司于 2012 年的 11 月 12 日将宏远建材有限公司所欠款项 245700 元全部收回并存入银行，根据相关记账凭证登记入账后，截至 2012 年 11 月 12 日，天龙公司与宏远建材有限公司的往来款项全部结清（见图 6－6）。

四、对账与结账

（一）对账

1. 对账的概念

对账就是核对账目，是指在本期内对账簿记录进行的核对工作。在会计工作中，由于种种原因，难免发生记账科目、计算等方面的差错，也难免出现账实不符的现象。为了保证各种账簿记录的完整和正确，为编制会计报表提供真实可靠的数据资料，必须做好对账工作。对账的目的就是保证账证相符、账账相符和账实相符。

对账工作一般在月末进行，即在记账之后、结账之前进行对账。若有人员办理调动手续前或发生非常事件后，都应随时进行对账。

2. 对账的内容

对账一般可以分为账证核对、账账核对、账实核对。

（1）账证核对。

账证核对是指将各种会计账簿的记录与会计凭证进行核对。会计账簿是根据会计凭证登记的，两者之间存在勾稽关系，因此，通过账证核对，可以检查、验证会计账簿记录与会计凭证的内容是否正确无误，以保证账证相符。各单位应当定期将会计账簿记录与其相应的会计凭证记录（包括时间、编号、内容、金额、记录方向等）进行逐项核对，检查是否一致。如有不符之处，应当及时查明原因，予以更正。保证账证相符是会计核算基本要求之一，也是账账相符、账实相符和账表相符的基础。

（2）账账核对。

账账核对是指将各种账簿之间相应的记录进行核对。会计账簿之间相对应的记录存在着内在联系，因此，通过账账相对，可以检查、验证会计账簿记录的正确性，以便及时发现错账，予以更正，保证账账相符。账账核对的内容主要包括以下 5 个方面。

①所有总分类账中各账户的借方发生额合计数与贷方发生额合计数核对相符。

②所有总分类账中各账户的借方余额合计数与贷方余额合计数核对相符。

③所有总分类账中各账户余额与其所属明细分类账各账户余额之和核对相符。

④库存现金日记账和银行存款日记账的余额与其总分类账余额核对相符。

⑤会计部门有关财产物资的明细分类账的余额与财产物资保管部门或使用部门的有关明细账（卡）余额核对相符。

以上各种账簿间，可以直接进行核对，对内容较多的可以通过编表进行核对。

（3）账实核对。

账实核对是在账账核对的基础上，将各种财产物资的账面余额与实存数额相核对。这种核对工作又称财产清查，具体内容包括以下 4 个方面。

①库存现金日记账账面余额与现金实际库存数核对相符。

②银行存款日记账账面余额与银行对账单核对相符。

③各种财产物资明细分类账账面余额与其清查盘点后的实有数核对相符。

④各种债权债务明细分类账账面余额与对方单位的账面记录核对相符。

（二）结账

企业的经济活动是连续不断进行的，为了总结某一会计期间的经济活动情况、考核财务成果、编制会计报表，必须在每一会计期末进行结账。结账就是在会计期末把一定时期内所发生的交易或者事项，在全部登记入账的基础上，按照规定的方法结算出每个账户的账目，包括本期发生额和期末余额。会计期间一般按日历时间划分为年、季、月，年度结账日为公历年度每年的12月31日；月度、季度、半年度结账日分别为公历年度每月、每季、每半年的最后一天。

1. 结账的内容

结账的内容通常包括两个方面：一是结清各种损益类账户，并据以计算确定本期利润；二是结出各资产、负债和所有者权益账户的本期发生额合计和期末余额。

2. 结账的基本程序

结账前，必须将属于本期发生的各项交易或者事项和应由本期受益的收入、负担的费用全部登记入账。在此基础上，才可保证结账的有用性，确保会计报表的正确性。不得把将要发生的交易或者事项提前入账，也不得把已经在本期发生的交易或者事项延至下期（甚至以后期）入账。结账的基本程序具体表现为以下四项工作。

（1）将本期发生的各项交易或者事项全部登记入账，并保证其正确性。

（2）根据权责发生制的要求，调整有关账项，合理确定本期应计的收入和应计的费用。

（3）将损益类账户转入“本年利润”账户，结平所有损益类账户。

（4）结算出资产、负债和所有者权益账户的本期发生额和余额，并结转下期。

完成上述几项工作后，就可以计算各账户的本期发生额及期末余额，并根据总分类账和明细分类账的本期发生额和期末余额记录，分别进行试算平衡。结账的内容如图6－8所示。

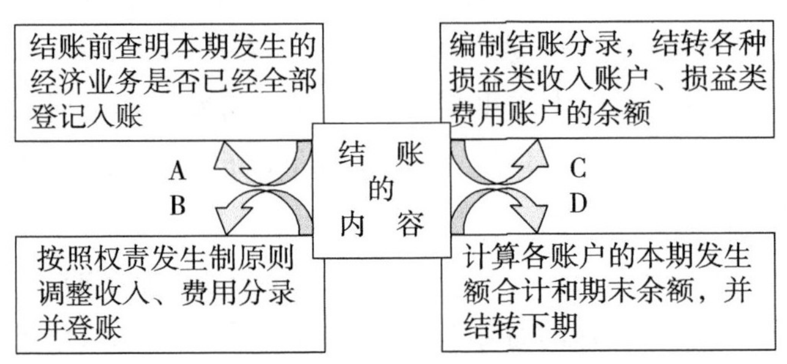

图6－8　结账的内容

3. 结账的一般方法

计算登记各种账簿本期发生额和期末余额的工作，一般按月进行，被称为月结；有的账目还应按季结算，被称为季结；年度终了，还应进行年终结账，被称为年结。期末结账主要采用画线结账法，也就是期末结出各账户的本期发生额和期末余额后，加以画线标记，将期末余额结转下期。结账时，不同的账户记录应分别采用不同的方法。

（1）月结。每月结账时，应在各账户本月最后一笔记录下面画一条通栏红线，表示本月结束；然后，在红线下面结出本月发生额和月末余额，如果没有余额，在余额栏内写上“平”或“θ”符号。同时，在摘要栏内注明“本月合计”或“月份发生额及余额”字样，最后，再在下面画一条通栏红线，表示完成月结工作。总账月结示例如图6－9所示。

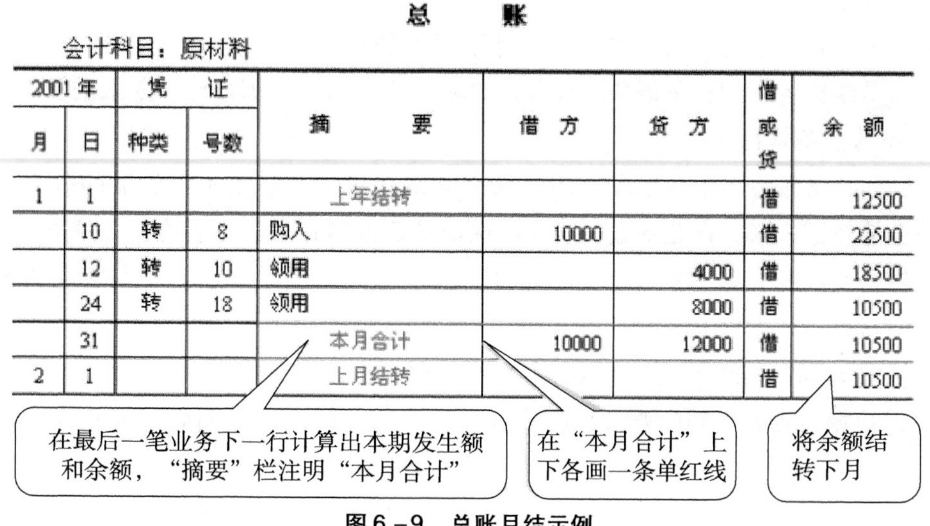
总　账

会计科目：原材料

2001年		凭证		摘要	借方	贷方	借或贷	余额
月	日	种类	号数					
1	1			上年结转			借	12500
	10	转	8	购入	10000		借	22500
	12	转	10	领用		4000	借	18500
	24	转	18	领用		8000	借	10500
	31			本月合计	10000	12000	借	10500
2	1			上月结转			借	10500

图6－9　总账月结示例

注：本书由于黑白印刷，此处及下文中红色、蓝色文字无法如彩色印刷清晰呈现。请各位读者注意。

（2）季结。季度结账一般是总分类账才需要，由于总分类账在年度结账时要将所有总分类账结出全年发生额和年末余额，以便于总括反映全年各项资金运动情况的全貌并核对账目，而总分类账在各月只结余额而不结发生额，为减少年终结账的工作量而把工作做在平时，所以对于总分类账就要进行季结。季结即在每季度结束时，应在季末月份月结后，分别结算出本季度借方、贷方本期发生额合计数和期末余额，在“摘要”栏内注明“本季累计”字样，并在该行下面再画一条通栏单红线，以便与下季发生额划分清楚。

（3）年结。办理年结时，应在12月月结下面（需办理季结的，应在第四季度的季结下面）结算填列全年12个月的月结发生额和年末余额，如果没有余额，在“借或贷”栏内写上“平”并在“余额”栏内写上“θ”符号，并在“摘要”栏内注明“本年合计”字样，并在下面画双红线；然后，将年初借（贷）方余额抄列于下一行的借（贷）方栏内，并在摘要栏内注明“年初余额”字样，同时将年末借（贷）方余额再列入下一行的贷（借）方栏内，在摘要栏内注明“结转下年”字样；最后，分别加计借贷方合计数，并在合计数下面画两条通栏红线表示封账，年末有余额的账户，还应在下一行的余额栏填写年末余额，“摘要”栏注明“结转下年”，便完成了年结工作。

需要更换新账的，应在新账有关账户的第一行摘要栏内注明“上年结转”或“年初余额”字样，并将上年的年末余额以相同方向记入新账中的余额栏内。总账年结示例如图6－10所示。

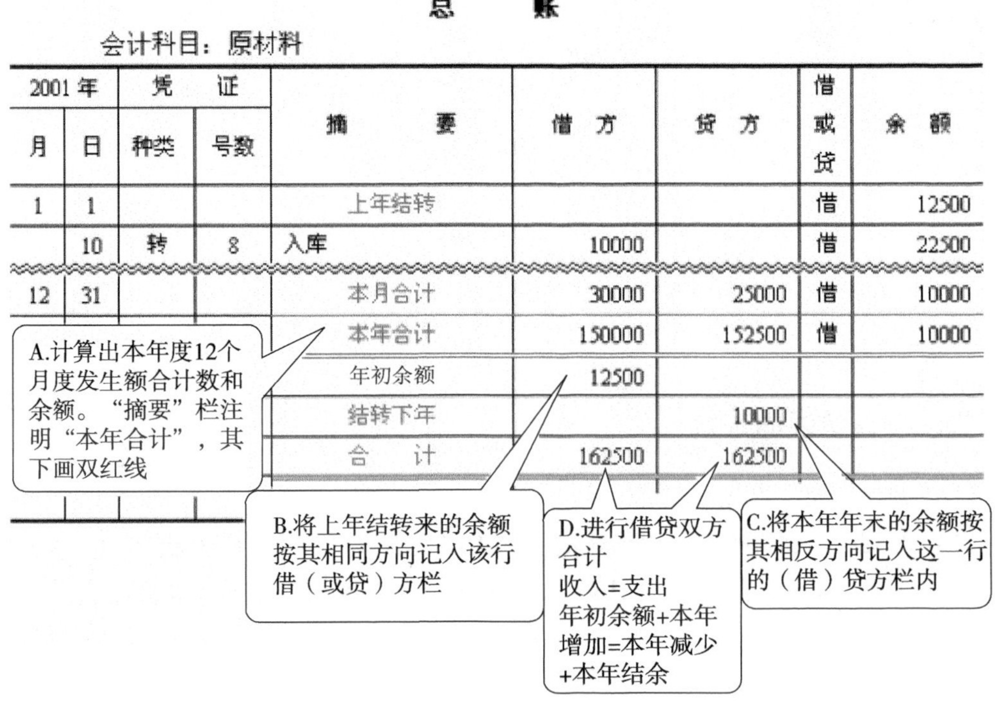

总　　账

会计科目：原材料

2001年		凭证		摘要	借方	贷方	借或贷	余额
月	日	种类	号数					
1	1			上年结转			借	12500
	10	转	8	入库	10000		借	22500
12	31			本月合计	30000	25000	借	10000
				本年合计	150000	152500	借	10000
				年初余额	12500			
				结转下年		10000		
				合　计	162500	162500		

图6－10　总账年结示例

第三节　错账查找与更正的方法

一、错账的基本类型

（一）记账凭证正确但登记账簿发生错误（见图6－11）

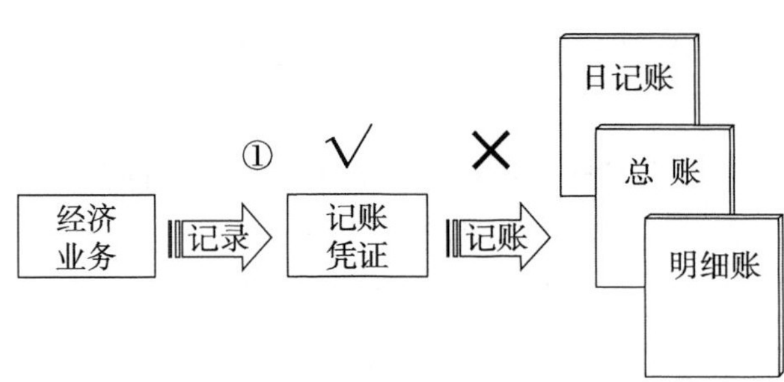

图6－11　记账凭证正确但登记账簿发生错误

(二) 记账凭证错误引发账簿登记错误(见图6－12)

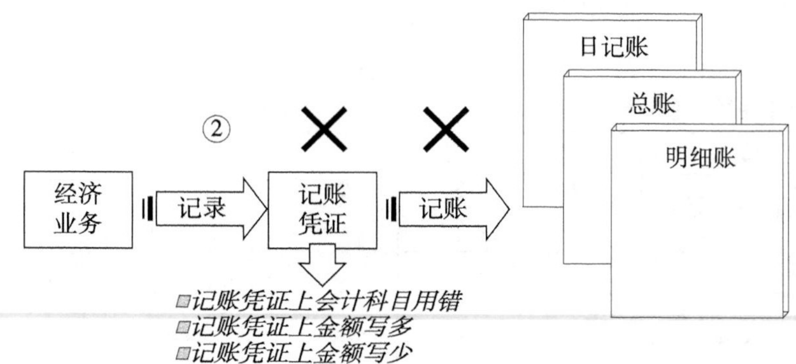

图6－12　记账凭证错误引发账簿登记错误

二、账簿错误的查找

1. 个别检查法

(1) 含义:个别检查法是以错账的差数为出发点来进行检查的方法。

(2) 适用范围:适用于方向记反、数字错位和数字颠倒等造成的记账错误。

(3) 方法:

①差数法。

ⅰ. 含义:先算出借方和贷方的差额,然后再由差额去查找错误。

ⅱ. 适用情形:适用于漏记、看错账目而造成的错误。

ⅲ. 举例:如1误记作7,就会产生6的差数。

②尾数法。

ⅰ. 含义:对于发生的差错只查找末位数,以提高查错效率。

ⅱ. 适用情形:适用于借方和贷方金额其他位数都一致,只有末位数出现差错的情况。

③倍数法(除2法)。

ⅰ. 含义:亦称除2法,先算出借方和贷方的差额,然后再根据差额的一半来查找错误。

ⅱ. 适用情形:适用于会计账簿因栏次错误而造成的方向错误。

ⅲ. 举例:如试算时发现借方发生额合计比贷方发生额合计多1200元,1200÷2＝600(元)。若仅此一项错误,就可以确定差错的原因是把一笔发生额为600元的应记入贷方的业务错记到借方,致使借方重复记载,贷方漏记。

④除9法。

ⅰ. 含义：先确定错账的差额，再除以 9 来查找错误。

ⅱ. 适用情形：适用于数字错位和数字颠倒而造成的错误。

ⅲ. 举例：

a. 如 400 写成了 4000，这就使正确的数字增加了 9 倍，差额 3600 ÷ 9 = 400，400 × 10 = 4000，4000 便是写错的金额。

b. 如将 81 误记为 18，则差数是 63，以 63 ÷ 9 = 7，那么错数前后两数之差肯定是 7，这样只要查 70、81、92 及其个位数、十位数相互颠倒而成的数字就可以了，无需在与此无关的数字中查找。

2. 全面检查法

（1）含义：对一定时期的账目进行逐一核对。

（2）方法：

①顺查法：按照会计核算程序，即交易或者事项→原始凭证→记账凭证→会计账簿→试算表，从头到尾进行普遍检查，其检查步骤如下所示。

ⅰ. 将记账凭证与原始凭证核对，检查有无制证错误。

ⅱ. 将记账凭证及所有原始凭证与账簿记录逐笔核对，检查有无记账错误。

ⅲ. 结算各账户的发生额及期末余额，检查有无计算错误。

ⅳ. 检查试算平衡表上有无抄写和计算错误。

②逆查法：按照与会计核算程序相反的步骤，即试算表→会计账簿→记账凭证→原始凭证→交易或者事项，从尾到头进行普遍检查。其步骤如下。

ⅰ. 检查试算平衡表本身。复核试算平衡表内各栏金额合计数是否平衡；检查表内各账户的期初余额加减本期发生额是否等于期末余额；核对表内该账户的各栏是否抄错。

ⅱ. 检查各账户的发生额及期末余额的计算是否正确。

ⅲ. 将记账凭证及所有原始凭证与账簿记录逐笔进行核对，检查记账有无错误。

ⅳ. 检查记账凭证的填制是否正确。

以上在哪个环节发现错误，分析错误的原因及性质，然后采取正确的方法进行更正。

三、错账的更正方法

由于记账差错的具体情况不同，更正错误的方法也不同，一般常用的更正错误的方法有画线更正法、红字更正法和补充登记法三种。

（一）画线更正法

画线更正法，又称红线更正法，在结账前发现账簿记录有文字或数字错误，而记账凭证没有错误时，采用画线更正法。画线更正法适用于依据正确的记账凭证登记账簿，但在账簿中发生登记错误的情况。更正时，先在错误的文字或数字（整个数字）上画一红线注销，并使原来的字迹仍可辨认，然后在红线上方空白处用蓝字填上正确的文字或数字，并在更正处由记账人员盖章。如果凭证中的文字或数字发生错误，在尚未登账前，也可用这种方法更正。

【例6－2】用银行存款3275元购买办公用品。记账凭证上编制的分录如下。

借：管理费用　　3275

　贷：银行存款　　3275

解析：记账凭证并没有错误，只是记账人在过账时粗心造成错误，所以应采用画线更正法更正。画线更正法如图6－13所示。

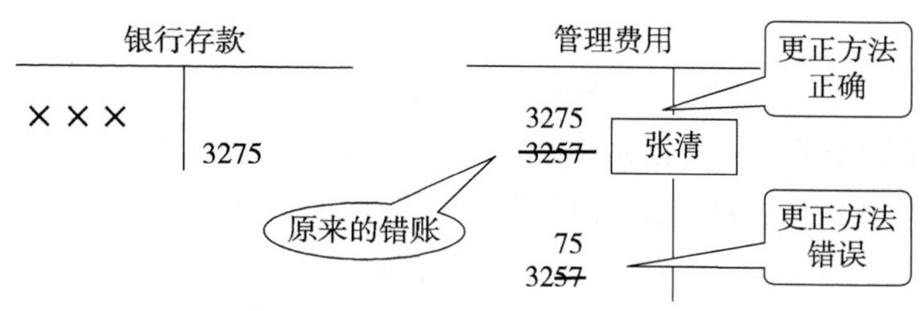

图6－13　画线更正法

（二）红字更正法

红字更正法，又称红字冲销法，在记账以后，发现记账凭证中应借、应贷科目或金额发生错误时，可以用红字更正法进行更正。红字更正法适用于以下两种情形。

（1）记账后发现记账凭证中的应借、应贷会计科目有错误所引起的记账错误。更正的方法是先用红字填制一张与原错误记账凭证内容完全相同的记账凭证，并据之用红字登记入账，冲销原有错误的账簿记录；然后，再用蓝字或黑字填制一张正确的记账凭证，据之用蓝字或黑字登记入账。

【例6－3】企业用银行存款2500元支付产品销售广告费。

错误分录如下。

借：管理费用　　2500

　贷：银行存款　　2500

解析：支付产品销售广告费应通过“销售费用”进行核算，错记入了“管理费用”账户，且进行了记账，所以应采用红字更正方法进行更正。红字更正法如图6－14所示。

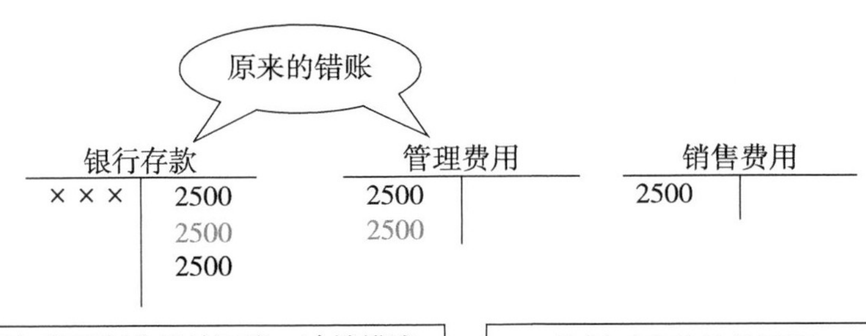

图6－14 红字更正法（1）

（2）记账后发现记账凭证和账簿记录中应借、应贷的会计科目无误，只是所记金额大于应记金额所引起的记账错误。更正的方法是：将多记的金额用红字填制一张与原错误记账凭证所记载的借贷方向、应借、应贷会计科目相同的记账凭证，并据之登记入账，以冲销多记金额，得到正确金额。

【例6－4】用银行存款50元支付银行手续费。

错误分录如下。

借：财务费用 500

贷：银行存款 500

解析：分录中所记金额为500元，比应记金额50元多了450元，用红字填制一张应借、应贷科目与原错误记账凭证相同的记账凭证，并据之用红字登记入账，以冲销多记的金额。红字更正法如图6－15所示。

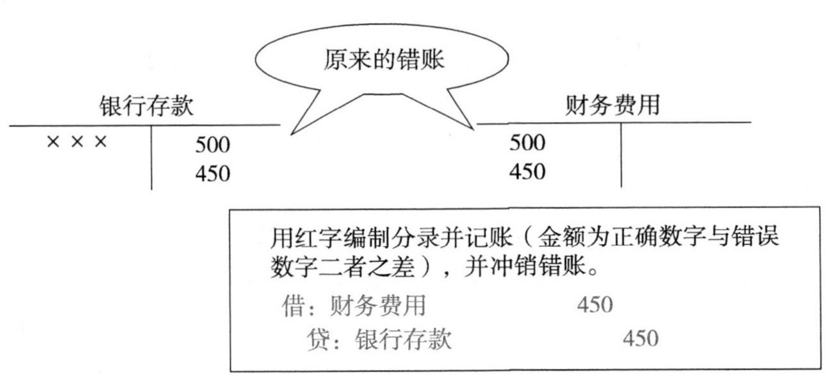

图6－15 红字更正法（2）

（三）补充登记法

补充登记法，又称蓝字更正法，是指记账后发现记账凭证记录中应借、应贷会计科目无误，只是所记金额小于应记金额时，采用补充登记法。更正的方法是：按少记的金额用蓝字填制一张应借、应贷会计科目与原错误记账凭证相同的记账凭证，并据之登记入账，以补充少记的金额。

【例 6 –5】 收到某单位归还的欠款 3500 元并存入银行。

错误分录如下。

借：银行存款　　　　　　　　　　　　　　　350

　贷：应收账款　　　　　　　　　　　　　　　350

解析：会计分录中所记金额为 350 元，比应记金额 3500 元少记了 3150 元，按少记的金额 3150 元用蓝字填制一张应借、应贷会计科目与原错误记账凭证相同的记账凭证，并据之登记入账，以补充少记的金额。补充登记法如图 6 – 16 所示。

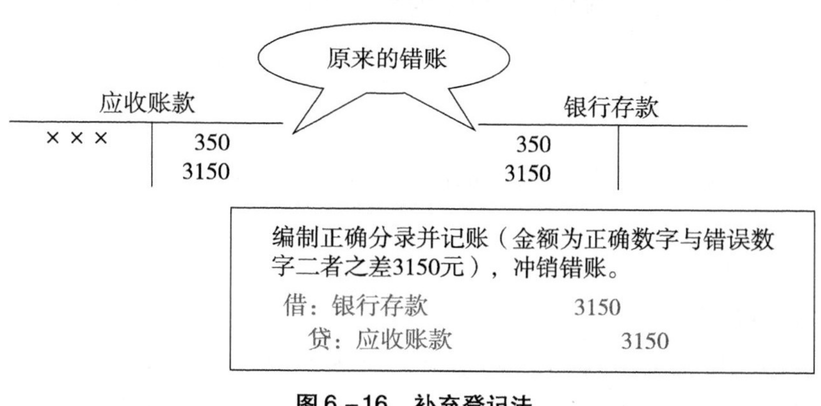

图 6 –16　补充登记法

第四节　会计账簿的更换与保管

一、会计账簿的更换

为了保持会计账簿资料的连续性，在每一会计年度结束、新的会计年度开始时，应按会计准则制度规定，进行账簿的更换。具体做法如下所示。

（1）总账、日记账和大部分的明细账，应当每年更换一次。年初，将旧账簿中各账户的余额直接记入新账簿中有关账户新账页的第一行“余额”栏内。同时，在“摘要”栏内加盖“上年结转”戳记，将旧账页最后一行数字下的空格，画一条斜红线注销，并在旧账页最后一行“摘要”栏内加盖“结转下年”戳记。在新旧账户之间转记余额，可不必填制凭证。

在年度内，订本账记满更换新账时，办理与年初更换新账簿相似的手续。

（2）部分明细账，如财产物资明细账和债权债务明细账等，由于材料等财产物资的品种、规格繁多，债权债务单位也较多，如果更新新账，重抄一遍的工作量相当大，因此可以跨年度使用，不必每年更换一次账簿，只需在“摘要”栏内加盖“结转下年”戳记，以划分新旧年度之间的金额即可。固定资产卡片等卡片式账簿，以及各种备查账簿可以跨年度连续使用。

二、会计账簿的保管

年度终了，各种账户在结转下年、建立新账后，一般应将旧账集中统一管理。会计账簿暂由本单位财务会计部门保管一年，期满后，由本单位财务部门编造清册移交本单位的档案部门保管。

会计账簿是各单位重要的经济资料，年末结账后，会计人员应在活页账簿首页加放账簿启用登记表和经管人员一览表装订成册，并加上封面，统一编号后，与各种订本账一并归档。各种账簿应当按年度分类归档，编造目录，妥善保管，既保证在需要时迅速查阅，又保证各种账簿的安全和完整。

账簿日常应由各自分管的记账人员专门保管，未经领导和会计负责人或有关人员批准，不许非经管人员翻阅、查看、摘抄和复制。会计账簿除非特殊需要或司法介入要求，一般不允许携带外出。

账簿应当按照国家统一规定的保管期限保管，不得在保管期限未满时销毁账簿。保管期满，需要销毁时，由本单位档案部门提出销毁意见，会同会计部门共同鉴定，严格审查，编造会计档案销毁清册，报经单位负责人批准后由专人监销，由其在销毁清册上签章并向单位负责人报告。

【会计小贴士】根据《中华人民共和国税收征收管理法实施细则》第八十六条内容的规定，税务机关行使税收征管法第五十四条第（一）项职权时，可以在纳税人、扣缴义务人的业务场所进行；必要时，经县以上税务局（分局）局长批准，可以将纳税人、扣缴义务人以前会计年度的账簿、记账凭证、报表和其他有关资料调回税务机关检查，但是税务机关必须向税务人、扣缴义务人开付清单，并在3个月内完整退还；有特殊情况的，经设区的市、自治州以上税务局局长批准，税务机关可以将纳税人、扣缴义务人当年的账簿、记账凭证、报表和其他有关资料调回检查，但是税务机关必须在30日内退还。

本章小结

➢ 会计账簿是指以会计凭证为依据，序时、连续、系统、全面地记录和反映会计主体经济活动全部过程的簿籍。它是编制财务报表的依据。

➢ 会计账簿可以按不同的标准进行分类。会计账簿按其用途不同，可分为序时账簿、分类账簿、备查账簿三类。各单位都必须设置现金日记账、银行存款日记账和总分类账，同时根据单位的特点和经营管理的需要，设置必需的明细分类账。会计账簿既要对企业所发生的交易或者事项进行总括核算，同时还要进行明细核算。会计账簿按其外表形式，可分为订本式账簿、活页式账簿、卡片式账簿三种；按账页格式不同，可分为三栏式账簿、多栏式账簿、数量金额式账簿三种。

➢ 登记账簿是会计核算的一种专门方法，因此必须遵循账簿启用规则和账簿登记规则。

➢ 账簿记录发生错误，要加以更正。凭证没错，可用画线更正法；记账凭证上会计科目错误或是科目没错、金额错误且错误金额大于正确金额，可用红字更正法；凭证科目没错，金额错误且错误金额小于正确金额，可用补充登记法。

➢ 每个会计期末，为了保证账簿记录的真实性，及时总结企业的经营状况和财务状况，企业要进行对账和结账。对账工作包括账证核对、账账核对、账实核对。在会计期末，会计人员应按规定进行结账，为编制财务报表提供数据资料。

➢ 会计账簿一般每年更换一次，并将上年旧账更换为次年新账。会计账簿是各单位重要的经济资料，必须建立管理制度，妥善保管。账簿管理分为平时管理和归档保管两部分。

同步练习

一、单项选择题

1. 总分类账簿应采用(　　)外表形式。

A. 活页式　　B. 卡片式　　C. 订本式　　D. 备查式

2. 会计人员在结账前发现，在根据记账凭证登记入账时，误将 600 元记成 6000 元，而记账凭证无误，应采用(　　)。

A. 补充登记法　　B. 画线更正法　　C. 红字更正法　　D. 蓝字登记法

3. 下列会计科目中，采用三栏式明细账格式的是(　　)。

A. 生产成本　　B. 销售费用　　C. 原材料　　D. 应收账款

4. 新的会计年度开始，启用新账时，可以继续使用，不必更换新账的是(　　)。

A. 总分类账　　B. 银行存款日记账

C. 固定资产卡片　　D. 管理费用明细账

5. 在我国，库存现金日记账和银行存款日记账要选用(　　)。

A. 活页式账簿　　B. 订本式账簿

C. 卡片式账簿　　D. 自己认为合适的账簿

6. 结账的基础是(　　)。

A. 期末账项调整　　B. 账证核对

C. 全部交易或者事项登记入账　　D. 核对账目

7. 银行存款日记账的登记方法是(　　)。

A. 每日汇总登记　　B. 定期汇总登记　　C. 逐日逐笔登记　　D. 月末一次登记

8. 主营业务收入明细账适于采用(　　)账簿。

A. 三栏式　　B. 贷方多栏式　　C. 借方多栏式　　D. 数量金额式

9. 企业开出转账支票 1790 元购买办公用品，编制记账凭证时，金额误记为 1970 元，科目及方向无误并已记账，应采用的更正方法是(　　)。

A. 补充登记 180 元　　B. 红字冲销 180 元

C. 在凭证中画线更正　　D. 把错误凭证撕掉重编

10. 下列明细账应该采用数量金额式账簿的是(　　)。

A. 库存商品——甲产品　　B. 银行存款日记账

C. 应付账款——A 公司　　D. 应收账款——M 公司

二、多项选择题

1. 对账工作应包括的内容有(　　)。
A. 账证核对　　B. 账账核对　　C. 金额核对
D. 账实核对　　E. 数量核对
2. 账簿按其用途可分为(　　)。
A. 订本账簿　　B. 活页账簿
C. 序时账簿　　D. 分类账簿　　E. 备查账簿
3. 若记账出现错误，可供选择的更正方法可能有(　　)。
A. 实地盘点法　　B. 技术推算盘点法
C. 画线更正法　　D. 红字更正法　　E. 补充登记法
4. 下列应逐日逐笔登记明细账的有(　　)。
A. 原材料　　B. 应收账款
C. 应付账款　　D. 管理费用　　E. 固定资产
5. 任何会计主体都必须设置的账簿有(　　)。
A. 现金日记账　　B. 辅助账
C. 总分类账簿　　D. 明细账　　E. 银行存款日记账
6. 可用于更正因记账凭证错误而导致账簿登记错误的错账更正方法有(　　)。
A. 画线更正法　　B. 红字更正法
C. 补充登记法　　D. 顺查法　　E. 逆查法
7. (　　)情况下可采用红色墨水记账。
A. 对错账采用补充登记法更正
B. 按照红字冲账的记账凭证冲销错误记录
C. 在不设借贷等栏的多栏式账页中登记减少数
D. 在三栏式账户的余额栏前未印有金额方向的，在余额栏内登记负数余额
E. 期末结账时的画线
8. 会计账簿的基本内容包括(　　)。
A. 封面　　B. 扉页　　C. 账页
D. 记账人员　　E. 账簿名称

三、判断题

1. 总分类账户和明细分类账户主要区别是登记的原始依据和详细程度不同。
(　　)

2. 对账是对账簿记录进行的核对工作，它包括企业同外企业相关账簿相核对。（　　）

3. 订本式账簿是指在记录账后，把记过账的账页装订成册的账簿。（　　）

4. 备查账簿的登记应以审核无误的会计凭证作为依据。（　　）

5. 三栏式账簿是指具有日期、摘要、金额三个栏目格式的账簿。（　　）

6. 账账核对就是指企业银行存款日记账与银行对账单的核对。（　　）

7. 红色墨水只能在画线、改错、冲账时使用。（　　）

8. 明细账既可以根据原始凭证或原始凭证汇总表登记，也可以根据记账凭证登记。（　　）

9. 明细账一般是逐笔登记，也可以定期汇总登记。（　　）

10. 错账要采用红字冲销法更正。（　　）

第七章　账务处理程序

学习导航

财务处理程序是指不同性质、不同规模企业如何有效组织会计工作，如何将会计凭证、账簿组织、会计报表相互结合的方法和程序。通过本章的学习，应把握以下内容：了解账务处理程序的概念，熟悉常用的账务处理程序；掌握主要账务处理程序的一般步骤；理解主要账务处理程序的优缺点及适用范围。

第一节　账务处理程序概述

一、账务处理程序的概念

账务处理程序也称会计核算组织程序或会计核算形式，是指在从交易或者事项发生、取得或填制原始凭证开始到根据有关账簿记录编制财务会计报表为止的一个会计循环过程中，会计凭证、会计账簿、会计报表相结合的方式，包括会计凭证和账簿的种类、格式，会计凭证与账簿之间的联系方法，由原始凭证到填制记账凭证、登记明细分类账和总分类账、编制财务报表的工作程序和方法等。

二、账务处理程序的意义

在实际工作中，由于各单位的业务性质不同，经营规模大小不同，交易或者事项繁简不同，他们所需要设置的凭证、会计账簿的种类也不尽相同。为此，各单位应结合自身特点和管理要求，科学、合理选择适用于本单位的账务处理程序，减少不必要的会计工作程序和成本消耗，从而提高会计工作效率，更好地发挥会计核算和监督的职能，体现会计工作的管理功能，为会计信息使用者提供完整、准确、及时、有用的会计信息。科学、合理的账务处理程序的优点具体体现为以下 3 点。

（1）有利于会计工作程序的规范化，确定合理的凭证、账簿及报表之间的联系方式，保证会计信息加工过程的严密性，提高会计信息质量。

（2）有利于保证会计记录的完整性、正确性，通过凭证、账簿及报表之间的牵制作用，增强会计信息的可靠性。

（3）有利于减少不必要的会计核算环节，通过井然有序的账务处理程序，提高会计工作效率，保证会计信息的及时性。

三、账务处理程序的设计原则

任何单位都应根据国家统一会计制度的要求，结合本单位的实际情况和具体条件，设计适应本单位特点的账务处理程序，具体来说，应选择科学、合理的账务处理程序，在设计环节上应遵循以下原则。

（1）账务处理程序要与本单位的业务性质、规模大小、繁简程度、经营管理的要求和特点等相适应，有利于加强会计核算工作的分工协作，有利于实现会计控制和监督目标。

（2）账务处理程序要能正确、及时、完整地提供会计信息使用者需要的会计核算资料。

（3）账务处理程序要在保证会计核算工作质量的前提下，力求简化核算手续，节约人力和物力，降低会计信息成本，提高会计核算的工作效率。

四、账务处理程序的种类

账务处理程序有记账凭证账务处理程序、科目汇总表账务处理程序、多栏式日记账账务处理程序、汇总记账凭证账务处理程序、日记总账账务处理程序。其中，常用的账务处理程序有记账凭证账务处理程序、汇总记账凭证账务处理程序、科目汇总表账务处理程序，本章将着重介绍这三种较常用的账务处理程序。

第二节　账务处理程序的具体内容

一、记账凭证账务处理程序

记账凭证账务处理程序是指对发生的交易或者事项，都要根据原始凭证或汇总原始凭证编制记账凭证，然后根据记账凭证直接登记总分类账的一种账务处理程序。

（一）记账凭证账务处理程序的一般步骤

（1）根据原始凭证填制汇总原始凭证。

（2）根据原始凭证或汇总原始凭证，填制记账凭证。

（3）根据收款凭证、付款凭证逐笔登记现金日记账和银行存款日记账。

（4）根据原始凭证、汇总原始凭证和记账凭证，登记各种明细分类账。

（5）根据记账凭证逐笔登记总分类账。

（6）期末，现金日记账、银行存款日记账和明细分类账的余额同有关总分类账的余额核对相符。

（7）期末，根据总分类账和明细分类账的记录，编制会计报表。

记账凭证账务处理程序如图 7－1 所示。

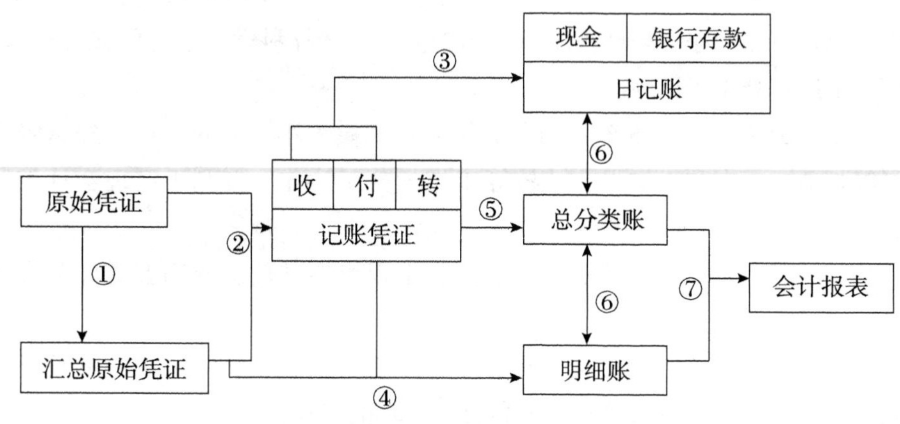

图 7－1　记账凭证账务处理程序

（二）记账凭证账务处理程序的优缺点及适用范围

（1）优点：简单明了，易于理解，总分类账可以较详细地反映交易或者事项的内容。

（2）缺点：登记总分类账的工作量比较大。

（3）适用范围：规模小、业务量少、凭证不多的单位。

二、汇总记账凭证账务处理程序

汇总记账凭证账务处理程序是指根据原始凭证或汇总原始凭证编制记账凭证，定期根据记账凭证编制汇总记账凭证，然后据之登记总分类账的一种账务处理程序。

（一）汇总记账凭证账务处理程序的一般步骤

在汇总记账凭证账务处理程序下，账务处理程序一般按下列步骤进行。

（1）根据原始凭证编制汇总原始凭证。

（2）根据原始凭证或汇总原始凭证，编制记账凭证。

（3）根据收款凭证、付款凭证逐笔登记现金日记账和银行存款日记账。

（4）根据原始凭证、汇总原始凭证和记账凭证，登记各种明细分类账。

（5）根据各种记账凭证编制有关汇总记账凭证。

（6）根据各种汇总记账凭证登记总分类账。

（7）期末，现金日记账、银行存款日记账和明细分类账的余额同有关总分类账的余额核对相符。

（8）期末，根据总分类账和明细分类账的记录，编制会计报表。

汇总记账凭证账务处理程序如图7－2所示。

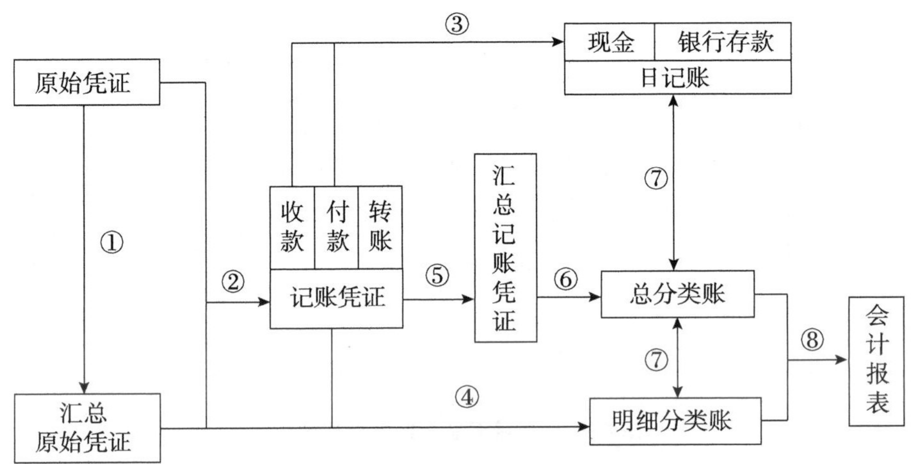

图7－2　汇总记账凭证账务处理程序

（二）汇总记账凭证账务处理程序的优缺点及适用范围

（1）优点：汇总记账凭证能够清晰地反映账户之间的对应关系，并可以大大减少登记总分类账的工作量。

（2）缺点：定期编制汇总记账凭证的工作量比较大；比较烦琐；按每一贷方科目编制汇总转账凭证，不利于会计核算的日常分工；在汇总过程中可能存在的错误较难发现。

（3）适用范围：规模较大、交易或者事项量较多、专用记账凭证比较多的会计主体。

三、科目汇总表账务处理程序

科目汇总表账务处理程序又称记账凭证汇总表账务处理程序，它是根据记账凭证定期编制科目汇总表，再根据科目汇总表登记总分类账的一种账务处理程序。

（一）科目汇总表账务处理程序的一般步骤

（1）根据原始凭证或汇总原始凭证编制记账凭证。

（2）根据收款凭证、付款凭证逐笔登记现金日记账和银行存款日记账。

（3）根据原始凭证、汇总原始凭证和记账凭证登记各种明细分类账。

（4）根据各种记账凭证编制科目汇总表。

（5）根据科目汇总表登记总分类账。

（6）期末，现金日记账、银行存款日记账和明细分类账分别与总分类账核对。

（7）期末，根据总分类账和明细分类账的记录，编制会计报表。

科目汇总表账务处理程序如图 7－3 所示。

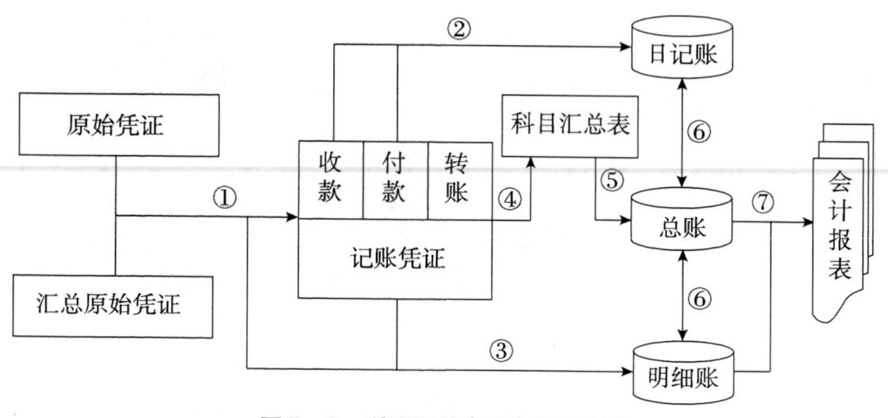

图 7－3　科目汇总表账务处理程序

（二）科目汇总表账务处理程序的优缺点及适用范围

（1）优点：汇总手续较为简单，不仅可以简化总分类账的登记，还可以每天或定期就科目汇总表进行试算平衡，便于及时发现问题，采取措施。

（2）缺点：科目汇总表反映不出账户的对应关系，不便于了解交易或者事项的内容。

（3）适用范围：交易或者事项频繁的单位。

本章小结

➢ 账务处理程序也称会计核算形式、会计核算组织程序，是指在从交易或者事项发生、取得或填制原始凭证开始到根据有关账簿记录编制财务会计报表为止的一个会计循环过程中，会计凭证、会计账簿和会计报表相互结合的方式。

➢ 目前我国通常采用的账务处理程序主要有三种：记账凭证账务处理程序、汇总记账凭证账务处理程序和科目汇总表账务处理程序。

➢ 记账凭证账务处理程序的主要特点是直接根据记账凭证登记总分类账；科目汇总表账务处理程序的主要特点是在总分类账和记账凭证之间增加了科目汇总表，总分类账的登记依据是科目汇总表；汇总记账凭证账务处理程序的主要特点是根据汇总记账凭证登记总分类账。

同步练习

一、单项选择题

1. 下列项目中，不可以作为总分类账登记依据的是(　　)。

A. 科目汇总表　　B. 汇总记账凭证　　C. 原始凭证　　D. 记账凭证

2. 下列各项中，属于各种账务处理程序之间主要区别的是(　　)。

A. 编制记账凭证的直接依据不同　　B. 登记总分类账的依据和方法不同

C. 编制财务报表的直接依据不同　　D. 登记明细分类账的依据和方法不同

3. 各种账务处理程序的起点都是(　　)。

A. 接受并审核原始凭证　　B. 编制记账凭证

C. 编制汇总记账凭证　　D. 编制科目汇总表

4. 科目汇总表账务处理程序与汇总记账凭证账务处理程序的共同优点是(　　)。

A. 保持科目之间的对应关系　　B. 简化总分类账登记工作

C. 进行所有科目余额的试算平衡　　D. 总括反映同类交易或者事项

5. 记账凭证账务处理程序的主要缺点是(　　)。

A. 登记总分类账的工作量较大

B. 不利于会计分工

C. 不反映各科目之间的对应关系

D. 总分类账不能详细地反映交易或者事项的发生情况

6. 下列关于记账凭证账务处理程序的表述中，不正确的是(　　)。

A. 适用于规模较大、交易或者事项较多的单位

B. 登记总分类账的工作量较大

C. 根据记账凭证逐笔登记总分类账，是最基本的账务处理程序

D. 简单明了，易于理解，总分类账可以较详细地反映交易或者事项的发生情况

7. 在科目汇总表账务处理程序下，记账凭证不可以用来(　　)。

A. 登记库存现金日记账　　B. 登记总分类账

C. 登记明细分类账　　D. 编制科目汇总表

8. 下列各项中，属于既能汇总登记总分类账，减轻总分类账登记工作量，又能明确反映科目之间的对应关系，便于查账、对账的账务处理程序是(　　)。

A. 科目汇总表账务处理程序　　B. 汇总记账凭证账务处理程序

C. 多栏式日记账账务处理程序　　D. 记账凭证账务处理程序

二、多项选择题

1. 下列关于账务处理程序，说法正确的是(　　)。

A. 记账凭证账务处理程序的缺点是登记总分类账的工作量比较大

B. 采用科目汇总表账务处理程序，由于科目汇总表不反映科目对应关系，因而不便于分析交易或者事项的来龙去脉，不便于查账

C. 采用汇总记账凭证账务处理程序可以大大减少登记总分类账的工作量

D. 日记总账账务处理程序的缺点是增大了登记日记账的工作量，且不便于记账分工和查阅

2. 汇总记账凭证账务处理程序的缺点在于(　　)。

A. 不利于会计核算工作的分工

B. 不能反映交易或者事项的来龙去脉，不便于查对账目

C. 不能反映科目之间的对应关系

D. 不能节省会计工作时间

3. 账务处理程序是指(　　)结合的方式。

A. 会计报表　　B. 会计账簿　　C. 会计凭证　　D. 会计岗位

4. 各种账务处理程序的相同之处是(　　)。

A. 根据原始凭证编制汇总原始凭证

B. 根据原始凭证、汇总原始凭证和记账凭证，登记明细分类账

C. 根据收款凭证和付款凭证登记库存现金、银行存款日记账

D. 根据总分类账和明细分类账编制会计报表

5. 登记明细分类账的依据可能有(　　)。

A. 原始凭证　　B. 汇总原始凭证　　C. 记账凭证　　D. 汇总记账凭证

6. 科目汇总表账务处理程序下不需要编制(　　)。

A. 科目汇总表　　B. 汇总收款凭证　　C. 汇总付款凭证　　D. 记账凭证

7. 下列各项中，不属于汇总记账凭证账务处理程序缺点的有(　　)。

A. 总分类账无法清晰地反映科目之间的对应关系

B. 登记总分类账的工作量较大

C. 编制汇总记账凭证的程序比较烦琐

D. 当转账凭证较多时，编制汇总转账凭证的工作量较大

8. 汇总记账凭证一般分为(　　)。

A. 汇总收款凭证　　B. 汇总付款凭证

C. 原始凭证汇总表　　D. 汇总转账凭证

三、判断题

1. 由于各单位的业务性质、规模大小、管理要求的不同，所以各单位所采用的账务处理程序也就各不相同。（　）

2. 科目汇总表账务处理程序能科学地反映账户的对应关系，且便于账目核对。（　）

3. 记账凭证账务处理程序、汇总记账凭证账务处理程序和科目汇总表账务处理程序不存在任何相同之处。（　）

4. 账务处理程序的基本模式可以概况为：原始凭证—记账凭证—会计账簿—会计报表。（　）

5. 记账凭证账务处理程序是一种直接根据各种记账凭证逐笔登记总分类账的账务处理程序，是账务处理程序中最基本的一种账务处理程序，适用于规模较小、交易或者事项较少的单位。（　）

6. 科目汇总表只反映各个会计科目的本期借方发生额和本期贷方发生额，不反映各个会计科目的对应关系。（　）

7. 科目汇总表账务处理程序的优点之一是编制汇总记账凭证的程序比较简单。（　）

8. 在不同的账务处理程序下，财务报表的编制依据不同。（　）

第八章　财产清查

学习导航

为了保证会计信息的可靠性和所有者资产的保值增值，企业需要进行财产清查。财产清查是会计核算的一种方法，通过本章的学习，应达到以下要求：了解财产清查的概念和种类；了解财产清查的一般程序；熟悉财产清查的基本方法；掌握财产清查结果的账务处理（特别注意固定资产盘盈的账务处理）。

第一节　财产清查的概述

一、财产清查的概念

财产清查也叫财产检查，是指通过对库存现金、银行存款等货币资金，存货、固定资产等实物财产和应收账款等往来款项的盘点和核对，确定其实有数，核对账存数与实有数是否相符的一种专门方法。

二、财产清查的原因

财产要通过账簿记录来反映其增减变动以及结存情况。理论上，账簿记载的各项财产的结存数与实有数应当一致。但账簿记录并不能完全反映客观实际，会有一些因素导致账簿记录的结存数与实有数不一致。为保证账簿记录的正确性，需要对各种财产进行定期或不定期的清查盘点工作，并与相关账簿进行核对。

导致账簿记录与财产实有数不一致的因素有以下 6 点。

（1）保管过程中的自然损耗或升溢（如天然孳息的情形）。

（2）发生自然灾害和意外损失。

（3）收发计量过程中，发生错误，此情形主要是财产物资在收发或检验过程中因计量或检验不准确，原始凭证填列的数字与实际情况不符。

（4）账簿记录中发生漏记、重记或错记。

（5）管理不善或工作人员失误造成损坏、丢失或被盗。

（6）结算凭证传递不及时造成了未达账项，在结算过程中，由于未达账项和拒付等原因，企业与银行账簿记录不相符。

【会计小贴士】 孳息是指物或权益而产生的收益，包括天然孳息和法定孳息。天然孳息是原物根据自然规律产生的物，例如母鸡生的鸡蛋等；法定孳息是原物根据法律规定由一定法律关系产生的物，例如出租房屋获得的租金等。

三、财产清查的意义

由于上述客观及主观因素的存在，账实不符的情况会经常发生。为了保证会计账簿记录的真实和准确，进一步建立健全财产物资的管理制度，确保企业财产的完整无损，就必须运用财产清查这一专门的会计核算方法，对各项财产物资进行定期或不定期的盘点或核对，以做到账实相符。

加强财产清查工作，对加强企业管理、充分发挥会计的监督作用具有十分重要的意义。

（1）保护财产的安全和完整。

通过财产清查，可以查明各种财产的储备和利用情况，查明财产保管等制度的执行情况；可以查明各项财产有无被挪用、贪污和盗窃的情况；还可以查明各项财产保管是否妥善，有无损坏、霉烂和变质等情况。财产清查有助于采取有力措施，加强管理，确保财产安全和完整。

（2）保证会计信息资料的真实、可靠。

通过财产清查，可以查明各项财产的实有数与账面数是否相符，确定账实差异，明确盘盈盘亏的原因和责任。

（3）挖掘财产物资潜力，提高物资使用效率。

通过财产清查，可以查明各项财产的储备利用情况，以便根据不同情况，分别采取不同措施，及时补充储备不足，处理积压和呆滞，既满足生产经营的需要，又提高物资的使用效率，加速资金周转。

（4）保证财经纪律贯彻执行。

在财产清查中如果发现“白条抵库”、债权债务长期拖欠等问题，应及时查明原因，采取措施，确保各项财务活动合法进行。

四、财产清查的种类

财产清查可以按不同的标准进行分类，主要的标准有清查对象、清查时间以及清查的执行单位等。

（一）财产清查按清查对象分类

财产清查按清查对象范围不同，可分为全面清查和局部清查。

1. 全面清查

全面清查是指对企业的所有财产物资进行盘点和核对，就制造业企业的清查对象而言，一般包括以下 5 类资产。

（1）库存现金、银行存款等各项货币资金。

（2）材料、在产品、半成品、在途材料、包装物、低值易耗品等存货。

（3）房屋、建筑物、机器设备等各项固定资产。

（4）各种应收、应付、预收、预付等往来结算款项。

（5）各种股票、债券等对外投资。

由于全面清查的范围广，内容多，时间长，工作量大，需要投资的人力也多，有时还会影响企业生产经营的正常进行，故一般只在以下 5 种情况下进行。

（1）企业编制年度会计报告前，为了确保年终决算会计资料真实、正确，需全面清查财产、核实债务。

（2）单位撤销、分立、合并或改变隶属关系时，需进行全面清查。

（3）企业发生并购、重组等涉及产权变动的情况，需进行全面清查。

（4）开展清产核资时，需要进行全面清查，以摸清家底，准确地核定资金。

（5）单位主要负责人调离工作时，需要进行全面清查，以分清责任。

2. 局部清查

局部清查，也称重点清查，是指根据需要对部分财产进行盘点和核对。局部清查主要是对货币资金、存货等流动性较大的财产进行清查。局部清查范围小、内容少、时间短、参与人员少，但专业性较强。清查内容主要包括以下 5 点。

（1）库存现金应当由出纳人员每日清点，并与库存现金日记账核对，做到日清月结。

（2）银行存款应当每月与银行核对一次。

（3）贵重物资应当每月盘点，并与实物账核对。

（4）债权债务应当每年至少与对方核对一次。

（5）各类存货应当根据需要进行重点抽查。

（二）财产清查按清查时间分类

财产清查按清查时间不同，可分为定期清查和不定期清查。

1. 定期清查

定期清查是指在规定的时间内所进行的财产清查，可以是全面清查，也可以是局部清查。这种清查一般是在年末、季末或月末结账时进行。

2. 不定期清查

不定期清查也称临时清查，是指事先无计划安排，根据实际需要对财产物资进行的临时性清查。这种可以是局部清查，也可以是全面清查。一般适用于以下 4 种情况。

（1）更换财产物资、现金保管人员，为了分清经济责任，要对其所保管的财产物资、现金进行清查。

（2）发生自然灾害或意外损失，为了查明损失情况，要对受损财产物资进行清查。

（3）有关财政、审计、银行等部门对本单位进行会计检查，为了验证会计资料的可靠性，要按检查的要求和范围进行清查。

（4）进行临时性清产核资，要对某些要求清查的资产进行清查。

（三）财产清查按照清查的执行单位分类

财产清查按清查的执行单位不同，可分为内部清查和外部清查。

1. 内部清查

内部清查是指由本企业的有关人员所进行的财产清查，亦可称为自查。内部清查可以是全面清查，也可以是局部清查，可以是定期清查，也可以是不定期清查，要根据实际情况和具体要求来确定。

2. 外部清查

外部清查是指由本企业外部的有关部门或人员，根据国家法律或制度的规定，对企业所进行的财产清查，如企业清产核资、重组等过程中的资产评估，都属于外部清查。外部清查可以是定期清查，也可以是不定期清查；可以是全面清查，也可以是局部清查。

五、财产清查的一般程序

财产清查是一项复杂、细致的工作，涉及面广、工作量大，为了保证财产清查工作能够有组织、有领导和有秩序地进行，企业必须做好财产清查的准备工作，并选用适当的程序与方法，财产清查一般包括准备工作、清查工作和报告工作 3 个过程。

（一）准备工作

1. 组织准备

为了使财产清查工作顺利地进行，会计、财产保管和相关部门应密切配合，做好清查前的各方面准备工作，以便有组织、有计划、有步骤地进行财产清查。具体包括以下 3 个方面：

（1）抽调有关专业人员组成清查小组；

（2）组织清查人员学习有关政策规定，掌握有关法律、法规和相关业务知识，以提高财产清查工作的质量；

（3）确定清查对象范围，明确清查任务，制定实施方案，具体安排清查内容、时间、步骤、方法和必要的清查前准备。

2. 业务准备

会计部门在清查之前将所有交易或者事项全部入账，并核对总账和所属明细账，保证账证相符，账账相符。财产保管部门将财产规范存放，整齐排列，标明品种、规格和结存数量。相关部门要准备好计量衡器具，并准备好清查用的登记表册。

（二）清查工作

清查工作中，要注意核定各种实物、货币资金和往来款项的账实是否相符，清查时本着先清查数量、核对有关账簿记录等，后认定质量的原则进行，并按要求填制盘存单。

（三）报告工作

清查工作完毕，要整理盘存单，填制清查报告表，将账实核对的结果及处理意见，书面报告有关部门审批，根据审批情况进行账务处理。

第二节　财产清查的基本方法

财产清查是一项业务量较大、涉及面较宽的会计工作，为了保证财产清查的质量，在财产清查时，应针对不同的清查内容采用不同的清查方法。

一、货币资金的清查

货币资金的清查包括对库存现金、银行存款和其他货币资金的清查。下面主要介绍库存现金的清查和银行存款的清查。

（一）库存现金的清查

清查库存现金应采用实地盘点的方法，确定实有库存现金的数额，然后与现金日记账的账面余额核对，查明账款是否相符以及盈亏情况。库存现金盘点时，出纳员必须在场；在清查过程中不能用不具有法律效力的借条、收据充抵库存现金（不允许“白条抵充库存”）。盘点后，应根据库存现金盘点结果，编制“库存现金盘点报告表”，并由盘点人和出纳员签章。“库存现金盘点报告表”兼有“盘存单”和“实存账存对比表”的作用，是反映库存现金实有数和调整账簿记录的原始凭证，其一般格式如表 8－1 所示。

表 8－1　　库存现金盘点报告表

单位名称：　　　　年　月　日　　　　单位：元

实存金额	账存金额	实存与账存对比		备注
		长款	短款	

盘点人签章：　　　　出纳员签章：

（二）银行存款的清查

1. 银行存款的清查方法

银行存款的清查方法与库存现金的清查方法不同，它是采用与银行核对账目的方法来进行的。银行存款清查的对账单法，是指企业将从银行取得的对账单和单位的银行存款日记账逐笔进行核对，以查明账实是否相符。在进行银行存款的清查时，单位应先检查本单位银行存款日记账的记录情况，并保证其记录的准确和完整。

在企业银行存款日记账记录无误的前提下，银行和单位的入账时间不一致，常常会出现银行存款日记账的账面余额与银行对账单的余额不相符的情况，而这往往是由双方发生的未达账项所致。

2. 未达账项

未达账项是指企业与银行之间，对于同一项业务，凭证的传递时间不同导致双方记账时间不一致，一方已接到有关结算凭证并已经登记入账，而另一方由于尚未接到有关结算凭证尚未入账的款项。

未达账项总的来说有两大类型：一是企业已经入账而银行尚未入账的款项；二是银行已经入账而企业尚未入账的款项。未达账项具体又分为以下 4 种情况。

（1）企业存入银行的款项，企业已经作为本单位银行存款的增加登记入账，而银行尚未登记入账。

（2）企业开出支票以银行存款支付款项，企业已经作为本单位银行存款的减少登记入账，而银行尚未付款和记账。

（3）银行代企业收取的款项，银行已经作为企业银行存款的增加登记入账，而企业因未收到有关凭证，尚未登记入账。

（4）银行代企业支付的款项，银行已经作为企业银行存款的减少登记入账，而企业因未收到有关凭证，尚未登记入账。

上述任何一种未达账项的存在，都会使企业银行存款日记账账面余额与银行对账单余额不符。出现上述（1）、（4）两种情况会使企业银行存款日记账账面余额大于银行对账单余额；出现上述（2）、（3）两种情况则会使企业银行存款日记账账面余额小于银行对账单余额。

3. 银行存款余额调节表的编制

在与银行对账时，应首先查明有无未达账项，如果有未达账项就应编制“银行存款余额调节表”，对企业和开户银行双方的银行存款账面余额进行调整，以消除未达账项的存在对企业银行存款日记账账面余额和银行对账单余额的影响。“银行存款余额调节表”是为了核对企业与其开户银行双方记录的企业银行存款账面余额而编制的，列示双方未达账项的一种表格。现以例 8－1 说明其格式和编制方法。

【例 8－1】甲企业 2019 年 12 月 31 日银行存款日记账账面余额为 85000 元，开户银行的对账单所列本企业存款余额为 95400 元，经逐笔核对，发现未达账项如下所示。

（1）12 月 25 日，企业为支付职工的差旅费开出现金支票一张，计 10000 元，持票人尚未到银行取款。

（2）12 月 27 日，企业收到购买单位转账支票一张，计 15000 元，已开具送款单送存银行，但银行尚未入账。

（3）12 月 29 日，企业经济纠纷案败诉，银行代扣违约罚金 2600 元，企业尚未收到通知而未入账。

（4）12 月 31 日，银行计算企业存款利息 18000 元，已记入企业存款账户，企业尚未收到通知而未入账。

根据以上未达账项编制的“银行存款余额调节表”如表 8－2 所示。

表 8－2　　银行存款余额调节表

2019 年 12 月 31 日　　单位：元

项　目	金　额	项　目	金　额
本企业银行存款日记账余额	85000	银行对账单余额	95400
加：银行已收、企业未收	18000	加：企业已收、银行未收	15000
减：银行已付、企业未付	2600	减：企业已付、银行未付	10000
调节后存款余额	100400	调节后存款余额	100400

经过上述调节重新得出的余额，既不等于本单位银行存款日记账的账面余额，也不等于银行对账单余额，而是本单位可以动用的银行存款实有数。

值得注意的是，“银行存款余额调节表”的编制只是银行存款清查的方法，它只起到对账作用，不能作为调节账面余额的原始凭证。企业并不能根据该余额调节表更改账簿记录，而应在有关凭证到达后，再据以记账，此时，未达账项便会自然消失。

二、实物财产的清查

实物财产是指具有实物形态的各种财产，包括原材料、半成品、在产品、产成品、低值易耗品、包装物和固定资产等。

（一）存货的清查

1. 存货的清查方法

不同品种的存货，由于其实物形态、体积、重量、堆放方式的不同，所采用的清查方法也有所不同。常用的存货清查方法包括以下几种。

（1）实地盘点法。实地盘点法是指通过点数、过磅、量尺等方法来确定财产的实有数额。这种方法一般适用于机器设备、包装物、原材料、产成品和库存商品的清查。

（2）技术推算法。技术推算法是指利用技术方法对财产的实存数进行推算的一种方法。这种方法一般适用于散装的、大量成堆的化肥和饲料等物资的清查。

（3）抽样盘存法。对于数量多、重量均匀的实物财产，可以采用抽样盘存法确定财产的实有数额。

（4）函证核对法。函证核对法是指对于委托外单位加工或保管的物资，可以采用的向对方单位发函调查、并与本单位的账存数相核对的方法。

2. 存货清查使用的凭证

存货清查使用的凭证主要有“盘存单”和“实存账存对比表”。

（1）盘存单是财产盘点结果的书面证明，也是反映存货实有数额的原始凭证。盘存单一般格式如表 8－3 所示。

表 8－3　　　　盘存单

单位名称：　　　　盘点时间：　　　　编号：

财产类别：　　　　存放地点：　　　　金额单位：

编号	名称	规格型号	计量单位	实存数量	单价	金额	备注

盘点人员签章：　　　　保管人员签章：

（2）实存账存对比表是财产清查结果的重要凭证，是调整账面记录的原始凭证，也是分析盈亏原因、明确经济责任的重要依据。实存账存对比表一般格式如表 8－4

所示。

表 8－4　　　　　　　　　　　　**实存账存对比表**

单位名称：　　　　　　　　　　　年　　月　　日　　　　　　　　　　　金额单位：

<table>
<tr><th rowspan="3">编号</th><th rowspan="3">类别及名称</th><th rowspan="3">计量单位</th><th rowspan="3">单价</th><th colspan="2">实存</th><th colspan="2">账存</th><th colspan="4">对比结果</th><th rowspan="3">备注</th></tr>
<tr><th rowspan="2">数量</th><th rowspan="2">金额</th><th rowspan="2">数量</th><th rowspan="2">金额</th><th colspan="2">盘盈</th><th colspan="2">盘亏</th></tr>
<tr><th>数量</th><th>金额</th><th>数量</th><th>金额</th></tr>
<tr><td></td><td></td><td></td><td></td><td></td><td></td><td></td><td></td><td></td><td></td><td></td><td></td><td></td></tr>
<tr><td></td><td></td><td></td><td></td><td></td><td></td><td></td><td></td><td></td><td></td><td></td><td></td><td></td></tr>
<tr><td></td><td></td><td></td><td></td><td></td><td></td><td></td><td></td><td></td><td></td><td></td><td></td><td></td></tr>
</table>

主管人员：　　　　　　　　　　　　会计：　　　　　　　　　　　　制表：

为了明确经济责任，进行财产清查时，有关存货的保管人员必须在场，并参加盘点工作。对各项存货的盘点结果，应如实准确地登记在“盘存单”上，并由参加盘点的有关人员同时签章生效。

盘点完毕，将“盘存单”中所记录的实存数与账面结存数余额核对，如发现实物盘点结果与账面结存结果不相符时，应根据“盘存单”和有关账簿记录，填制“实存账存对比表”，以确定存货的盘盈数或盘亏数。

3. 存货的盘存制度

财产清查的重要环节是盘点财产物资，尤其是存货的实存数量。为使财产清查工作顺利进行，企业应建立科学、适用的存货盘存制度。在实际工作中，存货的盘存制度有两种，即“永续盘存制”和“实地盘存制”，单位可根据经营管理的需要和存货品种的不同，采用不同的方法，以达到弄清账实、查明原因、提高经营管理水平的目的。

（1）永续盘存制。

永续盘存制，亦称账面盘存制，是通过设置存货明细账，根据会计凭证逐日逐笔连续反映各项存货的收入、发出和结存情况的一种盘存制度。永续盘存制下，在存货明细账中，除了登记收入、发出、结存数量，通常还要登记金额，各金额之间的关系可通过下列公式表示

期末存货账面结存额＝期初存货账面余额＋本期存货增加额－本期存货减少额

采用永续盘存制，仍需要定期或不定期地进行实地盘点，以查明各项存货的账簿记录与实存数是否相符。如果某项存货的账面数与实存数有差别，应根据实际情况调整账簿数据，以保证账实相符。

永续盘存制的优点是可以提供各项存货的增减变动和结存情况，加强对存货的管理。同时，各存货明细账上的结存数可以随时与预定的最高库存限额或最低库存限额

进行对照，确定库存积压或者不足，以便及时组织存货的购销和处理，加速存货周转。该方法的缺点是存货明细分类核算的工作量大，要耗费较多的人力和时间。

（2）实地盘存制。

实地盘存制也称定期盘存制、以存计销制或以存计耗制，是指在平时只根据会计凭证登记存货的增加数，不登记减少数，月末或一定时期通过实地盘点来确定期末存货的结存数，并倒挤计算出本期存货减少数的一种盘存方法。本期存货减少数的计算公式为

本期存货减少数 = 期初存货账面结存数 + 本期存货增加数 − 期末存货实际结存数

实地盘存制的优点是简化了平时的记录与核算工作，缺点是不能随时掌握存货的减少数与结存情况，不利于企业对存货的监督与管理，同时通过期末存货的结存数倒挤本期发出数，不能反映存货发生的损耗和短缺等具体情况，不利于保护企业存货的安全与完整。

实地盘存制存在以上缺点，因此一般只适用于核算那些价值低、品种杂、收发频繁的零星材料、废料和一些损耗大、数量不稳定的鲜活商品。制造业企业很少采用这种存货盘存制度。

（二）固定资产的清查

为了保证企业固定资产的安全、完整，充分挖掘企业现有固定资产的生产潜力，企业应定期、不定期地对固定资产进行清查，至少每年应清查一次。一般在年终决算以前企业会组织专人进行盘点，以保证年终决算的正确性。

1. 固定资产清查的方法

对固定资产清查主要采用实地盘点法，即依靠固定资产使用部门、保管部门的人员，将固定资产卡片与固定资产实物进行核对，以查明固定资产账实是否相符的方法。

2. 固定资产清查使用的凭证

（1）“固定资产清查表”，主要由盘点人员记录固定资产清查盘点的详细情况，由清查小组编制，盘点人员、保管人员盖章，格式如表 8 −5 所示。

表 8 −5　　固定资产清查表

固定资产卡片	固定资产编号	固定资产名称	规格型号	计量单位	账面数量	实点数量	盘盈	盘亏	说明

盘点人员签章：　　　　　　　　　　　　　　保管人员签章：

（2）“固定资产清查盘点报告表”，主要用于详细记录盘亏、盘盈固定资产的编号、名称、原值或重置价值、折旧以及盘盈、盘亏原因等信息，是进行固定资产账务处理的依据，格式如表 8－6 所示。

表 8－6　　固定资产清查盘点报告表

编号	名称	规格型号	计量单位	账面		实点		盘盈			盘亏			原因
				数量	原值	数量	原值	数量	原值	折旧	数量	原值	折旧	

三、往来款项的清查

往来款项主要包括应收、应付款项和预收、预付款项等。往来款项的清查一般采用发函询证的方法进行核对。

各项往来账项的清查，与银行存款的清查一样，也是采取同对方单位核对账目的方法。企业应将本单位往来账目核对清楚，确认准确无误后，再向对方发对账单。对账单应按明细账逐笔抄列一式两联。其中一联作为回单，对方单位如核对相符，应在回单上盖章后退回；如发现数字不符，应将不符情况在回单上注明或另外抄写对账单退回，作为进一步核对的依据。在收到对方回单后，应填制“往来款项清查报告单”，其格式如表 8－7 所示。

表 8－7　　往来款项清查报告单

总分类账户名称：　　　　年　月　日　　　　单位：

明细分类账户		清查结果		核对不符原因分析			备注
名称	账面余额	核对相符金额	核对不符金额	未达账项金额	有争议款项金额	其他	

通过往来款项的清查，要及时催收该收回的账款，偿还该偿付的账款，对于有争执的款项，应在报告单上详细列明情况，以便及时采取措施进行处理，避免或减少坏账损失。

第三节 财产清查结果的处理

一、财产清查结果处理的基本要求

对于财产清查中发现的问题，如财产物资的盘盈、盘亏、毁损或其他各种损失，应核实情况，调查分析产生的原因，按照国家的有关法律法规的规定，严肃认真地处理。

财产清查结果处理的具体要求如下。

（1）分析产生差异的原因和性质，提出处理建议。一般来说，财产盘盈多是由财物收发过程中的失误造成的，流动资产的盘盈一般应冲减管理费用，固定资产的盘盈调整以前年度损益。财产盘亏的原因有很多，如定额内合理损耗、偷盗损失、自然灾害损失等，应分清原因分别处理。定额内合理损耗应记管理费用，偷盗损失应找出责任人由责任人赔偿，自然灾害等非正常损失应记营业外支出。

（2）积极处理多余积压财产，清理往来款项。积压财产和被拖欠的款项都是企业资金的占用形态，意味着企业的部分资金没有有效地运转并给企业带来效益，会在一定程度上降低企业资金利润率。因此，在财产清查后，应及时、积极处理多余积压财产，清理往来款项，以减少资金不必要的占用，提高资金利用效率。

（3）总结经验教训，建立健全各项管理制度。

（4）及时调整账簿记录，保证账实相符。财产清查是为了检查企业的财产物资是否账实相符。对于财产清查中发现的盘盈或盘亏，应按一定的程序报请企业领导部门的批准，在得到批准的情况下调整账簿记录，以保证账实相符，使各种财产物资的账面结存数与实际结存数相一致。

二、财产清查结果处理的步骤与方法

财产清查中发现的各种问题，应认真分析差异性质及产生原因，按规定程序报批，同时应及时进行账务处理，保证账实相符。对于财产清查结果的处理可分为审批前与审批后两个阶段。

（一）审批之前的处理

根据财产清查的盈亏或毁损数，编制“实存账存对比表”，并据之编制记账凭证，然后登记账簿，使账存数与实存数相符，如果财产清查是在年终时进行的，这些差异必须在结账前记入有关账簿，以保证会计报表能如实反映各项财产的实际结存数。同时，根据企业的管理权限，将处理建议报股东（大）会或董事会，或经理（厂长）会议或类似机构批准。

（二）审批之后的处理

企业清查的各种财产的损溢，应于期末前查明原因，并根据企业的管理权限，经股东（大）会或董事会，或经理（厂长）会议或类似机构批准后，在期末结账前处理完毕。企业应严格按照有关部门对财产清查结果提出的处理意见进行账务处理，填制有关记账凭证，登记有关账簿，并追回由责任者造成的财产损失。

三、财产清查结果的账务处理

（一）设置“待处理财产损溢”账户

在财产清查中，某项财产物资计量不准、手续不完备等造成实存数大于账面数的差额，被称为盘盈；某项财产物资计量不准、自然灾害等原因造成实存数小于账面数的差额，被称为盘亏或毁损。

为了记录、反映财产物资的盘盈、盘亏和毁损情况，应设置“待处理财产损溢”账户，在该账户下设置“待处理非流动资产损溢”和“待处理流动资产损溢”两个明细账户。“待处理财产损溢”账户属于双重性质账户，借方用来登记各项财产物资发生的盘亏、毁损数和经批准处理的盘盈财产物资的转销数；贷方登记各项财产物资发生的盘盈数和经批准处理的盈亏、毁损财产物资的转销数。期末该账户如为借方余额，表示尚待处理的净损失；如为贷方余额，表示尚待处理的净盈余。对于等待批准处理的财产盘盈、盘亏，会计年终前应处理完毕。会计期末，该账户无余额。待处理财产损溢——待处理流动（非流动）资产损益账户结构如表 8 -8 所示。

表 8 -8　待处理财产损溢——待处理流动（非流动）资产损溢账户结构

待处理财产损溢——待处理流动（非流动）资产损溢

借方	贷方
期初余额：尚待处理的财产物资的净损失数 发生额：财产物资发生盘亏、毁损数或经批准转销的盘盈数	期初余额：尚待处理的财产物资的净溢余数 发生额：财产物资盘盈数或经批准转销的盘亏、毁损数
期末余额：尚待处理的财产物资的净损失数	期末余额：尚待处理的财产物资的净溢余数

（二）财产清查结果的核算

1. 库存现金盘盈、盘亏的核算

（1）库存现金盘盈的核算。

库存现金盘盈时，应及时办理库存现金的入账手续，调整库存现金账簿记录，即

按盘盈的金额借记“库存现金”账户，贷记“待处理财产损溢——待处理流动资产损溢”账户。

对于盘盈的库存现金，应及时查明原因，按管理权限报经批准，按盘盈的金额借记“待处理财产损溢——待处理流动资产损溢”账户，按需要支付或退还他人的金额贷记“其他应付款”账户，按无法查明原因的金额贷记“营业外收入”账户。清查的结果，应分情况处理。如属于违反库存现金管理有关规定的行为，应及时予以纠正。

【例8－2】甲企业在对库存现金的清查中，发现库存现金比账面余额多出80元，无法查明原因。

解析：ⅰ. 在报经批准前，根据“库存现金盘点报告表”确定的库存现金盘盈数，编制会计分录如下。

借：库存现金　　80

　贷：待处理财产损溢——待处理流动资产损溢　　80

ⅱ. 在批准后，根据批准处理意见，转销库存现金盘盈的会计分录如下。

借：待处理财产损溢——待处理流动资产损溢　　80

　贷：营业外收入　　80

（2）库存现金盘亏的核算。

库存现金盘亏时，应及时办理盘亏的确认手续，调整库存现金账簿记录，即按盘亏的金额借记“待处理财产损溢——待处理流动资产损溢”账户，贷记“库存现金”账户。

对于盘亏的库存现金，应及时查明原因，按管理权限报经批准，按可收回的保险赔偿和过失人赔偿的金额借记“其他应收款”账户，按管理不善等造成净损失的金额借记“管理费用”账户，按自然灾害等造成净损失的金额借记“营业外支出”账户，贷记“待处理财产损溢——待处理流动资产损溢”账户。

【例8－3】甲企业在财产清查中，发现库存现金比账面余额少100元。经查，上述库存现金短款中的70元，属于出纳员××的责任，应由该出纳员赔偿，另外30元无法查明原因。

解析：ⅰ. 在报经批准前，根据“库存现金盘点报告表”确定的现金盘亏数，编制会计分录如下。

借：待处理财产损溢——待处理流动资产损溢　　100

　贷：库存现金　　100

ⅱ. 在批准后，根据批准处理意见，转销库存现金盘亏的会计分录如下。

借：其他应收款——××　　70

管理费用　　　　　　　　　　　　　　　　　　　30

贷：待处理财产损溢——待处理流动资产损溢　　　　　　100

2. 存货盘盈、盘亏和毁损的核算

（1）存货盘盈的核算。

存货盘盈时，应及时办理存货入账手续，调整存货账簿的实存数。盘盈的存货应按其重置成本作为入账价值借记“原材料”“生产成本”“库存商品”等存货类账户，贷记“待处理财产损溢——待处理流动资产损溢”账户。

根据《企业会计制度》的规定，企业盘盈的各种材料、库存商品等存货，报经有关部门批准后，冲减管理费用。即应按其入账价值，借记“待处理财产损溢——待处理流动资产损溢”账户，贷记“管理费用”账户。

【例8－4】甲公司在财产清查中盘盈A材料200千克，该材料的市场价格为50元/千克，经查属于材料收发计量方面的错误。

解析：ⅰ. 批准处理前，根据“实存账存对比表”确定的材料盘盈数，编制会计分录如下。

借：原材料——A材料　　　　　　　　　　　10000

　贷：待处理财产损溢——待处理流动资产损溢　　　　10000

ⅱ. 批准处理后，根据批准处理意见，转销材料盘盈的会计分录如下。

借：待处理财产损溢——待处理流动资产损溢　　10000

　贷：管理费用　　　　　　　　　　　　　　　　　10000

（2）存货盘亏及毁损的核算。

企业发生存货盘亏及毁损时，在报经批准前应借记“待处理财产损溢——待处理流动资产损溢”账户，贷记有关的存货账户。在报经批准后应做如下账务处理：

①对于入库的残料价值，记入“原材料”等科目；

②对于应由保险公司和过失人支付的赔款，记入“其他应收款”科目；

③扣除残料价值和应由保险公司、过失人赔款后的净损失，属于一般经营损失的部分，记入“管理费用”科目，属于非常损失的部分，记入“营业外支出——非常损失”科目。

【友情提示】对于盘亏和毁损的存货，其购进时的增值税税额，不应再作为增值税的扣除税额，应将其转出，与盘亏和毁损的存货一并处理。

【例8－5】甲企业在财产清查中，盘亏B材料80千克，实际总成本为400元，C材料毁损30千克，实际总成本为900元。经查B材料属于自然损耗产生的定额内损耗；C材料系管理不善造成的毁损，预计可收回残料200元，应向保管人员索赔300

元，尚未收到保管人员的赔款。

解析：ⅰ. 在报经批准前，根据“实存账存对比表”确定的材料盘亏数，调整账面记录，编制会计分录如下。

借：待处理财产损溢——待处理流动资产损溢　　1300

　贷：原材料——B　　400

　　　　　——C　　900

ⅱ. 据题意，B 材料属于定额内损耗，400 元应全额记入“管理费用”账户中；C 材料毁损价值为 900 元，扣除可收残料 200 元、向保管人员索赔的 300 元后，剩余 400 元应记入“管理费用”账户。故经批准后，转销材料盘亏及毁损的会计分录如下。

借：管理费用　　800

　　其他应收款——×××　　300

　　原材料　　200

　贷：待处理财产损溢——待处理流动资产损溢　　1300

3. 固定资产盘盈和盘亏的核算

（1）固定资产盘盈的核算。

固定资产盘盈应作为前期差错记入“以前年度损益调整”科目，而原来则是计入当期损益，之所以将固定资产盘盈作为前期差错进行会计处理，是因为这些资产尤其是固定资产由于企业无法控制的因素而盘盈的可能性极小，甚至是不可能的，这些资产如果出现盘盈，必定是企业自身“主观”原因所造成的，或者说是以前会计期间少记或漏记该项资产等会计差错而形成的，所以，应当按照前期差错进行更正处理。旧准则直接记入“营业外收入”，直接影响净利润，新准则通过“以前年度损益调整”，调整未分配利润，使企业报表更加透明，这样也能在一定程度上控制人为调节利润的可能性。

【例 8－6】甲企业于 2019 年 6 月 8 日对企业全部的固定资产进行盘查，盘盈一台机器设备，该设备同类产品市场价格为 100000 元，企业所得税税率为 25%。

那么该企业的有关会计处理如下。

解析：ⅰ. 盘盈固定资产，应调整账面价值如下。

借：固定资产　　100000

　贷：以前年度损益调整　　100000

ⅱ. 调整所得税，由于“以前年度损益调整”是增加的“营业外收入”的金额，增加了企业的净利润，税法上也将资产盘盈作为应税收入，会计与税法规定一致，要计算应交企业所得税，应交所得税 = 100000 × 25% = 25000（元），编制会计分录如下。

借：以前年度损益调整　　25000

贷：应交税费——应交所得税　　　　　　　　　　　　　25000

ⅲ. 结转以前年度损益调整。

借：以前年度损益调整　　　　　　　　　　　　　75000

贷：利润分配——未分配利润　　　　　　　　　　　　　75000

（2）固定资产盘亏的核算。

企业发生固定资产盘亏时，应及时办理固定资产注销手续，按盘亏固定资产的账面净值，借记“待处理财产损溢——待处理非流动资产损溢”账户，按已计提的累计折旧，借记“累计折旧”账户，按固定资产的原价，贷记“固定资产”账户。

对于盘亏的固定资产，应及时查明原因，按管理权限报经批准后，按过失人及保险公司赔偿额，借记“其他应收款”账户，按盘亏的净损失，借记“营业外支出”账户，按盘亏固定资产的净值贷记“待处理财产损溢——待处理非流动资产损溢”账户。

【例 8 -7】某企业在财产清查中，发现短缺设备一台，账面原价为 100000 元，已提折旧 20000 元。

解析：ⅰ. 在报经批准前，根据“实存账存对比表”确定的固定资产盘亏数，调整账簿记录。企业编制会计分录如下。

借：待处理财产损溢——待处理非流动资产损溢　80000

　　累计折旧　　　　　　　　　　　　　　　　20000

贷：固定资产　　　　　　　　　　　　　　　　　100000

ⅱ. 经批准后，根据批准处理意见，转销固定资产盘亏的会计分录如下。

借：营业外支出　　　　　　　　　　　　　　　80000

贷：待处理财产损溢——待处理非流动资产损溢　　　80000

4. 往来款项清查的核算

在财产清查过程中发现的长期未结算的往来款项，应及时清查。对于经查明确实无法支付的应付款项可按规定程序报经批准后，转作营业外收入。

对于无法收回的应收款项应在上报有关部门批准后予以核销。所谓坏账，是指企业无法收回或收回的可能性极小的应收款项。由于发生坏账而产生的损失，被称为坏账损失。

企业通常应将符合下列条件之一的应收账款确认为坏账：

（1）债务人死亡，以其遗产清偿后仍然无法收回；

（2）债务人破产，以其破产财产清偿后仍然无法收回；

（3）债务人较长时间内未履行其偿债义务，并有足够的证据表明无法收回或者收回的可能性极小。

对于坏账的处理有两种方法：一是“直接转销法”，即实际发生坏账时确认坏账损失，直接记入期间费用中的“管理费用”，并注销相应的应收账款的一种核算方法；二是“备抵法”，是指按期估计坏账损失，提取坏账准备，当发生坏账时，即某一应收账款全部或部分被确认为坏账时，应根据其金额冲减坏账准备，同时转销相应的应收账款金额的一种核算方法。平时按规定比率计提坏账准备，应借记“资产减值损失”，贷记“坏账准备”科目；待坏账发生时，应借记“坏账准备”，贷记“应收账款”；当确认并转销的坏账以后又收回，则应按收回的金额借记“银行存款”，贷记“坏账准备”（具体核算将在“财务会计”中详细讲述）。

本章小结

➢ 财产清查，既是会计核算的一种专门方法，又是一项行之有效的会计监督活动。这种方法的实际应用对保证会计核算资料真实可靠、保护财产物资的安全和完整、挖掘财产物资潜力等方面都具有重要意义。

➢ 财产清查是指通过对实物财产、现金的实地盘点以及对银行存款、债权债务的核对，来确定各项实物财产、货币资金、往来款项的实存数，并与账存数核对，借以查明账实是否相符的一种专门方法。

➢ 财产清查的种类：按清查的对象范围分为全面清查和局部清查；按清查的时间分为定期清查和不定期清查；按清查的执行单位分为内部清查和外部清查。

➢ 财产清查方法：库存现金的清查是通过实地盘点进行的；银行存款的清查是采用与开户银行核对账目的方法进行的；往来款项的清查，与银行存款类似，也是采用同对方单位核对账目的方法。

➢ 存货账面结存数量的盘存制度有永续盘存制和实地盘存制。永续盘存制是根据账簿记录计算账面结存数量的方法，在永续盘存制下对存货进行清查是为了确定账面结存数与实际结存数是否一致，以做到账实相符；实地盘存制是根据盘点的结果确定存货结存数量的方法。两种盘存制度进行财产清查的目的不同。

➢ 财产清查的结果处理一般指的是对账实不符，即发生盘盈、盘亏情况的处理。对于财产清查中发生的盘盈、盘亏，会计上开设“待处理财产损溢”账户进行核算，分两步处理：首先，根据相应的原始凭证，调整账簿记录，做到账实相符；然后，查明原因并经审批，再进行转销处理。

同步练习

一、单项选择题

1. 下列属于实物财产清查范围的是(　　)。

A. 库存现金　B. 存货　C. 银行存款　D. 应收账款

2. 对于盘盈的存货，应（　　）。

A. 记入营业外支出　B. 记入营业外收入　C. 冲减管理费用　D. 记入管理费用

3. 库存现金清查中，属于由责任人赔偿的部分，应记入(　　)账户核算。

A. 其他应付款　B. 其他应收款　C. 管理费用　D. 营业外收入

4. 企业在遭受自然灾害后，对其受损的财产物资进行的清查，属于(　　)。

A. 局部清查和定期清查　B. 全面清查和定期清查

C. 局部清查和不定期清查　D. 全面清查和不定期清查

5. 某企业期末银行存款日记账余额为 320000 元，银行送来的对账单期末余额为 312000 元；经对未达账项调节后的余额为 336000 元，则企业在银行的实有存款是(　　)元。

A. 312000　B. 320000　C. 300000　D. 336000

6. 进行年终决算，编制年度会计报表前，要对财产进行一次(　　)。

A. 全面清查　B. 局部清查　C. 临时清查　D. 外部清查

7. 实存账存对比表是(　　)。

A. 收款凭证　B. 付款凭证　C. 转账凭证　D. 原始凭证

8. 固定资产盘亏，批准处理前，不使用(　　)账户。

A. 固定资产　B. 累计折旧　C. 待处理财产损溢　D. 营业外支出

9. 固定资产盘盈时，不使用(　　)账户。

A. 固定资产　B. 累计折旧

C. 待处理财产损溢　D. 以前年度损益调整

10. 财产清查结果的账务处理完成后，会计期末“待处理财产损溢”账户(　　)。

A. 为借方余额　B. 为贷方余额　C. 为借方或贷方余额　D. 无余额

11. 存货毁损属于非常损失的部分，扣除保险公司赔款和残料价值之后，需要(　　)。

A. 记入营业外支出　B. 记入营业外收入　C. 冲减管理费用　D. 记入管理费用

12. 有关银行存款清查表述正确的是(　　)。

A. 采取将银行存款日记账与银行对账单进行核对的方法

B. 企业可以按银行存款余额调节表调整账面余额

C. 企业期末可以动用的银行存款金额是银行对账单余额

D. 企业银行存款日记账余额与银行对账单余额不一致，是记账差错造成的

13. 对往来款项进行清查，应该采用的方法是(　　)。

A. 技术推算盘点法　　B. 与银行核对账目法

C. 实地盘点法　　D. 发函询证法

14. 下列资产中，不应采用实地盘点法或技术推算盘点法进行清查的是(　　)。

A. 库存现金　　B. 原材料　　C. 银行存款　　D. 固定资产

15. 企业开出一张支票，银行尚未入账，该未达账项属于(　　)。

A. 银行已收、企业未收款　　B. 银行已付、企业未付款

C. 企业已收、银行未收款　　D. 企业已付、银行未付款

16. 关于“待处理财产损溢”科目，下列说法中不正确的是(　　)。

A. 该科目贷方登记财产物资盘盈的金额及盘亏的转销额

B. 处理前的借方余额反映企业尚未处理的财产盘盈净收益

C. 该科目年末应无余额

D. 该科目借方登记财产物资盘亏、毁损的金额及盘盈的转销额

17. 无法查明原因的现金盘盈应该记入的科目是(　　)。

A. 财务费用　　B. 主营业务收入　　C. 销售费用　　D. 营业外收入

18. 库存现金盘点后应编制的原始凭证是(　　)。

A. 实存账存对比表　　B. 库存现金盘点报告表

C. 银行存款余额调节表　　D. 银行对账单

二、多项选择题

1. 在财产清查的过程中，应编制并据以调整账面记录的原始凭证有(　　)。

A. 库存现金盘点报告表　　B. 银行存款余额调节表

C. 盘存单　　D. 实存账存对比表

E. 银行对账单

2. 财产清查的内容包括(　　)。

A. 库存现金　　B. 固定资产

C. 应收账款　　D. 应付账款　　E. 实收资本

3. 引起账簿记录与财产物资实有数不一致的因素可能有(　　)。

A. 财产物资保管过程中的自然损耗或升溢

B. 发生自然灾害和意外损失

C. 财产物资收发计量过程中，发生错误或误差

D. 财产物资在账簿记录中，发生漏记、重记或错记

E. 未达账项

4. 采用实地盘点法进行财产清查的有(　　)。

A. 库存现金　　B. 银行存款

C. 原材料　　D. 应收账款　　E. 固定资产

5. 原材料盘盈，账务处理可能用到的会计科目有(　　)。

A. 管理费用　　B. 待处理财产损溢

C. 其他应收款　　D. 营业外支出　　E. 营业外收入

6. 原材料盘亏，账务处理可能用到的会计科目有(　　)。

A. 管理费用　　B. 待处理财产损溢

C. 其他应收款　　D. 营业外支出　　E. 营业外收入

7. 下列各项属于财产物资盘存制度的有(　　)。

A. 永续盘存制　　B. 实地盘存制

C. 实地盘点法　　D. 技术推算盘点法　E. 抽样盘点法

8. 现金清查的内容主要包括(　　)。

A. 是否有未达账项

B. 是否有“白条抵充库存”的情况

C. 是否有收取假钞票的现象

D. 有无挪用公款的情况

E. 往来款项是否相符

9. 下列项目中，属于不定期并且全面清查的是（　　）。

A. 单位合并、撤销以及改变隶属关系时的清查

B. 年终决算之前的清查

C. 企业股份制改制前的清查

D. 单位主要领导调离时的清查

E. 仓库保管人员调离岗位时的清查

10. 下列存货盘亏损失，报经批准后，可转作管理费用的有(　　)。

A. 计量不准确所造成的短缺净损失　　B. 自然灾害所造成的损毁净损失

C. 过失人赔款　　D. 保管中产生的定额内自然损耗

E. 管理不善所造成的毁损净损失

三、判断题

1. 永续盘存制的计算公式为：期初结存数 + 本期收入数 - 期末实存数 = 本期

发出数。（　　）

2. 原材料定额内损耗，经批准处理后，应记入管理费用。（　　）

3. 企业无法收回的应收账款经批准后应转入营业外支出。（　　）

4. 企业确实无法偿还的应付账款经批准后应转入营业外收入。（　　）

5. 企业可动用的银行存款实有数应是银行对账单上列明的余额。（　　）

6. 自然灾害所造成的原材料毁损，均应记入营业外支出。（　　）

7. 全面检查既可以是定期清查，也可以是不定期清查。（　　）

8. 财产清查的范围是存放在本企业的各项财产物资。（　　）

9. 制定财产清查方案是财产清查的业务准备。（　　）

10. 财产清查只要账实相符，就无需进行账务处理。（　　）

11. 财产盘亏一般是因为定额内损耗、偷盗损失、自然灾害等，对于定额内合理损耗应记入营业外支出。（　　）

12. 在进行库存现金和存货清查时，出纳人员和实物保管人员不得在场。（　　）

四、实务操作题

1. 实训一

背景资料：下面两个表分别为北京天地和有限公司2019年10月银行存款日记账和银行送来的对账单。

银行存款日记账　　单位：元

2019年		摘要	借方	贷方	余额
月	日				
10	24	承前页			250000
	25	支付材料款		200000	50000
	26	支付运费		1000	49000
	27	收到销货款	234000		283000
	30	支付材料款		90000	193000
	30	支付修理费		2500	190500
	31	收到销货款	150000		340500

中国银行对账单　　单位：元

账号：456350904870908420			单位名称：北京天地和有限公司		币种：人民币	
年份：2019						
日期	摘要	凭证种类	凭证号码	借方发生额	贷方发生额	余额
10月24日	承前页					250000

续 表

日期	摘要	凭证种类	凭证号码	借方发生额	贷方发生额	余额
10 月 26 日	代收销货款	委收	#801		234000	484000
10 月 27 日	支付运费	委收	#606	1000		483000
10 月 28 日	支付材料款	转支	#1000	200000		283000
10 月 28 日	支付电费	委收	#901	23000		260000
10 月 29 日	代收销货款	转支	#1002		63200	323200
10 月 30 日	支付材料款	特转	#303	90000		233200

要求：

（1）根据上述资料将银行存款日记账和银行对账单进行核对，确定未达账项。

（2）编制银行存款余额调节表，计算月末企业可以动用的银行存款实有数额。

2. 实训二

背景资料：北京泰龙机械厂 2019 年 6 月盘点原材料盈亏及处理情况如下。

（1）盘点后原材料盈亏结果如下表所示。

原材料盈亏结果

单位名称：北京泰龙机械厂　　2019 年 6 月 30 日　　金额单位：元

编号	规格	名称	计量单位	单价	实际结存		账面结存		对比结果				备注
									盘盈		盘亏		
					数量	金额	数量	金额	数量	金额	数量	金额	
		A 材料	千克	9	1428	12852	1450	13050			22	198	
		B 材料	千克	8	410	3280	385	3080	25	200			
		C 材料	个	15	743	11145	843	12645			100	1500	
		D 材料	件	6	650	3900	680	4080			30	180	

（2）查明原因，并经领导批准处理如下。

①A 材料盘亏，系自然损耗，经批准作费用处理。

②B 材料盘盈，系发料计算错误，经批准冲减本月费用。

③C 材料盘亏，系进料时对方少发，对方同意退还少发材料价款，但尚未收到。

④D 材料盘亏，系进料时对方少发，经联系，对方已将少发的材料送来，已验收入库。

要求：

练习原材料盘盈、盘亏的核算，编制相关的会计分录。

第九章　财务会计报告

学习导航

编制财务会计报告是运用各种会计核算专门方法的最终成果。通过本章的学习，应达到以下要求：了解财务会计报告的概念及财务会计报表的编制要求，熟悉企业财务会计报表的种类，掌握财务报告的构成；掌握资产负债表和利润表各自包含的内容及编制方法；了解现金流量表的相关内容。

第一节　财务会计报告概述

一、财务会计报告的概念

财务会计报告，又称财务报告，是指企业对外提供的反映企业某一特定日期的财务状况和某一会计期间的经营成果、现金流量等会计信息的文件。

二、财务会计报告的构成

财务会计报告包括财务会计报表（又称财务报表）和其他应当在财务报告中披露的相关信息和资料。财务会计报表至少应当包括5部分（四表一注）：

（1）资产负债表；

（2）利润表；

（3）现金流量表；

（4）所有者权益（或股东权益，下同）变动表；

（5）附注。

资产负债表、利润表和现金流量表分别从不同角度反映企业的财务状况、经营成果和现金流量。四表一注具体表现如下。

（1）资产负债表反映企业在某一特定日期的财务状况，即所拥有的资产、需偿还的债务以及所有者（股东）拥有的净资产情况。

（2）利润表反映企业在一定会计期间的经营成果，即盈利或亏损的情况，表明企业运用所拥有的资产的获利能力。

（3）现金流量表是反映企业在一定会计期间现金和现金等价物流入和流出情况的报表。

（4）所有者权益变动表反映所有者权益的各组成部分当期的增减变动情况。企业的净利润及其分配情况是所有者权益变动的组成部分，相关信息已经在所有者权益变动表及其附注中反映，企业不需要再单独编制利润分配表。

（5）附注是财务会计报表不可或缺的组成部分，是对在资产负债表、利润表、现金流量表和所有者权益变动表等报表中列示项目的文字描述或明细资料，以及对未能在这些报表中列示项目的说明等。

财务报表是财务报告的核心内容，除了财务报表，财务报告还应当包括其他相关信息，具体可以根据有关法律、行政法规、部门规章等的规定和外部使用者的信息需要而定。

三、财务会计报表的分类

财务报表可以根据需要，按照不同的标准进行分类。

（1）按财务报表的编报时间，可以分为月报、季报、半年报和年报。

（2）按财务报表反映财务活动的方式，可以分为静态财务报表和动态财务报表。

（3）按财务报表的服务对象，可以分为外部报表和内部报表。

（4）按照财务报表编制范围，可以分为个别财务报表和合并财务报表。

四、财务会计报表的编制要求

（一）以持续经营为基础

企业应当以持续经营为基础，根据实际发生的交易或事项，按照相关法律的规定进行确认和计量，在此基础上编制财务报表。企业不应以附注披露代替确认和计量。在编制财务报表的过程中，企业管理层应当利用所有可获得的信息来评价企业自报告期期末起至少12个月的持续经营能力。评价时需要考虑宏观政策风险、市场经营风险、企业目前或长期的盈利能力、偿债能力、财务弹性以及企业管理层改变经营政策的意向等因素。评价结果显示对持续经营能力产生重大怀疑的，企业应当在附注中披露导致对持续经营能力产生重大怀疑的因素以及企业拟采取的改善措施。

（二）可比性

财务报表项目的列报应当在各个会计期间保持一致，不得随意变更。当期财务报表的列报，至少应当提供所有列报项目上一个可比会计期间的比较数据，以及当期财务报表的说明，但国家另有规定的除外。

财务报表项目的列报发生变更的，应当对上期比较数据按照当期的列报要求进行调整，并在附注中披露调整的原因和性质以及调整的各项目金额。对上期比较数据进行调整不切实可行的，应当在附注中披露不能调整的原因。不切实可行，是指企业在做出所有合理努力后仍然无法采用某项规定的情况。

（三）重要性的判断

在编制财务报表的过程中，企业应当考虑报表项目的重要性。判断报表项目的重要性一般从项目的性质和项目的金额两个方面进行。判断项目性质的重要性，应当考虑该项目在性质上是否属于企业日常活动；判断项目金额的重要性，应当通过单项金额占资产总额、负债总额、所有者权益总额、营业收入总额、营业成本总额、净利润等直接相关项目金额的比重加以确定。例如，对于性质或功能不同的项目，如长期股权投资、固定资产、无形资产等，应当在财务报表中单独列报；对于性质或功能类似的项目，如库存商品、原材料等，应予以合并，作为存货项目列报。

（四）项目的抵销

财务报表中的资产项目和负债项目的金额、收入项目和费用项目的金额，不得相互抵销，但满足抵销条件的除外。例如，营业外收入不得直接抵销营业外支出；但销货退回一般可以直接抵销本期的收入和成本。

下列两种情况不属于抵销，可以按净额列示。

（1）资产项目按扣除减值准备后的净额列示，这种不属于抵销。例如，企业对应收账款计提坏账准备，表明资产价值已经发生减损，按扣除减值准备后的净额列示，才能够反映资产给企业带来的真实经济利益，这种不属于抵销。

（2）非日常活动产生的损益以收入扣减费用后的净额列示，这种不属于抵销。非日常活动的发生具有偶然性，不是企业的经常性活动以及与经常性活动相关的其他活动。非日常活动产生的损益以收入扣减费用后的净额列示，更有利于财务报表使用者做出正确的经济决策，这种不属于抵销。

（五）披露的项目

企业应当在财务报表的显著位置，至少披露下列各项：

（1）编报企业的名称；

（2）资产负债表日或财务报表涵盖的会计期间；

（3）人民币金额单位；

（4）财务报表是合并财务报表的，应当予以标明。

（六）报告期间

企业至少应当按年编制财务报表。年度财务报表涵盖的期间短于一年的，应当披露年度财务报表的涵盖期间，以及短于一年的原因。

第二节　资产负债表

一、资产负债表的概念和意义

（一）资产负债表的概念

资产负债表是指反映企业某一特定日期（如月末、季末、年末）财务状况的会计报表。它是根据“资产 = 负债 + 所有者（股东）权益”这一会计等式，按照一定的分类标准和顺序，将企业在一定日期的全部资产、负债和所有者（股东）权益项目进行适当分类、汇总、排列后编制而成的。

（二）资产负债表的意义

资产负债表作为主要财务报表之一，能够反映企业在某一特定日期资产、负债和所有者权益的全貌，所列示的相关内容有助于分析、评价并预测企业的资本结构及偿债能力。此外，通过对资产负债表和利润表有关项目的结合分析，有助于评价、预测企业的获利能力和发展前景。资产负债表的意义具体可体现为以下 3 点。

（1）通过编制资产负债表，可以反映企业资产的构成及其状况，分析企业在某一日期所拥有的经济资源及其分布情况。

（2）通过编制资产负债表，可以反映企业在某一日期的负债总额及其结构，分析企业目前与未来需要清偿的债务数额，从而帮助报表使用者全面了解企业的财务状况，分析企业的债务偿还能力，从而为未来的经济决策提供参考信息。

（3）通过编制资产负债表，可以反映所有者（股东）权益的情况，了解企业现有所有者在企业资产中所占有的份额，据之判断资本保值增值的情况以及对负债的保障程度。

二、资产负债表的内容和格式

（一）资产负债表的内容

1. 资产

资产负债表中的资产反映由过去的交易或事项形成，并由企业在某一特定日期拥有或控制的，预期会给企业带来经济利益的资源。资产一般按照流动资产、非流动资产分类并进一步分项列示。

流动资产是指预计在一个正常营业周期中变现、出售或耗用，或者主要为交易目的而持有，或者预计在资产负债表日起一年内（含一年）变现的资产，或者自资产负债表日起一年内（含一年）交换其他资产或清偿负债的能力不受限制的现金或现金等价物。流动资产项目通常包括：货币资金、交易性金融资产、应收票据、应收账款、其他应收款、预付账款、存货、应收利息、应收股利等。在应收账款、其他应收款、存货项目，计提了坏账准备或跌价准备的情况下，资产负债表中以上三个项目的金额应为抵减了各项减值或坏账准备后的净额。

非流动资产是指流动资产以外的资产。非流动资产项目通常包括：长期股权投资、可供出售金融资产和持有至到期投资、投资性房地产、固定资产、无形资产及其他资产等。其中固定资产项目又包括固定资产原值、累计折旧、固定资产减值准备。在固定资产、在建工程和无形资产等因发生减值而计提了减值准备的情况下，资产负债表中以上项目的金额应为抵减了各项减值准备后的净额。

2. 负债

资产负债表中的负债反映企业在某一特定日期企业所承担的、预期会导致经济利益流出企业的现时义务。负债一般分为流动负债和非流动负债。

流动负债是指预计在一个正常营业周期中清偿或者主要为交易目的而持有，或者自资产负债表日起一年内（含一年）到期应予以清偿，或者企业无权自主将清偿推迟至资产负债表日后一年以上的负债。流动负债项目包括：短期借款、交易性金融负债、应付票据、应付账款、预收账款、应付职工薪酬、应交税费、应付股利、应付利息、其他应付款、一年内到期的非流动负债和其他流动负债等。

非流动负债是指流动负债以外的负债。非流动负债项目包括：长期借款、应付债券、长期应付款、专项应付款和其他非流动负债等。

3. 所有者权益

资产负债表中的所有者权益反映企业在某一特定日期股东（所有者）拥有的净资产的总额，它一般按照实收资本（股本）、资本公积、盈余公积和未分配利润分项列示。

（二）资产负债表的格式

目前国际上流行的资产负债表格式主要有账户式和报告式两种。我国企业的资产负债表采用账户式结构，一般格式如表 9－1 所示。

表 9－1　　　　资产负债表

会企 01 表

编制单位：××企业　　　　年　月　日　　　　金额单位：元

资产	期末余额	年初余额	负债及所有者权益	期末余额	年初余额
流动资产：			流动负债：		
货币资金			短期借款		
以公允价值计量且其变动计入当期损益的金融资产			以公允价值计量且其变动计入当期损益的金融负债		
衍生金融资产			衍生金融负债		
应收票据			应付票据		
应收款项			应付账款		
预付款项			预收款项		
应收利息			应付职工薪酬		
应收股利			应交税费		
其他应收款			应付利息		
存货			应付股利		
一年内到期的非流动资产			其他应付款		
其他流动资产			一年内到期的非流动负债		
流动资产合计			其他流动负债		
非流动资产：			流动负债合计		
可供出售金融资产			非流动负债：		
持有至到期投资			长期借款		
长期应收款			应付债券		
长期股权投资			长期应付款		
投资性房地产			专项应付款		
固定资产			预计负债		
在建工程			递延所得税负债		
工程物资			其他非流动负债		
固定资产清理			非流动负债合计		

续 表

资产	期末余额	年初余额	负债及所有者权益	期末余额	年初余额
生产性生物资产			负债合计		
油气资产			所有者权益（或股东权益）:		
无形资产			实收资本（或股本）		
开发支出			其他权益工具		
商誉			资本公积		
长期待摊费用			减：库存股		
递延所得税资产			其他综合收益		
其他非流动资产			盈余公积		
非流动资产合计			未分配利润		
			所有者权益（或股东权益）合计		
资产总计			负债和所有者权益（或股东权益）总计		

资产负债表账户式结构通常包括表头和表身两部分。

1. 表头

资产负债表的表头部分提供了报表的名称、编报企业的名称、报表所反映的日期、金额单位及币种、报表编号等内容。

2. 表身

资产负债表的表身部分包括资产、负债和所有者权益，其中，资产项目排列在表的左方，资产根据流动性大小或按照资产变现能力强弱分为两类，并分别列示；负债和所有者权益项目排列在此表的右方，负债根据求偿权先后顺序排列，所有者权益按来源分别列示。我国资产负债表被称为比较资产负债表，表中各项目不仅列示期末余额，还列示年初余额。

三、资产负债表的编制方法

（一）资产负债表编制的基本方法

资产负债表是反映企业某一特定日期财务状况的报表。资产、负债和所有者权益各列报项目的数据有两项：年初余额和期末余额。其中，"年初余额"栏内各项数字，应根据上年年末资产负债表"期末余额"栏内所列数字填列；"期末余额"栏的填列数字主要通过以下 5 种方式取得。

1. 根据总分类账户余额直接填列

资产负债表中的大部分项目，都可以根据相应的总分类账户余额直接填列。如“应收票据”项目，根据“应收票据”总分类账户的期末余额直接填列；“短期借款”项目，根据“短期借款”总分类账户的期末余额直接填列等。

2. 根据总分类账户余额计算填列

资产负债表中有些项目需要根据若干个总分类账户的期末余额计算填列，如“货币资金”项目，根据“库存现金”“银行存款”和“其他货币资金”账户的期末余额的合计数填列。

3. 根据明细账户余额计算填列

资产负债表中某些项目不能根据总分类账户的期末余额，或若干个总分类账户的期末余额简单计算填列，而是需要根据有关账户所属的相关明细账户的期末余额计算填列，“应付账款”等项目可以通过以下的公式计算填列

“应付账款”项目 = “应付账款”账户的所属明细账户的期末贷方余额 + “预付账款”账户的所属明细账户的期末贷方余额

“应收账款”项目 = “应收账款”账户的所属明细账户的期末借方余额 + “预收账款”账户的所属明细账户的期末借方余额

“预付款项”项目 = “预付账款”账户的所属明细账户的期末借方余额 + “应付账款”账户的所属明细账户的期末借方余额

“预收款项”项目 = “预收账款”账户的所属明细账户的期末贷方余额 + “应收账款”账户的所属明细账户的期末贷方余额

4. 根据总分类账户和明细账户余额分析计算填列

资产负债表的某些项目，需要根据总分类账户和明细账户的余额计算填列，如“持有至到期投资”项目应将其于一年内到期的投资扣除，一年内到期的投资应单独反映在流动资产的“一年内到期的非流动资产”项目中。

5. 根据账户余额减去备抵项目后的净额填列

资产负债表中有些项目需要根据有关资产账户与备抵账户抵销后的净额填列，以反映其净额，如“固定资产”项目应根据固定资产原始价值减去“累计折旧”和“固定资产减值准备”项目后的金额填列。

（二）资产负债表编制的具体方法

(1) 资产负债表“年初余额”栏的填列方法。资产负债表“年初余额”栏内各项数字，应根据上年年末资产负债表“期末余额”栏内所列数字填列。如果上年度资产负债表规定的各个项目的名称和内容同本年度不一致，应对上年年末资产负债表各项

目的名称和数字按照本年度的规定进行调整，填入资产负债表“年初余额”栏内。

（2）资产负债表“期末余额”栏的填列方法。资产负债表“期末余额”栏内各项数字，应当根据资产、负债和所有者权益期末情况填列。

①“货币资金”项目，反映企业期末持有的库存现金、银行存款和其他货币资金的总额。

②“交易性金融资产”“应收票据”“预付账款”“应收股利”“应收利息”“其他流动资产”“在建工程”“工程物资”“固定资产清理”等项目，反映企业持有的相应资产的期末价值。其中，固定资产清理发生的净损失，以“－”号填列。

③“应收账款”“其他应收款”“长期应收款”“存货”“固定资产”“无形资产”等资产项目，反映企业期末持有的相应资产的实际价值，应当以扣减提取的相应资产减值准备后的净额填列。其中，“固定资产”“无形资产”项目，还应按减去相应的“累计折旧”“累计摊销”期末余额后的金额填列。材料采用计划成本核算以及库存商品采用计划成本或售价核算的，“存货”项目还应按加上或减去“材料成本差异”“商品进销差价”期末余额后的金额填列。“代理业务资产”减去“代理业务负债”后的余额在“存货”项目反映。“长期应收款”项目，应按减去相应的“未实现融资收益”期末余额后的金额填列。企业期末持有的公益性生物资产，应在“其他非流动资产”项目反映。

④“短期借款”“交易性金融负债”“应付票据”“应付账款”“预收账款”“应付职工薪酬”“应交税费”“应付利息”“应付股利”“其他应付款”“预计负债”“其他流动负债”“长期借款”“应付债券”“专项应付款”“其他非流动负债”等项目，一般应反映企业期末尚未偿还的短期借款、应付未付给职工的各种薪酬、应交未交税费等。其中，“应付职工薪酬”“应交税费”等期末转为债权的，以“－”号填列。“递延收益”应在“其他流动负债”项目反映。

⑤“实收资本（或股本）”“资本公积”“盈余公积”“库存股”等项目，一般应反映企业期末持有的接受所有者投入企业的实收资本、从净利润中提取的盈余公积余额、企业收购的尚未转让或注销的本公司股份金额等。其中，期末累计未分配利润、资本公积为负数的，以“－”号填列。

⑥企业与同一客户在购销商品结算过程中形成的债权债务关系，应当单独列示，不应当相互抵销，即应收账款不能与预收账款相互抵销，预付账款不能与应付账款相互抵销，应付账款不能与应收账款相互抵销，预收账款不能与预付账款相互抵销。

⑦长期应收款中将于一年内到期的部分，在“一年内到期的非流动资产”项目反映。长期待摊费用中将于一年（含一年）内摊销的部分，在“一年内到期的非流动资产”项目反映。

⑧“长期应付款”项目，应按企业除长期借款、应付债券外的其他各种长期应付

款项减去“未确认融资费用”的金额填列。长期应付款中将于一年内到期的部分，在“一年内到期的非流动负债”项目反映。

第三节　利润表

一、利润表的概念和意义

（一）利润表的概念

利润表又称损益表，是指反映企业在一定会计期间经营成果的会计报表。利润表是按照各项收入、费用以及构成利润的各个项目分类分项编制而成的。

（二）利润表的意义

通过利润表可以从总体上了解企业收入、成本和费用、净利润（或亏损）的实现及构成情况；同时，通过利润表提供的不同时期的比较数字（本月数、本年累计数、上年数），可以分析企业的获利能力及利润的未来发展趋势，了解所有者投入资本的保值增值情况。利润既是企业经营业绩的综合体现，又是企业进行利润分配的主要依据，因此，利润表是财务报表中的一张基础报表。

二、利润表的内容和格式

（一）利润表的内容

根据《企业会计准则第 30 号——财务报表列报》第三十条的规定，企业在利润表中应当对费用按照功能分类，分为从事经营业务发生的成本、管理费用、销售费用和财务费用等。根据《企业会计准则第 30 号——财务报表列报》第三十一条的规定，利润表至少应当单独列示反映下列信息的项目，但其他会计准则另有规定的除外：营业收入、营业成本、营业税金及附加①、管理费用、销售费用、财务费用、投资收益、公允价值变动损益、资产减值损失、非流动资产处置损益、所得税费用、净利润、其他综合收益各项目分别扣除所得税影响后的净额和综合收益总额。根据《企业会计准则第 30 号——财务报表列报》第三十四条的规定，在合并利润表中，企业应当在净利润项目之下单独列示归属于母公司所有者的损益和归属于少数股东的损益。

利润表主要反映以下几方面的内容。

---

① “营业税金及附加”项目现已改为“税金及附加”。

（1）构成营业收入的各项要素。营业收入由主营业务收入和其他业务收入组成。

（2）构成营业利润的各项要素。营业收入减去营业成本（主营业务成本、其他业务成本）、税金及附加、销售费用、管理费用、财务费用、资产减值损失，加上公允价值变动收益、投资收益、资产处置收益、其他收益，即为营业利润。

（3）构成利润总额（或亏损总额）的各项要素。利润总额（或亏损总额）是在营业利润的基础上，加上营业外收入减去营业外支出后得到的。

（4）构成净利润（或净亏损）的各项要素。净利润（或净亏损）是在利润总额（或亏损总额）的基础上，减去本期计入损益的所得税费用后得到的。

（5）构成综合收益的各项要素。综合收益包括其他综合收益的税后净额和综合收益总额。

（6）构成每股收益的各项要素。

（二）利润表的格式

利润表由表头、表身和表尾等部分组成。表头部分应列明报表名称、编表单位名称、编制期间和金额计量单位；表身部分反映利润的构成内容；表尾部分为补充说明。其中，表身部分为利润表的主体和核心。

利润表通过一定的表格来反映企业的经营成果。利润表的格式主要有多步式利润表和单步式利润表两种。

不同的国家和地区，对会计信息要求不完全相同，利润表的结构也不完全相同，但目前比较普遍的利润表的结构有单步式和多步式两种。我国企业一般采用多步式利润表格式。根据财政部《关于修订印发一般企业财务报表格式的通知》（财会〔2017〕30 号），新增“资产处置收益”项目、“其他收益”项目在利润表“营业利润”前列报。一般企业利润表的格式和内容如表 9－2 所示。

表 9－2　　　　利润表

会企 02 表

编制单位：××单位　　　　20××年××月　　　　单位：

项目	本期金额	上期金额
一、营业收入		
减：营业成本		
税金及附加		
销售费用		
管理费用		
财务费用		
资产减值损失		
加：公允价值变动收益（损失以“－”号填列）		

续 表

项目	本期金额	上期金额
投资收益（损失以“－”号填列）		
其中：对联营企业和合营企业的投资收益		
资产处置收益（损失以“－”号填列）		
其他收益		
二、营业利润（亏损以“－”号填列）		
加：营业外收入		
减：营业外支出		
其中：非流动资产处置损失		
三、利润总额（亏损总额以“－”号填列）		
减：所得税费用		
四、净利润（净亏损以“－”号填列）		
（一）持续经营净利润（净亏损以“－”号填列）		
（二）终止经营净利润（净亏损以“－”号填列）		
五、其他综合收益的税后净额		
六、综合收益总额		
七、每股收益		
（一）基本每股收益		
（二）稀释每股收益		

三、利润表的编制方法

利润表反映企业在一定期间内利润（或亏损）的实际情况，报告企业的经营成果。利润表中的“本期金额”栏反映各项目的本期实际发生数，在编制中期财务会计报表时，“上期金额”填列上年同期累计实际发生数，在编制年度财务会计报表时，“上期金额”填列上年全年累计实际发生数。

四、利润表中各项目的内容及其填列方法

为了使报表使用者通过不同期间利润的实现情况判断企业经营成果的未来发展趋势，企业需要提供比较利润表。所以，利润表各项目需要分为“本期金额”和“上期金额”两栏进行填列。

（一）“上期金额”栏的填列方法

本表“上期金额”栏内各项目的上年该期的实际发生数，应根据上年度该期利润表“本期金额”栏内所列数字填列。如果上年度该期利润表规定的各个项目的名称和内容同本期不一致，应对上年该期利润表各项目的名称和数字按本期的规定进行调整，填入本表“上期金额”栏内。

（二）“本期金额”栏的填列方法

本表“本期金额”栏反映各项目的本期实际发生数，应根据“主营业务收入”“主营业务成本”“税金及附加”“销售费用”“管理费用”“财务费用”“资产减值损失”“公允价值变动损益”“投资收益”“资产处置损益”“其他收益”“营业外收入”“营业外支出”“所得税费用”等科目的发生额分析填列。其中，“营业利润”“利润总额”“净利润”等项目根据该表中相关项目计算填列。

（三）利润表中的各项目的填列方法

利润表中各项目的金额，一般是根据各损益类账户的本期发生额来填列的。具体而言，各项目的填列方法如下。

（1）“营业收入”项目，反映企业经营主要业务和其他业务所确认的收入总额。本项目应根据“主营业务收入”和“其他业务收入”账户的贷方发生额扣除借方发生额后的净额计算填列。“营业成本”项目，反映企业经营主要业务和其他业务发生的实际成本总额。本项目应根据“主营业务成本”和“其他业务成本”账户的借方发生额扣除贷方发生额后的净额计算填列。

（2）“税金及附加”项目，反映企业经营业务应负担的消费税、城市维护建设税、资源税、教育费附加及房产税、土地使用税、车船税、印花税等。

（3）“销售费用”项目，反映企业在销售商品过程中发生的包装费、广告费等费用和为销售本企业商品而专设的销售机构的职工薪酬、业务费等经营费用。“管理费用”项目，反映企业为组织和管理生产经营发生的管理费用。“财务费用”项目，反映企业筹集生产经营所需资金等而发生的筹资费用。企业发生勘探费用的，应在“管理费用”和“财务费用”项目之间，增设“勘探费用”项目。

（4）“资产减值损失”项目，反映企业各项资产发生的减值损失。

（5）“公允价值变动收益”项目，反映企业按照相关准则的规定应当计入当期损益的资产或负债公允价值变动净收益，如交易性金融资产当期公允价值的变动额。如为净损失，应以“－”号填列。

（6）“投资收益”项目，反映企业以各种方式对外投资所取得的收益。如为净损失，应以“－”号填列。

（7）“资产处置收益”项目，反映企业出售划分为持有待售的非流动资产（金融工具、长期股权投资和投资性房地产除外）或处置时确认的处置利得或损失，以及处置未划分为持有待售的固定资产、在建工程、生产性生物资产及无形资产而产生的处置利得或损失。债务重组中因处置非流动资产产生的利得或损失和非货币性资产交换产生的利得或损失也包括在本项目内。该项目应根据在损益类科目新设置的“资产处置损益”科目的发生额分析填列；如为处置损失，应以“-”号填列。

（8）“其他收益”项目，反映计入其他收益的政府补助等。该项目应根据在损益类科目新设置的“其他收益”科目的发生额分析填列。

（9）“营业外收入”项目，反映企业发生的营业利润以外的收益，主要包括债务重组利得、与企业日常活动无关的政府补助、盘盈利得、捐赠利得等。该项目应根据“营业外收入”科目的发生额分析填列。

（10）“营业外支出”项目，反映企业发生的营业利润以外的支出，主要包括债务重组损失、公益性捐赠支出、非常损失、盘亏损失、非流动资产毁损报废损失等。该项目应根据“营业外支出”科目的发生额分析填列。

（11）“利润总额”项目，反映企业实现的利润总额。如为亏损总额，应以“-”号填列。

（12）“所得税费用”项目，反映企业应从当期利润总额中扣除的所得税费用。

（13）“净利润”项目下新增“（一）持续经营净利润”和“（二）终止经营净利润”项目，分别反映净利润中与持续经营相关的净利润和与终止经营相关的净利润；如为净亏损，以“-”号填列。这两个项目应按照《企业会计准则第42号——持有待售的非流动资产、处置组和终止经营》的相关规定分别列报。

（14）“基本每股收益”和“稀释每股收益”项目。《企业会计准则第34号——每股收益》规定：企业应当按照归属于普通股股东的当期净利润，除以发行在外普通股的加权平均数计算基本每股收益。

发行在外普通股加权平均数 = 期初发行在外普通股股数 + 当期新发行普通股股数 × 已发行时间 ÷ 报告期时间 - 当期回购普通股股数 × 已回购时间 ÷ 报告期时间

式中，已发行时间、报告期时间和已回购时间一般按照天数计算；在不影响计算结果合理性的前提下，也可以采用简化的计算方法。

第四节　现金流量表

一、现金流量表的概念

现金流量表是反映企业在一定会计期间现金和现金等价物流入和流出的报表。其中，现金是指企业库存现金以及可以随时用于支付的存款，包括库存现金、银行存款和其他货币资金。不能随时用于支付的存款不属于现金。

现金等价物是指企业持有的期限短（一般指从购买日起，3个月内到期）、流动性强、易于转换为已知金额现金、价值变动风险很小的投资。

单位编制现金流量表的目的是通过如实反映单位各项活动的现金流入、流出情况，为评价单位的现金流和资金周转情况提供帮助。

二、现金流量的分类

（一）经营活动产生的现金流量

经营活动是指企业投资活动和筹资活动以外的所有交易或事项，包括销售商品或提供劳务、购买商品或接受劳务、收到返还的税费、经营性租赁、支付工资、缴纳各项税款等。通过经营活动产生的现金流量，可以说明企业的经营活动对现金流入和流出的影响程度，判断企业在不运用对外筹得的资金的情况下，是否足以维持生产经营、偿还债务、支付股利和对外投资等。

（二）投资活动产生的现金流量

投资活动指企业长期资产的购建和除现金等价物范围外的投资及其处置活动。现金流量表中的“投资”既包括对外投资，又包括长期资产的购建。通过投资活动产生的现金流量，可以判断投资活动对企业现金流量净额的影响程度。

（三）筹资活动产生的现金流量

筹资活动是指导致企业资本及债务规模和构成发生变化的活动，包括发行股票或接受投入资本、分派现金股利、取得和偿还银行借款、发行和偿还公司债券等。通过筹资活动产生的现金流量，可以分析企业通过筹资活动获取现金的能力，判断筹资活动对企业现金流量净额的影响程度。

三、现金流量表的作用

现金流量表以现金和现金等价物的流入和流出反映企业在一定会计期间内的经营活动、投资活动和筹资活动的动态情况，反映企业现金和现金等价物流入和流出的全貌。现金流量表的主要作用有以下 3 点。

第一，现金流量表可以提供企业的现金流量信息，从而帮助使用者对企业整体财务状况做出客观评价。

第二，所有者和债权人通过现金流量表，可以对企业的支付能力和偿债能力以及企业对外部资金的需求情况做出较为可靠的判断。

第三，通过现金流量，不但可以了解企业当前的财务状况，还可以预测企业未来的发展情况。

第五节　所有者权益变动表

一、所有者权益变动表的概念和意义

所有者权益变动表是反映所有者权益的各组成部分当期增减变动情况的报表。所有权益变动表全面反映了企业一定时期所有者权益的变动情况，包括所有者权益总量的增减变动信息，以及所有者权益结构变动信息，特别是反映了直接计入所有者权益的利得和损失，使报表使用者能够准确理解所有者权益增减变动的根源。通过该表，可以了解企业某一会计年度所有者权益的各项目——实收资本、资本公积、盈余公积和未分配利润等的增加、减少及其余额的详细情况，分析其变动原因并预测其未来的变动趋势。

二、所有者权益变动表的基本内容

在所有者权益变动表中，企业至少应当单独列示反映下列信息的项目：

（1）净利润；

（2）其他综合收益；

（3）会计政策变更和差错更正的累积影响金额；

（4）所有者投入资本和向所有者分配利润等；

（5）提取的盈余公积；

（6）实收资本或股本、资本公积、盈余公积、未分配利润的期初和期末余额及其调节情况。

第六节　会计报表附注

一、会计报表附注的意义

会计报表附注是对在资产负债表、利润表、现金流量表和所有者权益变动表等报表中列示项目的文字描述或明细资料，以及对未能在这些报表中列示项目的说明等。

会计报表由于受到固定格式和规定内容的限制，只能对外提供定量的、符合统一格式的会计信息，因而在一定程度上影响了信息使用者对企业财务状况、经营成果和现金流量等的全面理解。同时，列入会计报表的各项信息都必须符合会计要素的确认标准。因此，会计报表本身反映的财务信息具有一定的局限性，为给报表使用者提供

完整的会计信息，需要对会计报表的有关内容加以注释和说明。因此，企业除了编制和对外提供会计报表，还应该按照充分披露的要求，提供会计报表附注，以更好地帮助信息使用者全面、完整地理解会计报表反映的相关信息。

二、会计报表附注的内容

会计报表附注一般按照下列顺序披露：

（1）企业的基本情况；

（2）财务报表的编制基础；

（3）遵循企业会计准则的声明；

（4）重要会计政策和重要会计估计的说明，包括财务报表项目的计量基础和会计政策的确定依据等；

（5）会计政策和会计估计变更以及差错更正的说明；

（6）重要报表项目说明，对已在资产负债表、利润表、现金流量表和所有者权益变动表中列示的重要项目的进一步说明；

（7）其他需要说明的重要事项，包括或有和承诺事项、资产负债表日后非调整事项、关联方关系及其交易等需要说明的事项。

此外，企业还应当在附注中披露在资产负债表日后、财务报告批准报出日前提议或宣布发放的股利总额和每股股利金额（或向所有者分配的利润总额）。

本章小结

➢ 财务报告是提供企业财务会计信息的书面总结性报告文件，对相关信息需求者做出投资决策和加强管理具有重要意义和作用。

➢ 财务报告包括财务报表和其他应当在财务报告中披露的相关信息和资料。其中，财务报表至少应该包括资产负债表、利润表、现金流量表、所有者权益变动表（股东权益变动表）、附注。

➢ 财务报表可以按照不同的标准进行不同的分类。

➢ 资产负债表是提供静态财务状况信息的报表，其格式有账户式和报告式两种，我国规定采用账户式。资产负债表的编制方法主要是根据有关账户余额分析、计算填列。

➢ 利润表是提供利润形成过程信息的报表，我国企业一般采用多步式利润表格式。利润表的编制方法主要是根据损益类账户本期发生额分析、计算填列。

➢ 现金流量表是提供企业现金流量情况信息的报表。现金是指货币资金；现金等价物是指在3个月内到期、流动性强、易于转换为已知金额现金、价值变动风险很小的对外投资交易性金融资产。

➢ 所有者权益变动表（股东权益变动表）是反映所有者权益变化信息的报表。所有者权益变动表主要是根据所有者权益类账户发生额分析填列。

➢ 财务报表附注是对财务报表项目进一步解释说明的文件。详细阅读附注对进一步理解财务报表项目非常重要，有助于全面准确理解企业财务状况信息。

同步练习

一、单项选择题

1. 短于一个会计年度编制的财务报表被称为(　　)。

A. 年报　　B. 半年报　　C. 月报　　D. 中期报表

2. 下列项目中采取合并计算填列的是(　　)。

A. 货币资金　　B. 应收账款　　C. 未分配利润　　D. 实收资本

3. 下列资产负债表项目中，不可以直接根据总分类账户期末余额填列的项目是(　　)。

A. 资本公积　　B. 短期借款　　C. 应付账款　　D. 应付股利

4. 下列关于财务报表的表述中，不正确的是(　　)。

A. 财务报表是指企业对外提供的反映企业某一特定日期财务状况和某一会计期间经营成果、现金流量等会计信息的文件

B. 财务报表按编报期间的不同分为年度财务报表和中期财务报表

C. 附注是财务报表的重要组成部分

D. 中期资产负债表、利润表和现金流量表的格式和内容可以与年度财务报表不一致

5. 财务报表划分为“四表一注”的标准是(　　)。

A. 服务对象　　B. 编制的单位　　C. 反映的内容　　D. 会计要素

6. 在资产负债表中，资产是按照(　　)排列的。

A. 清偿时间的先后顺序　　B. 金额大小

C. 流动性大小　　D. 会计人员的填写习惯

7. 我国的资产负债表采用的是(　　)结构。

A. 报告式　　B. 单步式　　C. 多步式　　D. 账户式

8. “预收账款”科目所属明细科目期末有借方余额的，应在资产负债表（　　）项目填列。

A. 预付款项　　B. 应收账款　　C. 预收款项　　D. 应付账款

9. 以下项目中，应根据利润表中相关项目计算填列的是(　　)。

A. 营业成本　　B. 销售费用　　C. 营业收入　　D. 净利润

10. 在多步式利润表中，营业外收支会影响的项目是(　　)。

A. 利润总额　　B. 营业利润　　C. 主营业务利润　　D. 其他业务利润

11. 下列项目中，对企业利润总额没有影响的是(　　)。

A. 投资收益　　B. 营业外支出　　C. 资产减值损失　　D. 所得税费用

12. 某企业期末“应付账款”科目为贷方余额 26 万元，其所属明细科目的贷方余额合计为 33 万元，所属明细科目的借方余额合计为 7 万元；“预付账款”科目为借方余额 15 万元，其所属明细科目的借方余额合计为 20 万元，所属明细科目的贷方余额合计为 5 万元。则该企业资产负债表中“应付账款”和“预付款项”两个项目的期末余额应分别为(　　)万元。

A. 38 万元和 27　　B. 33 万元和 20　　C. 53 万元和 12　　D. 26 万元和 15

13. 企业本月利润表中的营业收入为 45 万元，营业成本为 21.6 万元，税金及附加为 0.9 万元，管理费用为 1 万元，财务费用为 0.5 万元，销售费用为 0.8 万元，则营业利润为(　　)万元。

A. 21.7　　B. 22.5　　C. 23.4　　D. 20.2

14. 某公司本会计期间的主营业务收入为 2700 万元，主营业务成本为 1800 万元，税金及附加为 270 万元，销售费用为 260 万元，管理费用为 200 万元，财务费用为 25 万元，营业外收入为 28 万元，营业外支出为 30 万元，其他业务收入为 200 万元，其他业务成本为 100 万元，应交所得税按利润总额的 25% 计算，其营业利润、利润总额、企业净利润分别为(　　)。

A. 111 万元、232 万元、174 万元　　B. 245 万元、243 万元、182.25 万元

C. 245 万元、232 万元、174 万元　　D. 111 万元、202 万元、151.5 万元

15. 期末结账时，其账面余额不能转入“本年利润”账户借方的账户是(　　)。

A. 制造费用　　B. 主营业务成本　　C. 管理费用　　D. 财务费用

二、多项选择题

1. 资产负债表左边列示下列项目中的(　　)。

A. 流动资产　　B. 流动负债　　C. 固定资产

D. 无形资产　　E. 所有者权益

2. 现金流量表的“现金”概念包括(　　)。

A. 库存现金　　B. 银行存款　　C. 其他货币资金

D. 三个月内准备出售的交易性金融资产　E. 银行承兑汇票

3. 下列关于资产负债表的表述中不正确的有(　　)。

A. 资产负债表反映企业一定时期的财务状况

B. 资产负债表资产项目按资产的到期日的远近排列

C. 资产负债表负债和所有者权益项目一般按照要求清偿时间的先后顺序排列

D. “长期借款”项目应根据“长期借款”科目的余额直接填列

E. 我国资产负债表采用报告式结构

4. 下列属于企业财务报表的有（　　）。

A. 试算平衡表　　B. 利润表　　C. 现金流量表

D. 所有者权益变动表　　E. 附注

5. 动态报表是反映企业资产运动处于显著变动状态的财务报表，包括（　　）。

A. 资产负债表　　B. 利润表　　C. 成本报表

D. 现金流量表　　E. 附注

6. 下列是利润表中项目的有（　　）。

A. 主营业务收入　　B. 营业收入　　C. 每股收益

D. 资产减值损失　　E. 其他业务成本

7. 财务报表按照反映财务活动方式的不同，可以分为（　　）。

A. 内部报表　　B. 外部报表　　C. 静态财务报表

D. 动态财务报表　　E. 个别财务报表

8. 下列项目中，属于企业中期财务报表的有（　　）。

A. 月报　　B. 季报　　C. 旬报

D. 半年报　　E. 年报

三、判断题

1. 动态财务报表一般应根据有关账户的“期末余额”填列。（　　）

2. 年度资产负债表往往和当年 12 月的资产负债表相同。（　　）

3. 反映企业某一特定日期财务状况的会计报表是利润表。（　　）

4. 企业在资产负债表日或之前违反了长期借款协议，导致贷款人可随时要求清偿该负债，应当将其归类为流动负债。（　　）

5. 正常的营业周期不能确定时，应当以一年（12 个月）作为划分流动资产或流动负债的标准。（　　）

6. 利润表中“税金及附加”项目，反映企业经营业务应负担的消费税、增值税、城市维护建设税、资源税、土地增值税和教育费附加等。（　　）

7. 资产负债表中“固定资产”项目应根据“固定资产”科目的期末余额直接填列。（　　）

8. 企业应当以持续经营为基础，根据实际发生的交易或事项，按照《企业会计准则》的规定进行确认和计量，在此基础上编制财务报表。（　　）

9. 财务会计报告是企业会计核算的最终成果。（　　）

10. 编制资产负债表的依据是“利润 = 收入 - 费用”。（　　）

第十章　会计工作组织

学习导航

通过本章学习，应达到以下要求：了解会计工作组织的概念，熟悉会计机构的设置，掌握会计人员继续教育的内容、会计档案管理的要求，了解会计信息系统的有关知识。

第一节　会计工作组织概述

一、会计工作组织的概念

会计工作组织，主要是通过设置会计机构，配备会计人员，制定与执行会计规章制度，运用与改进会计工作的技术手段，管理会计档案，进行会计工作与其他经济管理工作间的协调，形成一个高效运行的会计工作体系。

二、会计工作组织的意义

会计工作是一项复杂、细致而又十分科学、严密的综合性经济管理活动。科学、合理地组织和管理会计工作，对充分发挥会计作用、保证完成会计任务具有十分重要的意义，具体体现为以下 3 点。

（1）有利于提高会计工作的质量和效率。

（2）有利于协调会计工作与其他经济管理工作的关系，充分发挥会计的职能作用。

（3）有利于法律和制度的贯彻执行，维护财经纪律。

三、会计工作组织的内容

会计工作组织是一项系统工程，它主要包括以下的内容：

（1）设置符合本单位实际情况的会计机构；

（2）配备一定数量、具有专门素质的会计人员；

（3）明确各岗位会计人员的职责权限；

（4）依据国家的会计法规制定本单位的会计制度，确定适合本单位的账务处理程序；

（5）管理本单位的会计电算化工作；

（6）切实保管好会计档案。

四、会计工作组织的要求

为了顺利地开展会计工作，确保会计信息质量，必须按照下列要求科学地组织会计工作。

（1）遵守国家的法律法规和制度，是组织会计工作的首要前提。

（2）符合单位生产经营的特点，做出切合实际的安排并制定具体实施办法。

（3）加强制度建设，健全和执行内部控制制度。

（4）在保证会计工作质量的前提下，兼顾工作效率。

五、会计工作的管理体制

会计法规体系与企业会计的关系如图 10－1 所示。

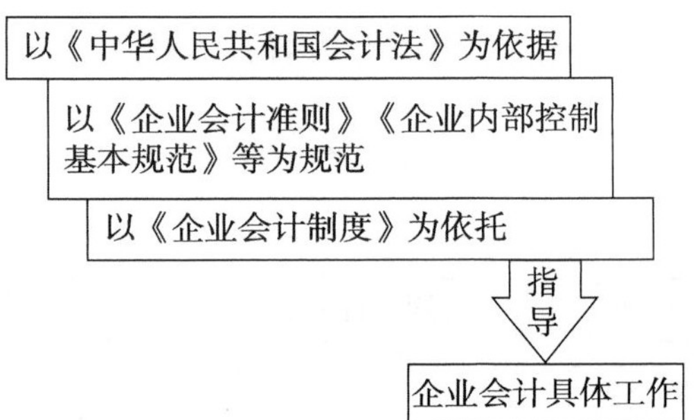

图 10－1　会计法规体系与企业会计的关系

第二节　会计机构与会计人员

会计机构和会计人员是会计工作的重要承担者，在会计基础工作中起着关键作用，同时，对会计机构和会计人员的管理也是会计基础工作的一项重要内容。

一、会计机构的设置

会计机构是各单位内部组织领导和直接从事会计工作的职能部门。建立和健全会计机构是保证会计工作顺利进行的重要条件。

《中华人民共和国会计法》第三十六条规定：“各单位应当根据会计业务的需要，设置会计机构，或者在有关机构中设置会计人员并指定会计主管人员；不具备设置条件的，应当委托经批准设立从事会计代理记账业务的中介机构代理记账。”

（一）设置会计机构

各单位可以根据本单位会计业务的繁简情况和会计管理工作的需要决定是否设置会计机构。换句话来说，就是一个单位是设置会计机构，还是在有关机构中设置专职的会计人员，完全由各单位根据会计业务的繁简和实际情况来决定。

（二）指定会计主管人员

规模小、交易或者事项简单、业务量相对较少的单位，可以不单独设置会计机构，将会计职能并入其他职能部门，并设置会计人员，同时指定会计主管人员。

（三）实行代理记账

代理记账是指从事代理记账业务的社会中介机构接受委托人的委托办理会计业务。委托人是指委托代理记账机构办理会计业务的单位。代理记账机构是指从事代理记账业务的中介机构。

企业会计机构设置方式和企业会计岗位设置具体如图 10－2、图 10－3 所示。

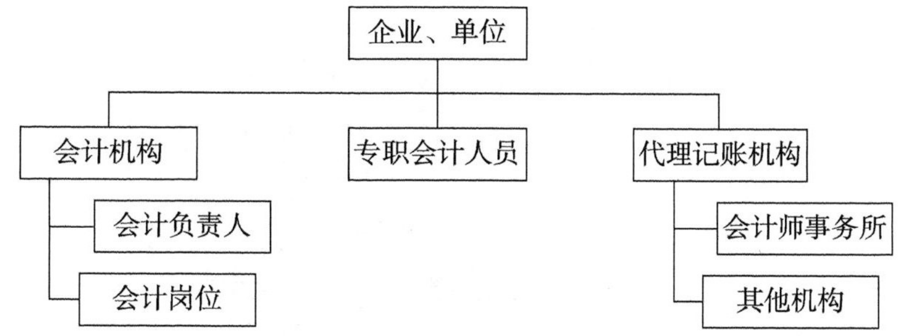

图 10－2　企业会计机构设置方式

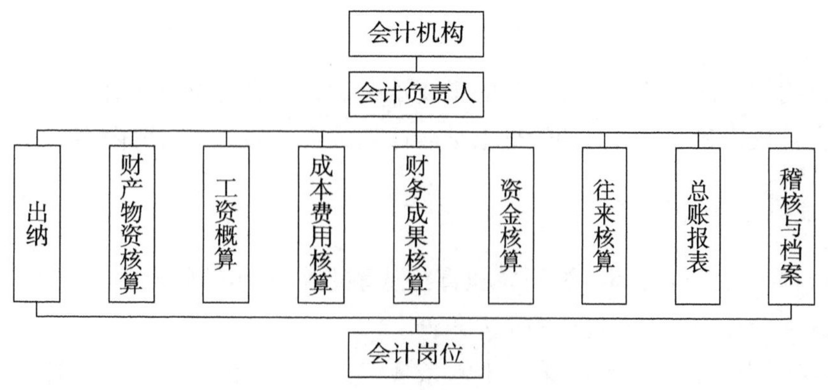

图 10－3　企业会计岗位设置

二、会计机构的组织方式

会计机构的组织方式应视企业的具体情况具体安排，可分为集中核算和非集中核算两种方式。

（一）集中核算方式

在集中核算组织方式下，公司会计部门要完成企业交易或者事项的明细核算、总分类核算、会计报表编制和各有关项目的考核分析等工作；其他职能部门、车间、仓库的会计组织或会计人员只负责登记原始记录和填制原始凭证。

（二）非集中核算方式

非集中核算方式亦称分散核算方式。在非集中核算组织方式下，某些业务的凭证整理、明细核算、满足企业单位日常管理需要的内部报表的编制与分析等工作分散到各个从事该项业务的车间、部门进行；而公司会计部门集中进行总分类核算和全厂的会计报表的编制与分析。

在实际工作中，有的企业往往对某些会计业务采用集中核算方式，而对另一些业务采用非集中核算方式。但无论采用哪种方式，企业对外的现金往来、物资购销、债权债务的结算都应由企业财务会计部（科）集中办理。

三、会计机构的组织形式

按核算关系的性质不同，会计机构的组织形式一般可分为独立核算单位和非独立核算单位。

（一）独立核算单位

独立核算单位是指具有一定数额的资本金，有独立经营自主权，能单独编制计划，单独计算盈亏，单独在银行开立账户，并经工商行政部门登记的法人单位和非法人单位。独立核算单位的会计机构的组织方式有：集中核算和非集中核算两种方式。

（二）非独立核算单位

非独立核算的单位是指有一定的经济管理权，计算盈亏，对内报送会计报表，但不具有独立的资本金，不单独在银行开立账户，并经工商行政部门登记的企业或事业法人所属的部门或下属单位。

非独立核算的单位又分为半独立核算单位和报账单位。

四、会计人员

根据国务院常务会议精神，会计从业资格被列为建议取消的职业资格事项。取消会计从业资格涉及修订《中华人民共和国会计法》，需要依照法定程序提请全国人民代表大会常务委员会修订相关法律。2017 年 8 月 17 日，财政部召开《中华人民共和国会计法》修订工作领导小组第一次会议全面部署《中华人民共和国会计法》修订工作，明确有关任务分工、重点研究内容、主要工作安排等。此次会议标志着《中华人民共和国会计法》修订工作的全面启动。《中华人民共和国会计法》修订后正式取消会计从业资格证；并强调会计人员的专业能力和职业道德。

（一）会计人员继续教育

《中华人民共和国会计法》第三十九条规定："会计人员应当遵守职业道德，提高业务素质。对会计人员的教育和培训工作应当加强。"同时，会计工作的专业性很强，相关知识更新也较快，继续教育制度有利于引导会计人员持续更新知识、提高业务能力和专业胜任能力。

财政部于 2017 年 6 月在《会计专业技术人员继续教育规定（征求意见稿）》中明确提出："会计专业技术人员继续教育应当紧密结合经济社会发展和会计行业发展要求，以能力建设为核心，突出针对性、实用性和前瞻性，为经济社会和会计行业发展提供人才保证和智力支持。"通过该征求意见稿的内容，可以知晓，以后会计继续教育会上一个新的台阶，以后的会计教育可能会告别以前的"走过场"。只要从事会计方面的工作，继续教育就会是每个会计人员的必修课，若忽视继续教育很可能会丢掉"饭碗"。

（二）会计专业职务与技术资格

1. 会计专业职务

会计专业职务是区别会计人员业务技能的技术等级。会计专业职务分为高级会计师、会计师、助理会计师和会计员。高级会计师（又分为正高级会计师和副高级会计师）为高级职务，会计师为中级职务，助理会计师和会计员为初级职务。

2. 会计专业技术资格

会计专业技术资格是指担任会计专业职务的任职资格，分为初级资格、中级资格和高级资格。

（三）会计工作岗位设置

会计工作岗位，是指一个单位会计机构内部根据业务分工而设置的职能岗位。会计工作岗位可以一人一岗、一人多岗或者一岗多人。但出纳人员不得兼管稽核、会计档案保管和收入、费用、债权债务账目的登记工作。

会计工作岗位一般可分为：总会计师、会计机构负责人或者会计主管人员、出纳、财产物资核算、工资核算、成本费用核算、财务成果核算、资金核算、往来结算、总账报表、稽核和档案管理等。开展会计电算化和管理会计的单位，可以根据需要设置相应工作岗位，也可以与其他工作岗位相结合。

（四）会计人员工作交接

会计人员工作交接是指会计人员在工作调动、离职或因病暂时不能工作时，应与接管人员办理交接手续的一种工作程序。《中华人民共和国会计法》第四十一条规定："会计人员调动工作或者离职，必须与接管人员办清交接手续。"

（1）会计人员办理移交手续前，必须及时做好以下工作。

①已经受理的交易或者事项尚未填制会计凭证的，应当填制完毕。

②尚未登记的账目，应当登记完毕，并在最后一笔余额后加盖经办人员印章。

③整理应该移交的各项资料，对未了事项写出书面材料。

④编制移交清册，列明应当移交的会计凭证、会计账簿、会计报表、印章、现金、有价证券、支票簿、发票、文件、其他会计资料和物品等内容；实行会计电算化的单位，从事该项工作的移交人员还应当在移交清册中列明会计软件及密码、会计软件数据磁盘（磁带等）及有关资料、实物等内容。

（2）专人负责监交。一般会计人员交接，由单位会计机构负责人、会计主管人员负责监交；会计机构负责人、会计主管人员交接，由单位领导人负责监交，必要时可由上级主管部门派人会同监交。

（3）移交人员在办理移交时，要按移交清册逐项移交；接替人员要逐项核对点收。

（4）交接完毕后，交接双方和监交人员要在移交清册上签名或者盖章，并应在移交清册上注明单位名称、交接日期、交接双方和监交人员的职务及姓名、移交清册页数以及需要说明的问题和意见等。

（5）接替人员应当继续使用移交的会计账簿，不得自行另立新账，以保持会计记录的连续性。

（6）交接人员的责任。交接工作完成后，移交人员所移交的会计凭证、会计账簿、财务会计报告和其他会计资料是在其经办会计工作期间内发生的，移交人员应当对这些会计资料的合法性、真实性承担法律责任；即使接替人员在交接时因疏忽没有发现所接会计资料在合法性、真实性方面的问题，如事后发现，这些问题仍由原移交人员负责，原移交人员不能以会计资料已经移交为理由推脱责任。

第三节 会计档案

一、会计档案的概念和范围

（一）会计档案的概念

会计档案是指单位在进行会计核算等过程中接收或形成的，记录和反映单位交易或者事项的，具有保存价值的文字、图表等各种形式的会计资料，包括通过计算机等电子设备形成、传输和存储的电子会计档案。

（二）会计档案的范畴

1. 下列会计资料应当进行归档

（1）会计凭证，包括原始凭证、记账凭证；

（2）会计账簿，包括总账、明细账、日记账、固定资产卡片及其他辅助性账簿；

（3）财务会计报告，包括月度、季度、半年度、年度财务会计报告；

（4）其他会计资料，包括银行存款余额调节表、银行对账单、纳税申报表、会计档案移交清册、会计档案保管清册、会计档案鉴定意见书及其他具有保存价值的会计资料。

2. 电子会计档案

（1）单位内部的电子会计资料。

同时满足下列条件的，单位内部形成的属于归档范围的电子会计资料可仅以电子形式保存，形成电子会计档案：

①电子会计资料来源真实有效，由计算机等电子设备形成和传输；

②使用的会计核算系统能够准确、完整、有效接收和读取电子会计资料，能够输出符合国家标准归档格式的会计凭证、会计账簿、财务会计报表等会计资料，设定了经办、审核、审批等必要的审签程序；

③使用的电子档案管理系统能够有效接收、管理、利用电子会计档案，符合电子档案的长期保管要求，并建立了电子会计档案及与其相关联的其他纸质会计档案的检索关系；

④采取有效措施，防止电子会计档案被篡改；

⑤建立电子会计档案备份制度，能够有效防范自然灾害、意外事故和人为破坏的风险；

⑥形成的电子会计资料不属于具有永久保存价值或者其他重要保存价值的会计

档案。

（2）单位从外部接收的电子会计资料。

单位从外部接收的电子会计资料附有符合《中华人民共和国电子签名法》规定的电子签名的，可仅以电子形式归档保存，形成电子会计档案。

二、会计档案管理的要求

（一）归档要求

单位的会计机构或会计人员所属机构（以下统称单位会计管理机构）按照归档范围和归档要求，负责定期将应当归档的会计资料整理立卷，编制会计档案保管清册。

当年形成的会计档案，在会计年度终了后，可由单位会计管理机构临时保管一年，再移交单位档案管理机构保管。因工作需要确需推迟移交的，应当经单位档案管理机构同意。

单位会计管理机构临时保管会计档案最长不超过三年。临时保管期间，会计档案的保管应当符合国家档案管理的有关规定，且出纳人员不得兼管会计档案。

单位会计管理机构在办理会计档案移交时，应当编制会计档案移交清册，并按照国家档案管理的有关规定办理移交手续。

纸质会计档案移交时应当保持原卷的封装。电子会计档案移交时应当将电子会计档案及其数据一并移交，且文件格式应当符合国家档案管理的有关规定。特殊格式的电子会计档案应当与其读取平台一并移交。单位档案管理机构接收电子会计档案时，应当对电子会计档案的准确性、完整性、可用性、安全性进行检测，符合要求的才能接收。

（二）调阅要求

单位应当严格按照相关制度利用会计档案，在进行会计档案查阅、复制、借出时履行登记手续，严禁篡改和损坏。

单位保存的会计档案一般不得对外借出。确因工作需要且根据国家有关规定必须借出的，应当严格按照规定办理相关手续。

会计档案借用单位应当妥善保管和利用借入的会计档案，确保借入会计档案的安全、完整，并在规定时间内归还。

（三）保管期限的要求

2015 年 12 月 11 日财政部、国家档案局联合发布的新修订的《会计档案管理办法》规定：“会计档案的保管期限分为永久、定期两类。定期保管期限一般分为 10 年和 30

年。会计档案的保管期限，从会计年度终了后的第一天算起。”

企业和其他组织会计档案保管期限如表 10－1 所示。

表 10－1　企业和其他组织会计档案保管期限

序号	档案名称	保管期限	备注
一	会计凭证		
1	原始凭证	30 年	
2	记账凭证	30 年	
二	会计账簿		
3	总账	30 年	
4	明细账	30 年	
5	日记账	30 年	
6	固定资产卡片		固定资产报废清理后保管 5 年
7	其他辅助性账簿	30 年	
三	财务会计报告		
8	月度、季度、半年度财务会计报告	10 年	
9	年度财务会计报告	永久	
四	其他会计资料		
10	银行存款余额调节表	10 年	
11	银行对账单	10 年	
12	纳税申报表	10 年	
13	会计档案移交清册	30 年	
14	会计档案保管清册	永久	
15	会计档案销毁清册	永久	
16	会计档案鉴定意见书	永久	

三、会计档案的销毁

（一）会计档案销毁的基本要求

（1）单位应当定期对已达到保管期限的会计档案进行鉴定，并形成会计档案鉴定意见书。经鉴定，仍需继续保存的会计档案，应当重新划定保管期限；保管期满、确无保存价值的会计档案，可以销毁。会计档案鉴定工作应当由单位档案管理机构牵头，组织单位会计、审计、纪检监察等机构或人员共同进行。

（2）经鉴定可以销毁的会计档案，应当按照下列程序销毁。

①单位档案管理机构编制会计档案销毁清册，列明拟销毁会计档案的名称、卷号、册数、起止年度、档案编号、应保管期限、已保管期限和销毁时间等内容。

②单位负责人、档案管理机构负责人、会计管理机构负责人、档案管理机构经办人、会计管理机构经办人在会计档案销毁清册上签署意见。

③单位档案管理机构负责组织会计档案销毁工作，并与会计管理机构共同派员监销。监销人在会计档案销毁前，应当按照会计档案销毁清册所列内容进行清点核对；在会计档案销毁后，应当在会计档案销毁清册上签名或盖章。

④电子会计档案的销毁还应当符合国家有关电子档案的规定，并由单位档案管理机构、会计管理机构和信息系统管理机构共同派员监销。

（二）不得销毁的会计档案

（1）会计档案保管期满，但其中涉及未了结的债权债务以及涉及其他未了事项的原始凭证，不得销毁，纸质会计档案应当单独抽出立卷，电子会计档案单独转存，保管到结清债权债务和未了事项完结时为止。单独抽出立卷的会计档案，应当在会计档案销毁清册和会计档案保管清册上列明。

（2）建设单位在建设期间的会计档案，不得销毁。

第四节　会计信息系统

一、会计信息系统概述

（一）什么是会计信息

数据是反映客观事物性质、形态、结构和特征的符号，是对客观事物属性的描述。会计数据则是描述企业经营活动中交易或者事项属性的数据，用以描述交易或事项，反映会计业务发生和完成情况。作为会计加工处理对象，会计数据主要包括生产经营过程中产生的引起会计要素增减变动的原始数据，会计信息系统中的各种原始凭证则是会计数据的载体。

信息是经过加工、处理后的有用的数据，是对数据的综合和解释，是数据加工的“产品”。会计信息是指按会计特有的方式对会计数据进行加工处理后产生的辅助企业管理的会计数据。

会计数据与会计信息并无严格界限，在会计处理过程中，经过加工处理的会计信息，往往又成为后续处理的数据，会计数据和信息的这种交替过程，存在于会计处理的各个环节之中。

（二）什么是会计信息系统

会计信息系统（Accounting Information System，简称“AIS”）是一门融会计、电子计算机、信息和管理科学为一体的交叉学科，它是现代会计科学的重要组成部分。AIS是利用信息技术对会计信息进行采集、存储和处理，完成会计核算任务，提供与管理、分析与决策相关的会计信息的系统，实质是将会计数据转化为会计信息的系统。

会计信息系统的发展可分为三个阶段：会计事务处理系统、会计管理系统和会计决策支持系统。我国运用会计信息系统是从20世纪80年代初开始的，起初会计信息系统软件由企业与高等院校、科研院所合作研发，后来出现了用友、金蝶等财务软件公司，财务软件逐渐走向规范与成熟。20世纪90年代末，传统的财务软件的缺陷渐渐显现出来，企业对系统软件的要求也不断提高，从系统能进行记账与报表输出到系统能够提供与业务相关的成本、盈利以及绩效等方面的支持信息，这就促使财务软件逐渐向ERP（Enterprise Resource Planning，企业资源计划）等高度集成化的软件发展，国内各大财务软件厂商也纷纷从单独的财务软件设计转型为ERP厂商。

会计信息系统是一种专门用于会计业务处理的应用软件，它是属于管理信息系统的财务管理子系统。它包括会计核算和管理会计两大部分，前者以账务核算为核心进行账务处理，包括总账子系统、应收款子系统、存货核算系统、报表子系统、薪资管理子系统等专项核算内容；后者的内容有预算管理子系统、项目管理子系统、成本管理子系统、财务分析子系统等内容。会计信息系统的基本功能结构如图10－4所示。

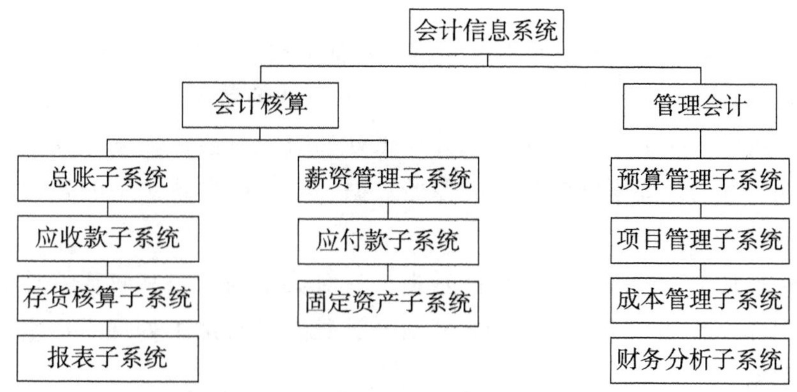

图10－4　会计信息系统的基本功能结构

二、会计信息系统的特点

（一）会计信息系统的基本特点

（1）数据来源广泛、数据量大；
（2）数据结构和数据处理的流程复杂；
（3）数据的全面性、完整性、真实性和可靠性要求高；
（4）数据处理的环节多，很多处理步骤具有周期性；
（5）数据加工处理有严格的制度规定，并要求留有明确的审计线索；
（6）信息输出种类多、数量大、格式上有严格的要求；
（7）数据处理过程的安全性、保密性有严格的要求。

（二）会计信息系统的优势

会计信息系统以计算机为计算工具，数据处理代码化、准确性高、速度快、精度高。会计信息系统采用对原始数据编码的方式，缩短数据项的长度，减少数据占用的存储空间，从而提高了会计数据处理的速度和精度。

（三）会计信息系统账务处理程序

会计信息系统账务处理程序真正实现了数据处理自动化、账务处理一体化。会计信息系统账务处理过程分为输入、处理和输出三个环节：系统将分散的会计数据统一收集后集中输入计算机，计算机对输入数据自动进行过账、转账和编表处理，最后计算机将所需信息以账表形式打印输出。所有中间环节在机内自动操作，若需要任何中间数据则可通过查询得到，真正实现了数出一门（都来自原始数据）、数据共享（同时产生所需账表）。

新的会计信息管理系统——网络财务会计的发展使会计核算从事后到实时，将实时信息处理嵌入业务处理过程中；使财务管理由静态走向动态，实现了实时监控、实时决策以及财务部门与相关业务部门的同步管理；使会计数据由传统的纸质页面数据、电算化初步的磁盘数据变为网页数据；将系统各模块的数据集中放在统一的数据库中，保证了系统数据的全面性、准确性，提高了会计信息的质量，同时也实现数据的全面共享和互换；在网络环境中实现物流和信息流的同步。

三、会计信息系统的运行要素

（一）硬件设备

会计信息系统的硬件设备主要是指会计数据输入设备、数据处理设备、数据存储设备和数据输出设备。此外，硬件设备还有通信设备、网络设备、机房设施等。不同的会计信息系统工作方式决定了企业会计信息系统不同的硬件组合，会计信息系统的硬件组合经历了从简单到复杂、从单一到综合、从单机到网络的过程。

（二）软件系统

软件是指控制计算机系统运行的计算机程序和文件资料，也是会计信息系统的核心。软件包括系统软件和应用软件两大类。系统软件是保证会计信息系统能够正常运行的基础软件，如操作系统、数据管理系统等；应用软件主要指会计软件，它是专门用于会计核算和会计管理的软件。

（三）会计人员

会计人员是指会计信息系统的使用人员和管理人员，包括会计主管、系统开发、系统维护、凭证录入、凭证审核、会计档案保管人员等。在会计信息系统中，参与系统开发和应用的人员中，不仅有会计专业人员，还有计算机技术人员、网络技术人员和管理专家，这些人员的密切配合与相互协调，成为会计信息系统成功运行的关键。

（四）会计数据

会计数据是会计工作的基本工作对象，也是会计信息系统的主要构成要素。为适应电子计算机的工作特点，会计信息系统从原始单据中接收会计数据，并对输入的数据进行标准化、规范化处理，进行集中化和自动化管理，最后将系统输出的数据转化为文件的形式并作为会计文档保存。

（五）系统规程

规程是指各种法令、文件条例和规章制度。规程主要包括两大类：一是政府的法令、条例，如财政部颁发的《会计电算化管理办法》和《会计电算化工作规范》等；二是基层单位在会计电算化工作中的各项具体规定，如岗位责任制度、会计核算软件操作管理制度、会计档案管理制度等。

本章小结

➢ 会计工作组织是根据会计管理活动特点，设置会计机构，配备会计人员等方面的组织工作。会计工作组织有利于提高会计工作的质量和效率；有利于协调会计工作与其他经济管理工作的关系，充分发挥会计的职能作用；有利于法律和制度的贯彻执行，维护财经纪律。

➢ 会计机构是各单位内部组织领导和直接从事会计工作的职能部门。建立和健全会计机构是保证会计工作顺利进行的重要条件。在规模较小的单位，如不单设会计机构，应在有关机构中设置会计人员并指定会计主管人员，以保证会计工作的正常进行。会计机构的组织方式有集中核算方式和非集中核算方式。会计机构的组织形式有独立核算单位和非独立核算单位。

➢ 会计专业技术人员继续教育应当紧密结合经济社会发展和会计行业发展要求，以能力建设为核心，突出针对性、实用性和前瞻性，为经济社会和会计行业发展提供人才保证和智力支持。会计专业职务分为高级会计师、会计师、助理会计师和会计员；会计专业技术资格是指担任会计专业职务的任职资格，分为初级资格、中级资格和高级资格。

➢ 会计人员工作交接是指会计人员在工作调动、离职或因病暂时不能工作时，应与接管人员办理交接手续的一种工作程序。

➢ 会计档案是指单位在进行会计核算等过程中接收或形成的，记录和反映单位交易或者事项的，具有保存价值的文字、图表等各种形式的会计资料，包括通过计算机等电子设备形成、传输和存储的电子会计档案。会计档案的范畴包括会计凭证、会计账簿、财务会计报告、其他会计资料。会计档案管理的要求包括归档要求、调阅要求和保管期限的要求，其中保管期限分为永久、定期两类，定期保管期限一般分为10年和30年。

➢ 会计信息系统（Accounting Information System，简称“AIS”）是一门融会计、电子计算机、信息和管理科学为一体的交叉学科，它是现代会计科学的重要组成部分。会计信息系统是一种专门用于会计业务处理的应用软件，它是属于管理信息系统的财务管理子系统。它包括会计核算和管理会计两大部分：前者以账务核算为核心进行账务处理，并且设计工资核算、固定资产核算、成本核算、材料核算、销售核算等专项核算内容；后者的内容有财务情况分析、预测和决策分析、资金管理分析、内部经济核算管理分析等内容。会计信息系统账务处理程序真正实现了数据处理自动化、账务处理一体化。会计信息系统的运行要素包括硬件设备、软件系统、会计人员、会计数据和系统规程。

同步练习

一、单项选择题

1. 会计专业职务主要包括(　　)。

A. 高级会计师、总会计师、会计师和助理会计师

B. 总会计师、会计师、注册会计师、高级会计师

C. 注册会计师、高级会计师、会计师、会计员

D. 高级会计师、会计师、助理会计师、会计员

2. 现行制度规定，应永久保存的会计档案是(　　)。

A. 年度财务会计报告　　B. 季度、月度会计报表

C. 会计凭证　　D. 会计账簿

3. 企业单位记账凭证的保管年限是(　　)。

A. 10 年　　B. 15 年　　C. 30 年　　D. 永久

4. 在会计移交工作中，一般会计人员的移交，由(　　)负责监交。

A. 其他会计人员　　B. 单位领导人

C. 上级主管部门派人　　D. 会计主管人员

5. 会计工作组织方式一般分为(　　)。

A. 集中核算和分散核算　　B. 永续盘存制和实地盘存制

C. 应计制和现金制　　D. 确认、计量、记录和报告

6. 采用集中核算时，整个企业的会计工作主要集中在(　　)进行。

A. 企业的会计部门　　B. 企业内部的各职能部门

C. 上级主管部门　　D. 会计师事务所

二、多项选择题

1. 会计工作组织的内容包括(　　)。

A. 会计机构的设置　　B. 会计人员的配备

C. 会计规范的制定与执行　　D. 会计档案的保管

E. 会计人员的培训

2. 下列关于会计信息系统的基本特点的说法中正确的有(　　)。

A. 数据来源广泛、数据量大

B. 数据结构和数据处理的流程复杂

C. 数据的全面性、完整性、真实性和可靠性要求高

D. 数据处理的环节多，很多处理步骤具有单一性

E. 数据处理过程的安全性、保密性有严格的要求

3. 会计信息系统的运行要素包括(　　)。

A. 硬件设备　　B. 软件系统

C. 会计人员　　D. 会计数据　　E. 系统规程

4. 会计档案包括(　　)。

A. 会计凭证　　B. 经济合同

C. 会计账簿　　D. 财务会计报告　　E. 符合条件的单位内部的电子会计资料

5. 下列关于会计档案管理的说法中正确的有(　　)。

A. 出纳人员不得兼管会计档案

B. 会计档案的保管期限，从会计档案形成后的第一天算起

C. 单位负责人应在会计档案销毁清册上签署意见

D. 形成的电子会计资料，应保存打印出的纸质会计档案

E. 处于建设期间的建设单位，其保管期满的会计档案不得销毁

三、判断题

1. 会计工作岗位责任制要求一人一岗，以符合内部控制制度的要求。　(　　)

2. 会计专业职务分为以下几种：总会计师、高级会计师、注册会计师、会计助理会计师和会计员。　(　　)

3. 为了便于查阅历史证据，各种会计资料应永久保存。　(　　)

4. 无论企业规模大小都必须设置总会计师。　(　　)

5. 保管期满但尚未结清的债权债务原始凭证，不得销毁，应单独抽出立卷。　(　　)

6. 无论企业是采用集中核算还是非集中核算，其所属各车间、部门一般不能与外单位直接发生经济往来。　(　　)

7. 一个实现独立核算的单位，其工作组织方式既可以选择集中核算方式，也可以选择非集中核算方式。　(　　)

8. 会计信息系统账务处理程序是数据处理自动化、账务处理手工化。　(　　)

9. 财务会计报告的最长保管期限是 30 年。　(　　)

参考文献

[1] 企业会计准则编审委员会编．企业会计准则应用指南（含企业会计准则及会计科目）[M]．上海：立信会计出版社，2006.

[2] 丁增稳，张春想．基础会计 [M]．大连：东北财经大学出版社，2019.

[3] 丁增稳，张春想．基础会计习题与实训 [M]．大连：东北财经大学出版社，2019.

[4] 赵丽生．基础会计 [M]．3 版．大连：东北财经大学出版社，2016.

[5] 赵丽生．基础会计习题与实训 [M]．3 版．大连：东北财经大学出版社，2016.

[6] 李瑞芬．会计学原理 [M]．3 版．大连：东北财经大学出版社，2016.

[7] 彭嵋逸．会计·审计·财务管理 [M]．长沙：中南大学出版社，2013.

[8] 朱虹，周雪艳．基础会计：原理、实务、案例、实训 [M]．3 版．大连：东北财经大学出版社，2015.

[9] 张兴武，石焱．会计信息系统操作案例教程 [M]．2 版．北京：中国水利水电出版社，2016.

[10] 张晓燕．会计基础与应用 [M]．大连：东北财经大学出版社，2016.

[11] 会计从业资格考试辅导教材组．会计基础 [M]．5 版．大连：东北财经大学出版社，2014.

[12] 彭嵋逸．基础会计 [M]．西安：西北工业大学出版社，2018.

[13] 熊义成，洪岩，段珺．基础会计 [M]．西安：西北工业大学出版社，2015.

附录　结转分录大全

◆ 结转材料的实际成本

➢ 在供应过程的核算中设置了两个账户来记录材料的实际成本：一是“在途物资”账户，二是“原材料”账户。

➢ 因而企业购入材料尚未到达或尚未验收入库时应将其实际成本记入“在途物资”账户，验收入库后应结转材料的实际成本，即借记“原材料”等，贷记“在途物资”。

◆ 结转材料的计划成本

➢ 在供应过程的核算中设置了三个账户来记录材料的计划成本，分别是“材料采购”账户、“原材料”账户和“材料成本差异”账户。

➢ 因而企业购入材料无论是否到达或验收入库，均应通过“材料采购”账户进行核算。当采购时，借记“材料采购”账户，贷记“银行存款”等账户；入库时，按计划成本借记“原材料”账户，贷记“材料采购”账户；当实际成本大于计划成本时，借记“材料成本差异”账户，贷记“材料采购”，当实际成本小于计划成本时，借记“材料采购”账户，贷记“材料成本差异”账户。

◆ 结转制造费用

➢ 在制造业企业，产品的成本包括直接费用和间接费用两个部分。

➢ 企业发生的各项直接生产费用可直接记入“生产成本”账户，企业生产车间为生产产品而发生的各项间接费用记入“制造费用”，期末按一定标准分配记入产品的生产成本。

➢ 因而，期末结转制造费用就是借记“生产成本”，贷记“制造费用”。

◆ 结转完工产品成本

➢ 在会计核算中，“库存商品”账户用来核算企业库存的各种商品的成本。

➢ 因而当产品完工入库时，应将其成本从“生产成本”账户转入“库存商品”账户，结转完工产品成本即借记“库存商品”账户，贷记“生产成本”账户。“生产成本”账户期末余额反映的是未完工产品的成本。

◆ 结转已销产品成本

➢ 企业在销售过程中，设置“主营业务成本”账户核算企业确认销售商品、提供劳务等主营业务收入时应结转的成本。

➢ 因而已经确认销售的产品的成本，应从“库存商品”账户转入“主营业务成本”账户，即借记“主营业务成本”账户，贷记“库存商品”账户。

◆ 期末结转损益类费用账户

➢ 在会计核算中，通过设置“本年利润”账户来核算企业当期实现的净利润（或发生的净亏损）。企业期末结转利润时应将损益类费用账户的期末余额全部转入“本年利润”账户以计算企业实现的净利润（或发生的净亏损）。

➢ 即期末结转费用借记“本年利润”账户，贷记“主营业务成本”“其他业务成本”“税金及附加”“管理费用”“财务费用”“销售费用”“营业外支出”“所得税费用”等。

➢ 结转后各损益类费用账户余额应为零。

◆ 期末结转损益类收入账户

➢ 同样，为计算企业实现的净利润（或发生的净亏损），期末需要将损益类收入账户的期末余额全部转入“本年利润”账户。

➢ 即期末结转收入借记“主营业务收入”“其他业务收入”“营业外收入”等，贷记“本年利润”。

➢ 结转后各损益类收入账户余额应为零。

➢ 将损益类费用账户及损益类收入账户均转入“本年利润”账户后，“本年利润”账户如为贷方余额则为从年初至本年年底实现的累计净利润，如余额在借方，则为累计净亏损。

◆ 年终结转利润分配

➢ 年末，应将本年度实现的净利润结转至“利润分配”账户贷方，将本年度实现的净亏损结转至“利润分配”账户借方。

➢ 年度终了，将净利润按法定程序分配后，需将“利润分配”账户其他明细账户的余额转入“利润分配——未分配利润”明细账户，结转后利润分配账户除了“未分配利润”明细账户，其他明细账户均无余额。

同步练习答案及解析

第一章

一、单项选择题

1. A。解析：据题意，可知是持续经营假设。

2. C。解析：会计分期将企业持续不断的生产经营活动过程分割为一个个间距相等、首尾相接的期间，为分期结算账目、编制财务会计报告提供了前提条件。

3. C。解析：权责发生制以本期有收款的权利或付款的义务为标准确认本期的收入和费用。所以此题中 2 月应确认的费用 =3600/12 +2000 +5000 =7300（元）。

4. C。解析：只有选项 C 符合权责发生制原则，其余选项均为收付实现制。

5. D。解析：会计信息质量要求中的相关性原则明确指出会计信息应当满足国家宏观经济管理的要求，满足有关各方了解企业财务状况、经营成果和现金流量的需要，满足企业加强内部经营管理的需要。故选项 D 正确。

6. C。解析：会计基本前提已明确了会计核算要以货币计量，实物量度和劳动量度等指标只是作为辅助参考。故选项 C 正确。

7. C。解析：会计核算环节包括会计确认、会计计量、会计记录和会计报告，没有审核环节。故选项 C 正确。

8. A。解析：制定企业计划这项经济活动不能被纳入会计核算的体系范围，即不能进行会计确认，更谈何作为会计核算的具体内容。故选项 A 正确。

二、多项选择题

1. ABEF。解析：选项 C、D 为会计基本职能。

2. ADE。解析：会计方法，指从事会计工作所使用的各种技术方法，一般包括会计核算方法、会计分析方法和会计检查方法，其中会计核算方法是会计方法中最基本的方法。

3. ACDE。解析：资金运用是指资金的循环与周转过程。以工业企业为例，企业的生产活动经过供应、生产、销售三个过程。资金也依次由货币资金转化为固定资金、储备资金，再转化为生产资金、成品资金，最后又转化为货币资金。

4. ABCF。解析：会计核算方法包括：设置会计科目或账户、复式记账、填制和审核会计凭证、登记账簿、成本计算、财产清查和编制会计报告。

5. ABDE。解析：会计信息质量要求包括可靠性、相关性、可理解性（明晰性）、可比性、实质重于形式、重要性、谨慎性、及时性。

6. ABC。解析：据选项分析，可知选项 B 与选项 D 是一对相互矛盾的备选答案，只能在二者中选其一，再已知会计主体不一定是法律主体。故选项 A、B、C 为正确答案。

7. AC。解析：根据权责发生制核算基础以收付应归属期间为判断标准，可知选项 A、C 为正确答案。

三、判断题

1. 错。解析：会计核算必须以实际发生的交易或事项为依据，但并不是发生的所有交易或事项都需要进行会计核算，如签订合同或协议。

2. 对。

3. 错。解析：同一企业不同时期发生的相同或相似的交易或事项，应采用一致的会计政策，不得随意变更。确需变更的，应将变更情况在会计报表的附注中予以说明。

4. 错。解析：只要企业能控制这项资源，这项资源也可视为企业自有资产。

5. 对。

6. 错。解析：会计的基本职能是核算和监督。

7. 对。

8. 对。

9. 错。解析：会计主体假设告诉我们切记“吃着碗里的，千万不要看着锅里的”。

10. 错。解析：会计核算方法主要工作程序包括三个环节：填制和审核会计凭证、登记账簿和编制会计报告。

四、实务操作题

业务序号	权责发生制		收付实现制	
	收入	费用	收入	费用
(1)		5000		5000
(2)			50000	
(3)				3000
(4)	7000		7000	
(5)	3000			
(6)			20000	
(7)		1500		
合计	10000	6500	77000	8000

第二章

一、单项选择题

1. C。解析：收回应收账款使资产内部两个项目一增一减，增减金额相等，并没有改变资产的总额，故选项 C 正确。

2. A。解析：负债和所有者权益内部两个项目一增一减，增减金额相等，不影响资产总额，故选项 A 正确。

3. C。解析：所有者权益的内容有实收资本、资本公积、其他综合收益、盈余公积和未分配利润，故选项 C 是错误表述。

4. D。解析：第（1）笔交易或者事项的发生对资产总额未产生影响，是资产内部两个项目的一增一减，增减金额相等，即库存商品增加 2 万元，银行存款减少 2 万元；第（2）笔交易或者事项的发生增加了资产总额 10 万元；第（3）笔交易或者事项的发生减少了资产总额 3 万元；第（4）笔交易或者事项的发生未对资产总额产生影响，是资产内部两个项目的一增一减，增减金额相等，即银行存款增加 4 万元，应收账款减少 4 万元。根据公式"月末资产总额 = 月初资产总额 + 本期增加发生额 - 本期减少发生额"，月末该企业的资产总额 = 100 + 10 - 3 = 107（万元），故选项 D 正确。

5. B。解析：根据"所有者权益 = 资产 - 负债"，可得此时的所有者权益应为：200 -（40 - 20）= 180（万元），故选项 B 正确。

6. B。解析：根据会计等式"资产 = 负债 + 所有者权益"，可知 8 月初所有者权益总额为 55000（90000 - 35000）元，再根据企业产生的净利润是归属所有者权益的，依题意，8 月取得的收入为 25000 元，发生的费用为 12000 元，无其他交易或者事项，故 8 月末所有者权益总额应为 68000（55000 + 25000 - 12000）元，故选项 B 正确。

7. D。解析：选项 A 和选项 C 都属于资产要素；选项 B 按照权责发生制原则，预付下年的财产保险费，不能在当月确认为费用，故选项 D 正确。

8. A。解析：由"收入是企业在日常活动中产生的，而不是产生于偶发的交易或事项"，可知只有选项 A 符合题意。

9. B。解析：未分配利益应归属所有者权益要素。

10. B. 解析：根据"资产 - 负债 = 所有者权益"这一公式，可知期末"资产 + 25 -（负债 - 15）= 所有者权益"，故期末所有者权益总额为 140（100 + 40）万元。故选项 B 正确。

11. C。解析：选项 A 不能以货币计量；选项 B，企业不具有所有权和控制权；选项 D 不能被纳入会计核算范围。故选项 C 正确。

12. C。解析：根据会计信息质量要求中的实质重于形式，可知融资租入的固定资产属于资产的范畴，其他选项均不正确。

13. A。解析：要使资产和权益总额不变，只有使等式一边此增彼减的交易或者事项，才能保持等式总额的不变，故选项 A 正确。

14. B。解析：收入包括销售商品收入、提供劳务收入和让渡资产使用权收入，主营业务收入和其他业务收入统称为营业收入，故选项 B 正确。

15. B。解析：选项 A 是资产内部两个项目的一增一减，增减金额相等；选项 C 是资产和所有者权益的同时增加；选项 D 是资产和负债的同时增加。

二、多项选择题

1. BCD。解析：选项 A 是经济利益流入企业的表现。故选项 B、C、D 正确。

2. BC。解析：据备选答案可知选项 A、选项 B 是一对矛盾选项，再由资产的特点可知选项 B 是正确的；选项 C、选项 D 也是一对矛盾选项，选项 C 强调了“可靠地计量”，更符合资产的要求。故选项 B、C 正确。

3. ABCD。解析：四个备选答案均符合。

4. BD。解析：选项 A 和选项 C 都是资产内部两个项目的一增一减，增减金额相等，未使资产总额增加。故选项 B、D 正确。

5. ABD。解析：可根据“同类此增彼减，异类同增同减”来判断，选项 C 和选项 E 描述的交易或者事项是不存在的。故选项 A、B、D 正确。

6. BCD。解析：可根据“同类此增彼减，异类同增同减”来判断，选项 A 和选项 E 只会使会计等式的一边发生变化。故选项 B、C、D 正确。

7. ABD。解析：选项 C 和选项 E 都导致所有者权益减少，与题意不符。故选项 A、B、D 正确。

三、判断题

1. 对。

2. 错。解析：收入应当会导致经济利益的流入，该流入与所有者投入的资本无关。

3. 对。

4. 错。解析：此表述太绝对，所有者投入的资本，也属于经济利益流入了企业，但不属于企业的收入。

5. 错。解析：所有者权益是指企业所有者对企业净资产的所有权。

6. 对。

7. 错。解析：企业接受投资，一方面会使企业的资产总额增加，同时会使所有者权益发生等额的增加。

8. 错。解析：企业以库存现金购买办公用品，导致企业资产减少，费用增加。

9. 错。解析：反映财务状况的三大会计要素，即资产、负债和所有者权益。

10. 错。解析：企业实现的收入都是通过日常活动形成的，不包括营业外收入。

四、实务操作题

类型	交易或者事项序号
1. 一项资产增加，另一项资产减少	1，8
2. 一项负债增加，另一项负债减少	9
3. 一项所有者权益增加，另一项所有者权益减少	12
4. 一项资产增加，一项负债增加	4，6
5. 一项资产增加，一项所有者权益增加	5
6. 一项资产减少，一项负债减少	2，7
7. 一项资产减少，一项所有者权益减少	10
8. 一项负债减少，一项所有者权益增加	11
9. 一项负债增加，一项所有者权益减少	3

第三章

一、单项选择题

1. B。解析：会计对象的具体内容是会计要素，会计要素的具体表现是会计科目，会计科目是会计账户开设的依据，这是一个递进的关系。

2. C。解析："制造费用"和"生产成本"都是成本类会计科目。

3. D。解析：所有损益类账户期末无余额。

4. A。解析：会计科目按照提供指标的详细程度，可分为总分类科目与明细分类科目。

5. A。解析：学科中的账户结构亦称为简化格式，即"T"型账户或者"丁"型账户，结构分为左、右两部分。

6. C。解析：同单项选择题第 1 题。

7. C。解析：选项 A 属于负债类会计科目，选项 B 属于所有者权益类会计科目，选项 D 属于损益类费用会计科目。

8. D。解析：会计科目设置原则不包括真实性。

9. B。解析：同单项选择题第 1 题。

10. A。解析：选项 A 属于流动负债，其他选项都属于流动资产。

11. D。解析：选项 D 属于流动资产，其他选项都属于流动负债。

12. A。解析：账户基本结构包括账户名称（会计科目）、记录交易或者事项的日期、所依据的记账凭证的编号、交易或者事项摘要、增减金额、余额等。

13. B。解析：根据公式"期末余额 = 期初余额 + 本期增加发生额 - 本期减少发生额"，可知一般情况下，一个账户的增加发生额与该账户的期末余额应记在账户的相同方向。

14. D。解析：同单项选择题第 13 题。

15. A。解析：根据公式“期末余额 = 期初余额 + 本期增加发生额 – 本期减少发生额”，把相关数字代入，可得“6000 = 5000 + 本期增加发生额 – 800”，则该账户本期增加发生额为 1800 元。

16. B。解析：根据公式“期末余额 = 期初余额 + 本期增加发生额 – 本期减少发生额”，把相关数字代入，可得“期末余额 = 1500 + 1000 – 1200”，则该账户期末余额为 1300 元。

17. D。解析：选项 A 和选项 B 的余额一般在借方，选项 C 期末无余额，选项 D 是所有者权益类账户，期末余额在贷方。

18. B。解析：根据“总分类账户期初余额 = 其所属的明细分类账户期初余额的合计”，可得“9000 = A 工厂贷方 3500 + B 工厂贷方 2500 + C 工厂”，所以 C 工厂期初余额为贷方 3000 元。

19. C。解析：试算平衡法具体可分为发生额试算平衡法和余额试算平衡法，由于题意明确告知是“通过对全部账户的发生额和余额的汇总计算和比较”，故选项 C 正确。

20. D。解析：根据“同类此增彼减，异类同增同减”，可知选项 D 是错误的。

21. C。解析：根据账户对应关系的要求，“银行存款”的对应账户应为“固定资产”。

22. D。解析：根据会计等式“资产 = 负债 + 所有者权益”，可知负债与所有者权益同在等式的右边，所以账户结构相同。

二、多项选择题

1. AC。解析：根据会计科目的设置原则，可知只有选项 A、C 是符合的。

2. ABCD。解析：选项 E 属于负债类科目，其他都属于资产类科目。

3. BCDE。解析：选项 A 属于资产类科目，其他都属于负债类科目。

4. AD。解析：选项 B、C、E 属于损益类会计科目。

5. ABCD。解析：选项 D 和选项 E 是对矛盾选项，再根据账户的特点可知选项 D 是正确的，故正确答案为选项 A、B、C、D。

6. BC。解析：选项 B，会计科目按经济内容分为资产类、负债类、所有者权益类、成本类、共同类和损益类，并不仅仅是资产类、负债类和所有者权益类。选项 C，损益类账户期末无余额。

7. ACD。解析：选项 A 和选项 B 是一对矛盾选项，选项 A 对；选项 C，即选项 A，同一意思，不同说法；选项 D 和选项 E 是一对矛盾选项，“原材料”属于资产类账户，选项 E 是错误的。

8. ABC。解析：根据会计科目的设置原则，明细分类科目除会计制度规定设置的以外，可以根据本单位经济管理的需要和交易或者事项的具体内容自行设置，故选项 D 为错误说法；选项 E 的说法有误，应该是总分类科目对明细科目起控制作用。

9. ABD。解析：平行登记法的要点是依据相同、期间相同、方向相同和金额相等。故选项 A、B、D 是正确的。

10. ABC。解析：根据题意，可知银行存款是减少的，故选项 A 对；应付账款是减少的，故选项 B 对；短期借款是减少的，故选项 C 对；其余选项均错误。

11. ABC。解析：可根据“同类此增彼减，异类同增同减”来判断。

12. ABCD。解析：选项 D 和选项 E 为矛盾选项，且账户余额一般与记录增加额在同一方向，故选项 E 为错误的选项。

13. ABCD。解析：选项 E 是错误表述，其他都正确。

14. BCD。解析：当企业财务出现了选项 B、C、D 的情形时，是无法采用试算平衡法查找出错误的。

15. ABEF。解析：选项 C、D 为成本类账户，是制造业企业特有的账户。

三、判断题

1. 对。

2. 错。解析：会计科目没有格式和结构。

3. 对。

4. 对。

5. 错。解析：因为“所有”太过绝对，所以错误。

6. 错。解析：后半句的表述颠倒了，应是“所不同的是后者提供的信息比前者更加详细”。

7. 错。解析：“主营业务成本”属于损益类科目。

8. 错。解析：按照提供信息的详细程度，可将账户分为总分类账户和明细分类账户。题中的分类是按照经济内容划分的。

9. 错。解析：会计科目和账户的分类口径和核算内容完全一致，只是前者没有固定的格式，而后者具有。

10. 对。

11. 错。解析：试算平衡表不能发现一笔交易或者事项被重记、应借账户和应贷账户的借贷方向被登记颠倒、一笔交易或者事项被漏记等错误。

12. 对。

13. 错。解析：“制造费用”科目属于成本类会计科目。

四、实务操作题

1.

序号	经济内容	应属科目性质	应属会计科目
1	厂部办公大楼	资产类	固定资产
2	库存各种原材料	资产类	原材料
3	机器设备、汽车	资产类	固定资产
4	偿还期为半年的银行存款	负债类	短期借款
5	库存完工待售产品	资产类	库存商品
6	存入开户银行的款项	资产类	银行存款
7	车间厂房	资产类	固定资产
8	库存现金	资产类	库存现金
9	企业职工借支款项	资产类	其他应收款
10	应收购货单位货款	资产类	应收账款
11	应付供应单位货款	负债类	应付账款
12	向购货单位预收的销货款	负债类	预收账款
13	向供应单位预付的购料款	资产类	预付账款
14	收到的国家投入的资本金	所有者权益类	实收资本
15	尚在车间生产的产品发生的费用	成本类	生产成本
16	车间组织管理产品生产发生的费用	成本类	制造费用
17	企业行政管理部门发生的费用	损益类	管理费用
18	短期借款利息费用	损益类	财务费用
19	销售商品发生的广告等费用	损益类	销售费用
20	预收的包装物押金	负债类	其他应付款
21	预付的包装物押金	资产类	其他应收款
22	应收的保险赔款	资产类	其他应收款
23	应付职工工资	负债类	应付职工薪酬
24	应缴纳的各种税金	负债类	应交税费
25	销售商品实现的收入	损益类	主营业务收入
26	销售商品的税金	损益类	税金及附加
27	已售商品原来的生产成本	损益类	主营业务成本
28	本年已实现的净利润	所有者权益类	本年利润
29	已分配利润	所有者权益类	利润分配
30	应付给所有者的利润	负债类	应付利润
31	企业拥有的专利权、商标权	资产类	无形资产
32	从税后利润中提取的公共积累	所有者权益类	盈余公积

2.（1）借：原材料　　50000
　　贷：银行存款　　50000
（2）借：应付账款——湘江公司　　170000
　　贷：银行存款　　170000
（3）借：利润分配——提取职工奖励和福利费　　100000
　　贷：应付职工薪酬　　100000
（4）借：银行存款　　1000000
　　贷：长期借款　　1000000
（5）借：固定资产　　500000
　　贷：实收资本　　500000
（6）借：固定资产　　200000
　　贷：应付账款　　200000
（7）借：长期借款　　300000
　　贷：银行存款　　300000
（8）借：长期股权投资　　350000
　　贷：固定资产　　350000
（9）借：应付账款　　35100
　　贷：应付票据　　35100
（10）借：实收资本　　150000
　　贷：银行存款　　150000
（11）借：短期借款　　200000
　　贷：实收资本　　200000
（12）借：盈余公积　　250000
　　贷：实收资本　　250000

第四章

一、单项选择题

1. A。解析：材料采购成本 = 买价 + 材料采购费用，增值税属于价外税，不能计入材料的成本，所以，材料采购成本 = 50000 + 1200 + 800 = 52000（元）。

2. C。解析：途中发生的定额内损耗没有额外增加材料的成本，总成本并未发生变化，定额内损耗使入库的合格材料数量减少，从而导致单位成本增加，故该批材料的采购成本 = 1000000 + 1000 + 5000 = 1006000（元）。

3. A。解析：选项 B 未额外增加采购成本；选项 C 和选项 D 通过“管理费用”进行核算，直接计入期间损益，不增加材料采购的成本。

4. B。解析：选项 A 和选项 C 都应记入“生产成本”；选项 D 记入“管理费用”。

5. D。解析：“生产成本”账户的期末借方余额表示期末在产品成本，选项 D 正确。

6. B。解析：选项 B 属于损益类费用账户。

7. B。解析：根据“月初在产品成本 + 本月生产费用 = 完工产品成本 + 月末在产品成本”这一公式，可得完工的 200 件甲产品的总成本 = 20000 + 30000 + 8000 − 12000 = 46000（元）。

8. C。解析：根据权责发生制原则，支付的厂部下半年（含本月）修理费 1200 元中，应记入本月“管理费用”的是 200（1200 ÷ 6）元；生产车间保险费应记入“制造费用”；其余均应记入“管理费用”，本月管理费用发生额应为：15000 + 200 + 2000 = 17200（元）。

9. C。解析：根据“利润分配”账户结构表，可知贷方余额表示的是历年来累计未分配利润数。

10. D。解析：选项 A 和选项 D 应记入“营业外收入”；选项 B 是企业对外投资时产生并确认的投资收益或投资损失。

11. A。解析：任何一个企业的首要任务都是筹集资金。

12. C。解析：选项 A 是材料采购过程中发生的交易或者事项；选项 B 是销售过程中发生的交易或者事项；选项 D 是筹集资金过程中发生的交易或者事项。

13. C。解析：根据题意，借款利息 = 100000 × 7.2% ÷ 12 × 6 = 3600（元），且为到期一次支付，6 个月到期时，应将支付的利息一次记入“财务费用”，无需每月计提；归还的短期借款，记入“短期借款”的借方。

14. C。解析：“应付账款”属于负债类账户，期末余额一般在贷方，表示应付未付款项，若出现在借方，则表示多支付了款项，即为预付的款项。

15. A。解析：生产用设备的日常修理费用应通过“管理费用”账户核算。

16. A。解析：产品的生产过程是制造业企业生产经营过程的中心环节，即生产业务是企业生产经营活动的核心。

17. C。解析：销售过程中发生的运费应记入“销售费用”，不能记入“主营业务收入”，另外，增值税为价外税，不能记入“主营业务收入”，故该笔业务企业应确认的收入为 50000 元。

18. D。解析：销售产品代垫的运杂费应记入“应收账款”，而不能记入“销售费用”。

19. A。解析：选项 B 是“预收账款”借方核算的内容；选项 C 是“应收账款”借方核算的内容；选项 D 是“预收账款”期末贷方余额表示的内容。

20. B。解析：企业应确认的应收账款为应收而未收的所有款项，即 50000 + 6500 +

500 + 45 = 57045（元），此笔交易或者事项的会计分录如下所示。

借：应收账款　　57045

　贷：主营业务收入　　50000

　　　应交税费——应交增值税（销项税额）　　6500

　　　银行存款　　545

21. A。解析：根据《中华人民共和国公司法》的有关规定，法定公积金转为资本时，所留存的该项公积金不得少于转增前公司注册资本的百分之二十五。据题意可知转增之前该公司的注册资本为 6000 万元，留存的法定盈余公积不得低于 1500（6000 × 25%）万元，故本次转增股本最多不得超过 1500（3000 − 1500）万元。

22. C。解析：根据公式“净利润 = 利润总额 − 所得税费用”，可知所得税费用影响的是净利润。

23. A。解析：选项 B 和选项 D 影响的是利润总额，选项 C 影响的是净利润。

24. A。解析：期间费用包括销售费用、管理费用和财务费用。

25. C。解析：出租无形资产所获得的收入为其他业务收入，计提的摊销应记入“其他业务成本”。选项 A 和选项 B 都应记入“营业外收入”；选项 D 应记入“资产减值损失”。

二、多项选择题

1. BCD。解析：选项 A 应记入“管理费用”。

2. ACD。解析：选项 B 属于生产供应过程中的材料采购业务。

3. BC。解析：选项 A，由于生产设备计提的折旧属于间接生产费用，一般应先通过制造费用归集，再分配到各产品的生产成本中去，所以不会直接通过生产成本核算；选项 D，累计折旧是固定资产的备抵账户，不可能涉及银行存款。

4. ACDE。解析：选项 B，已于上年度确认了的收入，不能再作为本年度的收入。

5. ACDE。解析：选项 B 所得税费用属于损益类费用账户。

6. CDE。解析：选项 A 和选项 B 都应采用适当的分配方法分配计入甲、乙材料的采购成本。

7. BCD。解析：工业企业的供应过程应计算的是材料采购成本，生产过程应计算的是产品生产成本，销售过程应计算的是产品销售成本。

8. BCD。解析：短期借款利息 = 本金 × 利率 × 期限，故影响短期借款利息计算的因素是本金、利率和期限。

9. BDE。解析：选项 A 属于价外税；选项 C 由于“营改增”，已经退出我国的税收征税范围，故选项 C 错误。

10. ABD。解析：由题意可知实现的是净利润，所以选项 C 是错误的；选项 E 中提取的盈余公积是 67000 元，该笔分录中金额错误。

11. ABDE。解析：除了选项 C 是正确的会计分录，其余选项均不对。

12. AD。解析：因为材料已经入库，所以是原材料增加，记入“原材料”账户的借方，在途物资减少，记入“在途物资”账户的贷方。

13. BC。解析：月末结转制造费用时，制造费用减少，记入“制造费用”账户的贷方，生产成本增加，记入“生产成本”账户的借方。

14. ABDE。解析：选项 C 属于采购费用。

15. AD。解析：销售产品一方面取得收入；另一方面应结转产品的销售成本，库存商品减少，记入“库存商品”账户的贷方，主营业务成本增加，记入“主营业务成本”账户的借方。

16. BC。解析：根据“净利润 = 利润总额 - 所得税费用”，可知选项 C 是正确的，选项 B 是净利润的另一种说法，也就是扣除所得税之后的利润。

17. BCD。解析：选项 A 记入“生产成本”，选项 E 记入“管理费用”。

18. ABC。解析：收到所有者投入的资本，一方面实收资本增加，记入“实收资本”的贷方，由于实收资本占注册资本的 10%，则有 10（20 - 100 × 10%）万元作为资本溢价，记入“资本公积”的贷方；另一方面收到现金投资，使得企业的银行存款增加，应记入“银行存款”的借方。

19. ABCDE。解析：外购固定资产的成本包括买价、相关税费、达到预定可使用状态前所发生的归属于该资产的运杂费、安装费、装卸费和专业人员服务费等。

20. ABCDE。

三、判断题

1. 对。

2. 对

3. 对。

4. 对。

5. 错。解析：对于职工福利费等职工薪酬，国家没有规定计提基础和计提比例，企业应当根据历史经验数据和实际情况，合理预计当期应付职工薪酬。

6. 对。

7. 对。

8. 对。

9. 错。解析：销售过程不包括利润的计算。

10. 错。解析：管理费用是企业行政管理部门为组织和管理企业生产经营活动而发生的各项费用。

11. 错。解析：企业计算所得税费用时，若无纳税调整项目，应以利润总额为基础，根据适用税率计算确定。

12. 错。解析：对于因折旧而减少的固定资产的价值，应记入“累计折旧”账户的贷方。

13. 错。解析：若能分清被某种材料所耗费的采购费用，就无需采用分配方法计入，而是直接计入采购成本。

14. 对。

15. 错。解析：货款已付但尚未验收入库的商品、物资的实际成本记入“在途物资”账户。

16. 对。

17. 错。解析：对于企业因长期借款发生的利息，根据长期借款的用途不同，利息处理也不同。

18. 错。解析：“短期借款”账户属于负债类账户，贷方登记企业借入的各种短期借款，借方登记企业归还的短期借款。

19. 错。解析：营业外支出是指企业非日常经济活动所发生的支出。

20. 错。解析：向所有者分配利润，使未分配利润减少，从而使所有者权益总额减少。

四、实务操作题

1. （1）运费分配率 = 3300 ÷ （7200 + 2800 + 10000） = 0.165（元/千克）

乙材料应分配的运费 = 7200 × 0.165 = 1188（元）

丙材料应分配的运费 = 2800 × 0.165 = 462（元）

丙材料应分配的运费 = 10000 × 0.165 = 1650（元）

（2）会计分录。

①借：其他应收款　　500
　贷：库存现金　　500

②借：在途物资——甲材料　　48000
　　应交税费——应交增值税（进项税额）　　6240
　贷：应付账款　　54240

③借：在途物资——乙材料　　72000
　　应交税费——应交增值税（进项税额）　　9360
　贷：银行存款　　81360

④借：在途物资——丙材料　　22400
　　　　　　——丁材料　　50000
　　应交税费——应交增值税（进项税额）　　9412
　贷：应付票据　　81812

⑤借：在途物资——乙材料　　1188

——丙材料 462

——丁材料 1650

贷：应付账款 3300

⑥借：预付账款 100000

贷：银行存款 100000

⑦借：原材料——A 材料 100000

应交税费——应交增值税（进项税额） 13000

贷：预付账款 113000

同时，借：预付账款 13000

贷：银行存款 13000

⑧借：原材料——甲材料 48000

——乙材料 73188（72000 + 1188）

——丙材料 22862（22400 + 462）

贷：在途物资——甲材料 48000

——乙材料 73188（72000 + 1188）

——丙材料 22862（22400 + 462）

（3）过账略。

2.（1）①制造费用分配率 =（2000 + 4200 + 11000 + 16000）÷（34000 + 66000）

= 0. 332

②Ⅰ号产品应负担的制造费用 = 0. 332 × 34000 = 11288（元）

Ⅱ号产品应负担的制造费用 = 0. 332 × 66000 = 21912（元）

（2）会计分录。

①借：应付职工薪酬——工资 58000

贷：银行存款 58000

②借：长期待摊费用 48000

贷：银行存款 48000

借：制造费用 2000

贷：长期待摊费用 2000

③借：生产成本——Ⅰ号产品 120000

——Ⅱ号产品 180000

制造费用 4200

管理费用 1500

贷：原材料 305700

④借：管理费用 7500

贷：银行存款　　7500

⑤借：制造费用　　11000

管理费用　　6500

贷：累计折旧　　17500

⑥借：生产成本——Ⅰ号产品　　34000

——Ⅱ号产品　　66000

制造费用　　16000

管理费用　　8000

贷：应付职工薪酬——工资　　124000

⑦借：管理费用　　5000

贷：银行存款　　5000

⑧借：生产成本——Ⅰ号产品　　11288

——Ⅱ号产品　　21912

贷：制造费用　　33200

⑨Ⅰ产品完工产品成本 = 120000 + 34000 + 11288 = 165288（元）

Ⅱ产品完工产品成本 = 180000 + 66000 + 21912 = 267912（元）

借：库存商品——Ⅰ号产品　　165288

——Ⅱ号产品　　267912

贷：生产成本——Ⅰ号产品　　165288

——Ⅱ号产品　　267912

（3）

借方　生产成本	贷方
③300000	⑨433200
⑥100000	
⑧33200	

借方　制造费用	贷方
②2000	⑧33200
③4200	
⑤11000	
⑥16000	

（4）

产品生产成本计算表

单位：元

成本项目	Ⅰ号产品		Ⅱ号产品	
	总成本（100 件）	单位成本	总成本（100 件）	单位成本
直接材料	120000	1200	180000	1800
直接人工	34000	340	66000	660
制造费用	11288	112. 88	21912	219. 12
产品生产成本	165288	1652. 88	267912	2679. 12

3.（1）答案略。

（2）会计分录。

①借：银行存款　162720
　　贷：主营业务收入　144000
　　　　应交税费——应交增值税（销项税额）　18720

②借：销售费用　20000
　　贷：银行存款　20000

③借：应收账款——盛大公司　293800
　　贷：主营业务收入　260000
　　　　应交税费——应交增值税（销项税额）　33800

④借：银行存款　100000
　　贷：预收账款——红光商场　100000

⑤借：银行存款　150000
　　贷：应收账款——天成公司　150000

⑥借：应收票据——剑英公司　40680
　　贷：主营业务收入　36000
　　　　应交税费——应交增值税（销项税额）　4680

⑦借：预收账款——红光商场　308490
　　贷：主营业务收入　273000
　　　　应交税费——应交增值税（销项税额）　35490

同时，借：银行存款　208490
　　　　贷：预收账款——红光商场　208490

⑧借：主营业务成本——甲产品　120000
　　　　　　　　——乙产品　369000
　　贷：库存商品——甲产品　120000
　　　　　　　——乙产品　369000

⑨借：税金及附加　3300
　　贷：应交税费——应交城市维护建设税　2500
　　　　　　　——应交教育费附加　800

4.（1）答案略。

（2）会计分录。

①借：银行存款　20000
　　贷：投资收益　20000

②借：银行存款　3000

贷：营业外收入 3000

③借：营业外支出 400000

贷：银行存款 400000

④Ⅰ. 将本期所发生的各项收入转入“本年利润”账户

借：主营业务收入 6500000

营业外收入 200000

投资收益 50000

贷：本年利润 6750000

Ⅱ. 将本期所发生的各项费用转入“本年利润”账户

借：本年利润 3330000

贷：主营业务成本 2200000

税金及附加 85000

销售费用 40000

管理费用 350000

财务费用 55000

营业外支出 600000

⑤利润总额 = 6750000 − 3330000 = 3420000（元）

⑥应交所得税 = 3420000 × 25% = 855000（元）

借：所得税费用 855000

贷：应交税费——应交所得税 855000

⑦借：本年利润 855000

贷：所得税费用 855000

⑧借：本年利润 2565000

贷：利润分配——未分配利润 2565000

⑨借：利润分配——提取法定盈余公积 256500

贷：盈余公积 256500

⑩借：利润分配——未分配利润 256500

贷：利润分配——提取法定盈余公积 256500

第五章

一、单项选择题

1. C。解析：转账凭证属于记账凭证，不属于原始凭证。

2. B。解析：购货合同不能被纳入会计核算体系中，也就是说购货合同不是经济事项，更不属于原始凭证。

3. B。解析：涉及银行存款和库存现金的交易或者事项，为了避免重复记账，只需要填制付款凭证。

4. A。解析：转账凭证是既不涉及库存现金、也不涉及银行存款的凭证，所以出纳无需在上面签章。

5. C。解析：银行收款通知不能自制，是外来原始凭证的一种。

6. C。解析：会计账簿以审核无误的记账凭证为依据，换句话来理解，记账凭证是登记账簿的依据。

7. A。解析：根据《中华人民共和国会计法》的有关规定，原始凭证金额有错误的，应当由出具单位重开，不得在原始凭证上更正。

8. D。解析：《中华人民共和国会计法》第十四条规定，记账凭证应当根据经过审核的原始凭证及有关资料编制。

9. B。解析：根据原始凭证的填制要求，大小写金额要规范书写。

10. C。解析：票据日期填制明确规定：月为壹拾的，应在其前加“零”；日为贰拾的，也应在其前加“零”，故选项 C 为正确写法。

11. B。解析：选项 A，原始凭证按照格式不同，分为通用凭证和专用凭证；选项 C，原始凭证没有按填制方式的分类；选项 D，原始凭证按填制手续及内容的不同，可以分为一次凭证、累计凭证和汇总凭证。

12. D。解析：选项 A、B、C 都属于记账凭证。

13. C。解析：经济合同不能作为原始凭证。

14. B。解析：选项 B 属于记账凭证的审核内容。

15. C。解析：转账凭证是用于记录不涉及库存现金和银行存款收付的转账业务的凭证。

二、多项选择题

1. AB。解析：收款凭证的借方不是库存现金，就是银行存款，故选项 A、B 正确。

2. ABD。解析：选项 C 和选项 D 为一对矛盾选项，由前可知，限额领料单为企业自制的原始凭证。

3. CD。解析：因为既涉及库存现金、又涉及银行存款的交易或者事项，只需编制付款凭证，所以收款凭证的贷方科目不可能是“库存现金”和“银行存款”。

4. ABCD。

5. AB。解析：根据《中华人民共和国会计法》的有关规定，会计机构、会计人员必须按照国家统一的会计制度的规定对原始凭证进行审核，对不真实、不合法的原始凭证有权不予受理，并向单位负责人报告。

6. ABCD。

7. ABD。解析：选项 C 的说法是错误的，会计凭证按其填制程序和用途不同，可以分为原始凭证和记账凭证。

8. ABCD。

9. AD。解析：选项 B，属于汇总凭证；选项 C，属于累计凭证。

10. AB。解析：选项 C，大写金额有分的，分字后面不写“整”或“正”字；选项 D，汉字大写金额不得使用未经国务院公布的简化汉字。

11. ABC。解析：选项 D，分位不可以用“—”代替。

12. ABC。解析：选项 D，记账凭证必须根据审核无误的原始凭证来编制。

13. BC。解析：选项 A，之前张三借支时所编制的记账凭证是付款凭证；选项 D，原始凭证不属于记账凭证。此笔交易或者事项的会计分录可拆分为两部分，第一笔转账凭证分录如下所示。

借：管理费用　　　　　　　　　　　　1500

　　贷：其他应收款——张三　　　　　　　　1500

第二笔收款凭证分录如下所示。

借：库存现金　　　　　　　　　　　　500

　　贷：其他应收款——张三　　　　　　　　500

14. ABC。解析：选项 D，需编制收款凭证。

15. AC。解析：选项 A，导致无法分清账户的对应关系，在实际工作中不允许；选项 C，应当填制银行存款付款凭证。

三、判断题

1. 错。解析：原始凭证不得外借，其他单位如有特殊原因确实需要使用时，经本单位会计机构负责人、会计主管人员批准，可以复制。

2. 错。解析：从外部取得的原始凭证，必须盖有填制单位的公章。

3. 错。解析：付款凭证左上角“贷方科目”处，应填写“库存现金”或“银行存款”科目。

4. 错。解析：原始凭证审核时，对记载不准确、不完整的原始凭证予以退回，并要求按照国家统一的会计制度的规定更正、补充。

5. 对。

6. 对。

7. 错。解析：除了结账和更正错误，记账凭证必须附有原始凭证并注明所附原始凭证的张数。

8. 对。

9. 错。解析：会计凭证的传递是指交易或者事项发生或完成时从取得或填制原始凭证开始，直到会计凭证归档保管为止，在本单位内部有关部门和人员之间，按照规定的路线、时间办理业务手续和进行处理的过程。

10. 对。

四、实务操作题

（1）编制会计分录。

①借：银行存款 200000
　贷：长期借款 200000

②借：原材料 50000
　　应交税费——应交增值税（进项税额） 6500
　贷：银行存款 56500

③借：库存现金 10000
　贷：银行存款 10000

④借：其他应收款——赵玉 5000
　贷：库存现金 5000

⑤借：固定资产 35000
　　应交税费——应交增值税（进项税额） 4550
　贷：银行存款 39550

⑥借：生产成本——A 产品 40000
　　　　　　——B 产品 30000
　　制造费用 5000
　　管理费用 2000
　贷：原材料 77000

⑦借：应收账款——甲公司 113000
　贷：主营业务收入——A 产品 100000
　　应交税费——应交增值税（销项税额） 13000

同时，借：主营业务成本 60000
　贷：库存商品 60000

⑧借：管理费用 3800
　　库存现金 1200
　贷：其他应收款——赵玉 5000

⑨借：销售费用 20000
　　应交税费——应交增值税（进项税额） 1200
　贷：银行存款 21200

⑩借：银行存款 113000
　贷：应收账款——甲公司 113000

⑪借：营业外支出 500

贷：库存现金　500

⑫借：生产成本——A 产品　20000

——B 产品　10000

制造费用　3000

管理费用　8000

贷：应付职工薪酬——工资　41000

⑬借：制造费用　3000

管理费用　4200

贷：累计折旧　7200

⑭本月归集的制造费用为 5000 + 3000 + 3000 = 11000（元）。由于本月 A、B 产品的生产工时数相等，故 A、B 产品平均分摊制造费用，各为 5500 元。

借：生产成本——A 产品　5500

——B 产品　5500

贷：制造费用　11000

⑮月末，完工 A 产品成本 = 40000 + 20000 + 5500 = 65500（元）

完工 B 产品成本 = 30000 + 10000 + 5500 = 45500（元）

借：库存商品——A 产品　65500

——B 产品　45500

贷：生产成本——A 产品　65500

——B 产品　45500

（2）“T”型账户略，科目汇总表答案如下所示。

科目汇总表

2019 年 5 月 1 日至 2019 年 5 月 31 日　　　　单位：元

会计科目	借　方	贷　方
银行存款	313000.00	127250.00
长期借款		200000.00
库存现金	11200.00	5500.00
其他应收款	5000.00	5000.00
原材料	50000.00	77000.00
应交税费	12250.00	13000.00
固定资产	35000.00	
生产成本	111000.00	111000.00
制造费用	11000.00	11000.00
管理费用	18000.00	
应收账款	113000.00	113000.00
主营业务收入		100000.00
主营业务成本	60000.00	
营业外支出	500.00	
库存商品	111000.00	60000.00
应付职工薪酬		41000.00
累计折旧		7200.00
销售费用	20000.00	
合计	870950.00	870950.00

记账凭证自 1 号至 16 号共　张

第六章

一、单项选择题

1. C。解析：订本式账簿一般适用于具有统驭性和重要的账簿，总分类账簿就属于这种。

2. B。解析：因为仅仅是账簿记录有误，而记账凭证本身没有错误，所以采用画线更正法进行更正。

3. D。解析：三栏式明细账格式一般用于日记账、总账和只需要反映金额信息的明细账（如债权债务类账户的明细账）中，故“应收账款”明细账应采用三栏式明细账格式。

4. C。解析：卡片式账簿的优点在于使用比较灵活，保管比较方便，有利于详细记录交易或者事项的具体内容，可跨年度使用，无需经常更换。在我国，企业一般只对固定资产的核算采用卡片账。

5. B。解析：同单项选择题 1。

6. C。解析：结账的基本程序的第一条就是将本期发生的各项交易或者事项全部登记入账，保证其正确性，故选项 C 正确。

7. C。解析：根据会计账簿的记账规则，现金和银行存款日记账，应当根据办理完毕的收付款凭证，随时逐笔顺序进行登记，至少每天登记一次。

8. B。解析：由于“主营业务收入”属于损益类收入账户，贷方表示增加，且贷方多栏式明细分类的账页格式适用于贷方需要设多个明细科目或明细项目的账户，故选项 B 正确。

9. B。解析：所记金额 1970 元大于应记金额 1790 元，会计科目及记账方向无误，用红字编制一张两者之间差额的记账凭证，并据之登记账簿，即可。

10. A。解析：数量金额式明细分类账适用于既要进行金额明细核算、又要进行数量明细核算的财产物资项目。备选答案中，选项 A 符合要求。

二、多项选择题

1. ABD。解析：对账的基本内容包括账证核对、账账核对、账实核对。

2. CDE。解析：选项 A 和选项 B，都是账簿按外表形式进行的分类。

3. CDE。解析：选项 A 和选项 B，都是财产物资盘点的方法，而不是错账更正的方法。

4. BCE。解析：根据会计账簿的记账规则：债权债务类和财产物资类明细账应当每天进行登记，即逐日逐笔登记，故选项 B、C、E 为正确选项。

5. ACE。解析：我国要求企业必须设置的账簿是现金日记账、银行存款日记账和总分类账簿。

6. BC。解析：选项 A，记账凭证本身没有错误，过账的时候发生了错误，与题目不符；选项 D 和选项 E，都是错账查找的方法。

7. BCDE。解析：选项 A，对错账采用补充登记法更正的情况下，应使用蓝字更正。

8. ABC。解析：各种账簿所记录的交易或者事项不同，账簿格式可以多种多样，但各种主要账簿应具备下列基本内容：封面、扉页、账页。

三、判断题

1. 错。解析：总分类账户和明细分类账户主要区别是详细程度不同。

2. 错。解析：对账即核对账目，是某个会计主体为了保证账簿记录的真实可靠、正确完整，对账簿和账户所记录的有关数据加以检查和核对，还包括企业同外企业相关账簿相核对。

3. 错。解析：订本式账簿是指启用前就将许多账页装订成册并连续编号的账簿。

4. 错。解析：备查账簿的登记可能不需要记账凭证，甚至不需要一般意义上的原始凭证。

5. 错。解析：三栏式账簿是指具有借方、贷方和余额三栏的账簿。

6. 错。解析：企业银行存款日记账与银行对账单的核对属于账实核对。

7. 错。解析：红色墨水除了画线、改错、冲账时使用，还可以在不设借贷等栏的多栏式账页中，登记减少数，以及在根据国家统一会计制度的规定可以用红字登记的其他会计记录中使用。

8. 对。

9. 对。

10. 错。解析：错账更正方法除了红字冲销法，还包括画线更正法、补充登记法。

第七章

一、单项选择题

1. C。解析：登记账簿的依据是记账凭证，原始凭证是编制记账凭证的依据。

2. B。解析：各种账务处理程序之间，选项 A、C、D 的依据都是相同的，只是登记总分类账的依据和方法不同。

3. A。解析：账务处理程序一般最开始的工作就是“接受并审核原始凭证”。

4. B。解析：科目汇总表账务处理程序与汇总记账凭证账务处理程序相同点在于都减轻了登记总分类账的工作量，这也是他们的共同优点。

5. A。解析：选项 B，是汇总记账凭证账务处理程序的主要缺点；选项 C，是科目汇总表账务处理程序的主要缺点；选项 D 说法本身就是错误的。

6. A。解析：选项 B、C、D 的说法都是正确的。

7. B。解析：科目汇总表账务处理程序下，根据科目汇总表登记总分类账。

8. B。解析：汇总记账凭证账务处理程序的优点就是减轻总分类账登记工作量，又能明确反映科目之间的对应关系，便于查账、对账。

二、多项选择题

1. ABCD。

2. AD。解析：汇总记账凭证账务处理程序的优点是能反映交易或者事项的来龙去脉，查对账目；并反映科目之间的对应关系。所以选项 B、C 的说法不对。

3. ABC。解析：账务处理程序也称会计核算组织程序或会计核算形式，是指在从交易或者事项发生、取得或填制原始凭证开始到根据有关账簿记录编制财务会计报告为止的一个会计循环过程中，会计凭证、会计账簿、会计报表相结合的方式。

4. ABCD。

5. ABC。解析：选项 D，是登记总分类账的依据。

6. BC。解析：选项 B 和选项 C，是汇总记账凭证账务处理程序下需要编制的内容。

7. AB。解析：汇总记账凭证处理程序下，总分类账能清晰地反映科目之间的对应关系；减轻登记总分类账的工作量。故选项 A 和选项 B 的说法是错误的。

8. ABD。解析：选项 C，是编制记账凭证的依据，而不是汇总记账凭证的组成部分。

三、判断题

1. 对。解析：各单位要根据本单位的业务性质、规模大小、繁简程度、经营管理的要求和特点设置账务处理程序。

2. 错。解析：科目汇总表账务处理程序的缺点是不能反映账户的对应关系。

3. 错。解析：记账凭证账务处理程序、汇总记账凭证账务处理程序和科目汇总表账务处理程序除了登记总分类账的依据和方法不同，其他都相同。

4. 对。

5. 对。

6. 对。

7. 错。解析：科目汇总表账务处理程序的优点是减轻了登记总分类账的工作量，易于理解，方便学习，并可每天或定期做到试算平衡。

8. 错。解析：在不同的账务处理程序下，只是登记总分类账的依据和方法不同，编制财务报表的依据是相同的。

第八章

一、单项选择题

1. B。解析：实物财产包括存货、固定资产等有形资产。

2. C。解析：根据《企业会计制度》的规定，盘盈的存货，应当冲减当期的管理费用。

3. B。解析：对于盘亏的库存现金，应及时查明原因，按管理权限报经批准后，按可收回的保险赔偿和过失人赔偿的金额借记“其他应收款”账户。

4. C。解析：根据题意，遭受自然灾害是不定期的，排除选项 A 和选项 B；受损的财产物资只是一部分，所以该清查属于局部清查的范畴。

5. D。解析：经过对未达账项的调节重新得出的余额336000元，是该企业可以动用的银行存款实有数。

6. A。解析：全面清查一般在以下几种情况下进行：（1）企业编制年度会计报表前，为了确保年终决算会计资料真实、正确，需全面清查财产、核实债务；（2）单位撤销、分立、合并或改变隶属关系时，需进行全面清查；（3）企业发生并购、重组等涉及产权变动的情况，需进行全面清查；（4）开展清产核资时，需要进行全面清查，以摸清家底，准确地核定资金；（5）单位主要负责人调离工作时，需要进行全面清查，以分清责任。

7. D。解析：实存账存对比表是财产清查结果的重要凭证，是调整账面记录的原始凭证，也是分析盈亏原因、明确经济责任的重要依据。

8. D。解析：选项D，是批准处理之后可能会用到的会计账户。

9. C。解析：固定资产盘盈应作为前期差错记入“以前年度损益调整”科目，不再通过“待处理财产损溢”核算。

10. D。解析：“待处理财产损溢”账户属于双重性质账户，会计年终前处理完毕后，该账户无余额。

11. A。解析：存货毁损属于非常损失的部分，扣除保险公司赔款和残料价值之后，记入营业外支出。

12. A。解析：选项B，银行存款余额调节表不能作为调整账面余额的依据；选项C，企业可以动用的资金是对未达账项调整之后的余额；选项D，企业银行存款日记账余额与银行对账单余额不一致，也有可能是因为存在未达账项。

13. D。解析：往来款项主要包括应收、应付款项和预收、预付款项等。往来款项的清查一般采用发函询证的方法进行核对。

14. C。解析：银行存款清查采用将银行存款日记账与银行对账单进行核对的方法。

15. D。解析：根据题意，可知企业开出支票，企业已经根据支票做了银行存款减少的会计处理，而支票持有人可能尚未到银行去办理相关手续，故银行尚未入账。

16. B。解析：处理前，待处理财产损溢如为借方余额，表示尚待处理的净损失。故选项B的说法是错误的。

17. D。解析：对于盘盈的库存现金，应及时查明原因，按管理权限报经批准后，按盘盈的金额借记“待处理财产损溢——待处理流动资产损溢”账户，按需要支付或退还他人的金额贷记“其他应付款”账户，按无法查明原因的金额贷记“营业外收入”账户。

18. B。解析：现金盘点后，应根据库存现金盘点结果，编制“库存现金盘点报告表”，并由盘点人员和出纳员签章。“库存现金盘点报告表”兼有“盘存单”和“实存账存对比表”的作用，是反映库存现金实有数和调整账簿记录的原始凭证。

二、多项选择题

1. ACD。解析：选项 B 和选项 E，都不能作为调整账面记录的原始凭证。

2. ABCD。解析：财产清查是指通过对实物财产、现金的实地盘点以及对银行存款、债权债务的核对，来确定各项实物财产、货币资金、往来款项的实存数，并与账存数核对，借以查明账实是否相符的一种专门方法。

3. ABCDE。

4. ACE。解析：实地盘点法适用于库存现金、实物财产的盘点，即现金、存货和固定资产的清查。

5. AB。解析：企业盘盈的各种材料、库存商品等存货，报经有关部门批准后，冲减管理费用，即按其入账价值，借记“待处理财产损溢——待处理流动资产损溢”账户，贷记“管理费用”账户。

6. ABCD。解析：既然是盘亏，不可能还会涉及收入，故选项 E 错误。

7. AB。解析：财产物资的盘存制度有两种，即“永续盘存制”和“实地盘存制”。

8. BCD。解析：选项 A，是银行存款清查会涉及的内容；选项 E，是往来款项清查会涉及的内容。

9. ACD。解析：选项 B，属于定期的全面清查；选项 E，属于不定期的局部清查。

10. ADE。解析：选项 B，应记入营业外支出；选项 C，应记入其他应收款。

三、判断题

1. 错。解析：永续盘存制的计算公式为：期初结存数 + 本期收入数 - 本期发出数 = 期末实存数。

2. 对。

3. 错。解析：企业无法收回的应收账款，被称为坏账，对于坏账的处理有两种方法：一是“直接转销法”，即确认应收款项无法收回时直接记入管理费用；二是“备抵法”，即平时按规定比率计提坏账准备，记入资产减值损失，待坏账发生时，冲减坏账准备。

4. 对。

5. 错。解析：企业在银行可以动用的资金是对未达账项调整之后的余额。

6. 错。解析：自然灾害所造成的原材料毁损，扣除残料价值和应由保险公司、过失人赔款后的净损失，记入营业外支出。

7. 对。

8. 错。解析：财产清查的范围除了存放在本企业的各项财产物资，还包括银行存款、债权债务等账户的清查。

9. 错。解析：制定财产清查方案是财产清查的组织准备。

10. 错。解析：除了账实相符，财产清查还得检查财产物资是否还有损坏、变质、霉烂或短缺等现象。

11. 错。解析：定额内合理损耗记入管理费用。

12. 错。解析：在进行库存现金和存货清查时，出纳人员和实物保管人员必须在场。

四、实务操作题

1.（1）根据企业的银行存款日记账与银行对账单逐笔核对，未达账项共有 4 笔，其中银行已收、企业未收款为 63200 元，银行已付、企业未付款为 23000 元，企业已收、银行未收款为 150000 元，企业已付、银行未付款为 2500 元。

（2）①编制银行存款余额调节表。

银行存款余额调节表

2019 年 10 月 31 日　　　　单位：元

项目	金额	项目	金额
银行存款日记账余额	340500	银行对账单余额	233200
加：银行已收、企业未收款	63200	加：企业已收、银行未收款	150000
减：银行已付、企业未付款	23000	减：企业已付、银行未付款	2500
调节后的存款余额	380700	调节后的存款余额	380700

②根据银行存款余额调节表，月末该企业可以动用的银行存款实有数额为 380700 元。

2.（1）在批准前，编制会计分录如下。

借：待处理财产损溢——待处理流动资产损溢　　198

　贷：原材料——A 材料　　198

在批准后编制会计分录如下。

借：管理费用　　198

　贷：待处理财产损溢——待处理流动资产损溢　　198

（2）在批准前编制会计分录如下。

借：原材料——B 材料　　200

　贷：待处理财产损溢——待处理流动资产损溢　　200

在批准后编制会计分录如下。

借：待处理财产损溢——待处理流动资产损溢　　200

　贷：管理费用　　200

(3) 在批准前，编制会计分录如下。

借：待处理财产损溢——待处理流动资产损溢 1500

贷：原材料——C 材料 1500

在批准后编制会计分录如下。

借：应收账款 1500

贷：待处理财产损溢——待处理流动资产损溢 1500

(4) 在批准前，编制会计分录如下。

借：待处理财产损溢——待处理流动资产损溢 180

贷：原材料——D 材料 180

在批准后编制会计分录如下。

借：原材料——D 材料 180

贷：待处理财产损溢——待处理流动资产损溢 180

第九章

一、单项选择题

1. D。解析：短于一个会计年度编制的财务报表被称为中期报表，包括月报、季报和半年报。

2. A。解析：资产负债表中货币资金项目根据“库存现金”“银行存款”和“其他货币资金”科目的期末余额的合计数填列。

3. C。解析：“应付账款”项目需要根据“应付账款”和“预付账款”两个科目所属明细科目的期末贷方余额计算填列。

4. D。解析：中期资产负债表、利润表和现金流量表的格式和内容与年度财务报表一致。

5. C。解析：按照 A，财务报表可以分为外部报表和内部报表；按照选项 B，财务报表可以分为个别财务报表和合并财务报表；按照选项 C，财务会计报表至少应当包括下列组成部分：资产负债表、利润表、现金流量表、所有者权益（或股东权益）变动表和附注，故选项 C 正确。

6. C。解析：资产负债表中的资产项目，大体按资产的流动性大小排列。

7. D。解析：我国的资产负债表采用的是账户式结构。

8. B。解析：若“预收账款”科目所属明细科目期末有借方余额，表现为“应收账款”的性质，故应在资产负债表“应收账款”项目填列。

9. D。解析：净利润 = 利润总额 - 所得税费用。

10. A。解析：根据利润总额的计算公式“利润总额 = 营业利润 + 营业外收入 - 营业外支出”，可知营业外收支会影响的项目是利润总额。

11. D。解析：根据“净利润 = 利润总额 − 所得税费用”公式，可知对企业利润总额没有影响的是所得税费用。

12. A。解析：企业资产负债表中“应付账款”项目 = “应付账款”账户的所属明细账户的期末贷方余额 + “预付账款”账户的所属明细账户的期末贷方余额，所以“应付账款”项目期末余额为 38（33 + 5）万元；企业资产负债表中“预付款项”项目 = “预付账款”账户的所属明细账户的期末借方余额 + “应付账款”账户的所属明细账户的期末借方余额，所以“预付款项”项目期末余额为 27（20 + 7）万元。

13. D。解析：根据营业利润的计算公式“营业利润 = 营业收入 − 营业成本 − 税金及附加 − 期间费用 − 资产减值损失 + 投资收益 + 公允价值变动收益 + 资产处置收益 + 其他收益”，可知营业利润 = 45 − 21.6 − 0.9 − 1 − 0.5 − 0.8 = 20.2（万元）。

14. B。解析：营业利润 =（2700 − 1800）+（200 − 100）− 270 − 260 − 200 − 25 = 245（万元）；利润总额 = 245 + 28 − 30 = 243（万元）；净利润 = 243 − 243 × 25% = 182.25（万元）。

15. A。解析：所有损益类费用账户期末余额转入“本年利润”账户借方，“制造费用”属于成本类账户。

二、多项选择题

1. ACD。解析：选项 B 和选项 E 是资产负债表右边列示项目。

2. ABC。解析：现金流量表的“现金”是指企业库存现金以及可以随时用于支付的存款。选项 D 是现金等价物；选项 E 是商业汇票。

3. ABDE。解析：选项 A，资产负债表反映企业某一特定日期的财务状况；选项 B，资产负债表资产项目一般按资产的流动性大小或资产变现能力强弱排列；选项 D，“长期借款”项目应根据“长期借款”总账科目的期末余额和有关明细科目的期末余额分析填列；选项 E，我国资产负债表采用账户式结构。

4. BCDE。解析：财务会计报表至少应当包括下列组成部分：资产负债表、利润表、现金流量表、所有者权益（或股东权益）变动表和附注。

5. BD。解析：选项 A 是静态报表；选项 C 是对内报表；选项 E 是财务报表的构成部分，不属于动态报表。

6. BCD。解析：选项 A，利润表中的“营业收入”项目包括主营业务收入和其他业务收入，所以主营业务收入不属于利润表的项目；选项 E，利润表中的“营业成本”项目包括主营业务成本和其他业务成本，所以其他业务成本不属于利润表的项目。

7. CD。解析：选项 A 和选项 B 是按照财务报表的服务对象进行的分类；选项 E 和合并财务报表是按照财务报表编制范围进行的分类。

8. ABD。解析：中期财务报表是以短于一个完整会计年度的报告期间为基础编制的财务报表，包括月报、季报和半年报。

三、判断题

1. 错。解析：动态财务报表一般应根据有关账户的“发生额”填列。

2. 对。解析：通常情况下，资产负债表各项目的12月末余额就是当年的年末余额，因而，年度资产负债表往往和当年12月的资产负债表相同。

3. 错。解析：反映企业某一特定日期财务状况的会计报表应该是资产负债表，利润表是反映企业一定期间经营成果的会计报表。

4. 对。

5. 对。解析：一个正常的营业周期，是指企业从购买用于加工的资产至实现库存现金或库存现金等价物的期间。正常营业周期通常短于一年，但也存在长于一年的情况。正常的营业周期不能确定时，应当以一年（12个月）作为划分流动资产或流动负债的标准。

6. 错。解析：“税金及附加”项目，反映企业经营业务应负担的消费税、城市维护建设税、资源税、教育费附加及房产税、土地使用税、车船税、印花税等。

7. 错。解析：“固定资产”项目应根据“固定资产”科目的期末余额减去“累计折旧”和“固定资产减值准备”科目的期末余额后的金额填列。

8. 对。

9. 对。

10. 错。解析：编制资产负债表的依据是“资产 = 负债 + 所有者权益”。

第十章

一、单项选择题

1. D。解析：注册会计师是一种职业，不是专业职务。

2. A。解析：2015年12月11日财政部、国家档案局联合发布的新修订的《会计档案管理办法》中的附表1《企业和其他组织会计档案保管期限表》规定：应永久保存的会计档案包括年度财务会计报告、会计档案保管清册、会计档案销毁清册和会计档案鉴定意见书。

3. C。解析：2015年12月11日财政部、国家档案局联合发布的新修订的《会计档案管理办法》中的附表1《企业和其他组织会计档案保管期限表》规定：记账凭证的保管期限为30年。

4. D。解析：在会计移交工作中，一般会计人员交接，由单位会计机构负责人、会计主管人员负责监交；会计机构负责人、会计主管人员交接，由单位领导人负责监交，必要时可由上级主管部门派人会同监交。

5. A。解析：会计工作组织方式一般分为集中核算方式和非集中核算方式（分散核算方式），故选项A正确。选项B是存货盘存制度；选项C是会计记账基础；选项D

是会计核算的四个环节。

6. A。解析：在集中核算的组织方式下，企业会计部门要完成企业交易或者事项的明细核算、总分类核算、会计报表编制和各有关项目的考核分析等工作；其他职能部门、车间、仓库的会计组织或会计人员只负责登记原始记录和填制原始凭证。故选项A正确。

二、多项选择题

1. ABCD。解析：会计工作组织主要包括以下的内容：设置符合本单位实际的会计机构；配备一定数量、具有专门素质的会计人员；明确各岗位会计人员的职责权限；依据国家的会计法规制定本单位的会计制度，确定适合本单位的账务处理程序；管理本单位的会计电算化工作；切实保管好会计档案。

2. ABCE。解析：选项D的说法是错误的，数据处理的环节多，很多处理步骤具有周期性，而非单一性。

3. ABCDE。

4. ACDE。解析：选项B，只有经济合同代表的经济业务发生后所取得的会计凭证才能作为会计档案。

5. ACE。解析：选项B，会计档案的保管期限，从会计年度终了后的第一天算起。选项D，满足有关条件的，单位内部形成的属于归档范围的电子会计资料可仅以电子形式保存，形成电子会计档案。

三、判断题

1. 错。解析：会计工作岗位可以一人一岗、一人多岗或者一岗多人。但出纳人员不得兼管稽核、会计档案保管和收入、费用、债权债务账目的登记工作。

2. 错。解析：会计专业职务分为高级会计师、会计师、助理会计师和会计员。

3. 错。解析：会计档案的保管期限分为永久、定期两类。

4. 错。解析：规模小的企业没有必要设置总会计师。

5. 对。解析：对于保管期满但尚未结清的债权债务原始凭证和涉及其他未了事项的原始凭证，不得销毁，应单独抽出立卷，由档案管理部门保管到结清债权债务和未了事项完结时为止。

6. 对。

7. 对。

8. 错。解析：会计信息系统账务处理程序是数据处理自动化、账务处理一体化。

9. 错。解析：年度财务会计报告的保管期限是永久。